[2006年教育部人文社科重点基地重大项目成果之一
2009年江苏省教育厅人文社科研究重点项目成果]

中国留学生论

周　棉 等著

南京大学出版社

图书在版编目（CIP）数据

中国留学生论 / 周棉等著. —— 南京：南京大学出版
社，2012. 12
ISBN 978-7-305-10998-0

Ⅰ. ①中… Ⅱ. ①周… Ⅲ. ①留学生教育－教育史－
研究－中国－近代 Ⅳ. ①G649. 29

中国版本图书馆 CIP 数据核字（2012）第 311768 号

出版发行 南京大学出版社
社　　址 南京市汉口路 22 号　　邮　　编 210093
网　　址 http：//www. NjupCo. com
出版人　左　健
书　　名 **中国留学生论**
著　者　周　棉　等
责任编辑 孟庆生　施　敏　　　编辑热线　025 - 83686722
照　　排 南京南琳图文制作有限公司
印　　刷 江苏凤凰通达印刷有限公司
开　　本 787×960　1/16　印张 18.25　字数 289 千
版　　次 2012 年 12 月第 1 版　2012 年 12 月第 1 次印刷
ISBN　978 - 7 - 305 - 10998 - 0
定　　价　40.00 元

发行热线 025 - 83594756　83686452
电子邮箱 Press@NjupCo. com
　　　　 Sales@NjupCo. com（市场部）

序

　　壬辰岁末，周棉教授寄来即将出版的大作《中国留学生论》的定稿。大约在两年前，我曾经收到他寄来的这部著作的初稿。两相对照，我发现，和初稿相比，定稿体系更完整，论点更明确，材料更丰富，是一部学术性与现实性相结合的高水平著作。

　　我和周棉教授交往已经有20多年的历史。他原来的研究方向是文学，而且卓有成绩。他的成名之作《冯至传》颇负时誉。据我所知，当时江苏文学界吴奔星、叶子铭、包忠文、陈辽等教授、专家对这本著作都有好评，北京的报界也有多篇书评。出于一种忧患意识和责任感，1989年以后他的学术研究工作开始转向。记得在20世纪90年代初他第一次来访我，谈到知识分子与中国的前途、命运时，特别就"留学生与中国的现代化"问题发表了自己的看法，给我留下了深刻而良好的印象。我鼓励他将这项研究课题认真地做下去。其后，他拜访了北京的专家、教授，他们也都不约而同地肯定了他的计划。从此开始，他从事留学生课题的研究，咬定青山不放松，六七年前，获得了教育部重大项目，前年又获得了国家重大项目的资助。这种通过学术研究以经世致用的社会责任感和知识分子的使命感，是中国历史上读书人位卑未敢忘忧国的传统的反映，在学术界急功近利风气蔓延之际，这种传统更值得提倡。

　　有关"留学生与中国的现代化"这个课题的价值和意义，我在为他的著作《留学生与中国的社会发展》（一）写的序言中就作过介绍：具有历史和现实的双重意义，既是对中国近现代历史发展和现代化进程的新的总结，对当代的改革开放也具有启示价值。从这一特点来看待他即将出版的这本著作，可以说，主题是一以贯之的鲜明：从归国留学生这个独特的视角，论述了他们与中国社会发展的诸多关系，其意义是重大的。

　　这部《中国留学生论》分为四辑，分别是：留学教育发展论、留学生与重要社团事件论、留学生与中外文化交流论、留学生人物论。应该说，这种提纲挈领式的分类是符合留学生群体与近代中国社会发展关系的基本特征的。也就是说，本书的框架结构比较合理，体现了作者敏锐的思维。从具体内容来看，该书首先从中国的留学教育落笔，论述与留学教育发生、发展有重要关联的人和事。作者有重点地选择以往研究中不够注意的一些空间进行阐述。在第一辑中，对容闳，不仅强调他与"西学东渐"的关系，还强调他通过文化灌输，促使中国富强的理念，并以超长的注释概述了容闳去世以后，中美两国人民和政府的纪念活动。对首任留美监督陈兰彬的评价虽然相对简要，但是选题较新且评价注意到论世知人，比较公允。第二辑选择的留学生与重要社团事件比较典型，从欧美留学生的角度论述辛亥革命，弥补了以往的不足。读者一定会注意到，这篇著作写了留学生唐绍仪和伍廷芳在"南北和谈"中所起的作用。

在武昌起义以后的"南北和谈"中，北方首席代表是唐绍仪，南方首席代表是伍廷芳。唐绍仪是清政府派出的第三批留美学生之一，伍廷芳是自费留英学生。南北议和成为两位留学生的和谈。本篇著者写道：

"我们发现本来是对手的唐绍仪、伍廷芳，在这些重大问题上的立场和观点竟有些相似相近。就一系列具体问题而讲，伍廷芳多是主动出击，不辱使命；唐绍仪则以'清廷不足保全，而共和应当推动'为指导思想，对南方巧妙配合，力促共和，名为清廷代表，实则事事为革命军设计。"

作者的结论是"他们对清王朝的背叛，是在中西两种文化、两种政治制度、两种社会实践或体察的基础上，冷静、理性比较后的抉择"，从而肯定了他们与时俱进的政治远见。第三辑"留学生与中国现代哲学学科的创建"一章，也颇有新意。就我个人浅知，此前还没有学者论述过这个问题，作者利用北京大学馆藏、系藏而以往很少利用的史料，辨析了留学生与中国现代哲学学科之间的关系，说明："中国现代哲学学科是在鸦片战争以后社会变革的大背景下，在西方现代哲学的影响下，从中国传统经学形态逐渐向现代形态转型的结果。其学科体系的形成开始于'五四'期间，到20世纪30年代中期基本完成。在此过程中，从国外归来的留学生们起到了主导和主体的作用。需要强调的是，中国传统哲学的现代转型从一开始就呈现多元趋向，并在以传统儒家思想为主导的中西融通、重建中国哲学方面取得了重要成就"。第四辑"留学生人物论"计四章，也很有代表性，特别是对闻一多精神的养成与西南联大校园民主氛围关系的辨析、中国传统文化世家邓稼先家族的变化与留学美国关系的考辨，都是建立在翔实的史料基础上得出的信论。其中，对邓氏中国文化世家形成的考论颇见功力，对邓氏文化世家的变化及影响的论述，也颇具概括性且富感染力。

周棉教授还多次对我说：本书并不是严格意义上完全由他本人独撰的专著，其中有三四章是这个课题组的其他成员撰写的。作者这种积极帮助青年学者成长的做法，也应肯定。特别是在强调学科群体建设的今天，申报项目强调以课题组的形式出现，而在成果出版以后的具体评价特别是评奖中，又不成文地看重纯由个人完成的成果的形势下，这种态度更值得赞赏、这种做法也更值得提倡。

本书的不足之处，主要表现为个别章节的内容还没有充分展开，如对陈兰彬的专论，选题较新，对他作为中国首任留美学生监督功过是非的分析，比较客观；对他作为中国首任驻美公使的"难作为"和"有所为"的定性，立论中肯。可惜太惜墨简约，如果能拓展开来，就更有说服力。

最后，我衷心祝愿周棉教授和江苏师范大学的留学生与中国现代化课题的研究取得更大的丰收！

2012 年 12 月

目 录

第三辑　留学生与中外文化交流论

第一辑
留学教育发展论

第一章
容闳与中国留学教育的发生

在当代中国,留学已经司空见惯,成为人们一种习以为常的社会现象和文化现象。但是,近代中国人的出国留学是从何时开始,又是何人首先倡导的,意义又何在,这对大多数中国人来说,并不清楚。因此,在此不能不首先论及容闳(1828—1912)。因为中国人出国学习,虽然古已有之,但作为一种"运动",则是自容闳开始的。是他,提倡、促成了鸦片战争以来中国的留学运动,并影响了近代中国的社会发展。因此,尽管目前学术界对他的研究已经比较深入,更由于电视纪录片《留美幼童》的播放,一些人已有所知晓,但对中国一般的民众而言,这位中国"留学运动"奠基人的大名还远未广为人知,甚至仍然比较陌生;即使就研究而言,也尚有较大的空间。据此,下面主要从两个方面对容闳展开研究。

一、西学东渐与容闳

时代的车轮旋转到 19 世纪中期,封建专制的大清王朝正面临数千年来从未有之强敌和数千年来从未有之变局,以英国为首的西方列强,正挟持着资产阶级革命胜利的火焰,凭借其新颖的坚船利炮,不可一世地向东方进发,在占据了印度之后,又开始实施对中国不平等的鸦片贸易和殖民计划。鸦片的大量输入[①],不仅严重地损害了中国人民的身体健康,而且导致中国大量的白银外流,给古老的中国人民造成了巨大的祸害。被人称为"开眼看世界"的林则徐,当时就忧心忡忡地指出:"此祸不除,十年之后,不惟无可筹

---

① 鸦片战争前 40 年,鸦片大量输入中国:1800—1801 年输入 4 570 箱;1821—1822 年输入 5 959箱;1830—1831 年输入 19 956 箱;1835—1836 年输入 30 202 箱;1838—1839 年输入 40 200箱;总数达 92 890 箱,每箱重 60 千克(120 斤),总量为 5 568 400 千克(11 136 800 斤)。

之饷,且无可用之兵。"①此时专制的大清皇帝及其愚昧的国民,不知秦汉,无论魏晋,还一味地以"天朝上国"和"礼仪之邦"自居,习惯而鄙夷地把工业革命后的西方国家称之为尚未开化的"蛮夷"。面对滚滚而来的毒潮,道光皇帝终于下达了禁烟的圣旨,于是有了钦差大臣林则徐虎门销烟的壮举,有了关天培英勇殉国的事迹。但是,在侵略者的威逼之下,清政府最终还是无可奈何地屈服了,中国近代第一个不平等条约《中英南京条约》也就这样出笼了。

鸦片战争虽然并未宣告清王朝的寿终正寝,但是它不可逆转地改变了中国原有的封建专制的社会形态和文化形态。随之,基督文明和当时先进的资产阶级文化大摇大摆地进入中国,尤其是东南沿海地区。西方在近代中国传播西学的第一所洋学堂——玛礼逊学校,也就是在此背景下开办的。容闳之所以成为容闳,就因为与西学东渐的大潮有关,也与这所学校有关。

(一) 玛礼逊学校与容闳

罗伯特·玛礼逊(Robert Morrison,1782—1834),出生于英格兰北部,在家中排行第八。父亲是一个以做鞋楦头为职业的手艺人,一位虔诚的基督徒,任当地长老会长老。受家庭的影响,玛礼逊不但学会了父亲的手艺,也受到了基督教的熏陶,9岁时就随当地的教师学习拉丁文、希腊文和希伯来文。其后他参加伦敦传教会,被派往英格兰南部的高斯坡神学院深造,并学习了医学,进修了天文学,还学习了中文,1807年毕业,受封为牧师。其时,基督教新教随着资本主义的发展日益兴旺,向海外特别是东方传教,也就成了基督教徒一项光荣而艰巨的天职。

由于自幼养成吃苦耐劳的品格、执着的殉道精神和广博的文化素养,1804年已修读神学两年的玛礼逊,主动致函英国海外传教组织伦敦传道会(London Missionary Society)申请前往中国传教。他在书上写道:

> 求上帝将我置于困难最多和从人类眼光中看来最难成功之布道区域中。②

---

① 《清史稿·列传一百五十六》。
② 维基百科 http://zh. wikipedia. org/zh/%E9%A9%AC%E7%A4%BC%E9%80%8A.

　　玛礼逊的请求获得批准，成为伦敦教会选派到中国开辟新教区的第一个传教士，并于 1807 年 9 月到广州传教。当时，清政府禁止洋人传教。他只好隐匿于东印度公司的广州办事处和澳门，后来他被驱逐到马六甲，创办"恒河外方传道会"，把传教的重点面向南洋一带华人，然后徐图向中国内地发展。为此，1818 年 11 月 11 日，他创办了马六甲英华书院（The Ange - Chinese College）。这是基督教传教士开办的第一所中文学校，在中文教育史上具有特殊的意义。

　　鸦片战争以后的 1842 年，这所学校迁往已被英国殖民统治的香港，以便以后向中国内地传教。此前，玛礼逊已经逝世。其生前译著十分丰富，著名的译作《圣经》便是中文的第一个全译本，此外，他把中国的《三字经》、《大学》、《中国一瞥》、《父子对话：中国的历史现状》等翻译成英文，向西方介绍了中国的历史、文化和社会现实。他还发展了梁发等教徒。在玛礼逊的影响下，一大批传教士纷纷东来又北上，不仅给中国带来了基督教，也给中国带来了西方的近代文明，还把中国传统文化译介到欧美。

　　为了纪念玛礼逊在中国开拓传教的业绩，1839 年，在华的传教士成立了玛礼逊教育协会，筹建玛礼逊学堂，校址设立于澳门。在玛礼逊学堂成立以前，教育协会委托一些传教士招收学童，附设于其他学校或机构。其中有一所为德国传教士郭士立①夫人所办。中国现代留学运动的奠基人容闳，也就在此背景下进入这所学校的，然后又昂然地走向大洋彼岸——美利坚合众国。

　　容闳生于广东省香山县南屏乡（今珠海市香洲区南屏镇），与葡萄牙侵占的澳门仅一水之隔，是我国最早受到西方传教士文化影响的地区之一，也是当时的海防前线。使人感到惊讶的是，在历史已进入 21 世纪，中国的城乡大部分旧貌换新颜的今天，南屏镇还有一大片没有翻新的旧街区，使我们可以窥见当时的情景。2004 年 10 月 20 日，当笔者参加完"容闳从耶鲁大学毕业 150 周年学术研讨会"去瞻仰其旧居时，他的近两个世纪后的街坊告诉我们："过了四个炮楼就是。"由于家贫，容闳虽然受到中国传统文化耳濡

---

　　①　又译为郭实腊。郭士立是一个成功的传教士，精通闽南话，常讲华语，着华装。到泰国时，差一点被请入郭氏宗祠。他也是一个间谍，主张用武力强迫清政府开放，是《南京条约》的中文译者，马克思、恩格斯和他很熟悉。容闳在《西学东渐记》中对他未提一字一语。

目染的熏陶,但并未能进私塾以科举为正途。容闳的父亲是一位朴实厚道的农民,清贫的家境使他产生这样的想法:让长子进私塾,走仕途之路升官发财;让容闳进洋人学校,将来跟洋人办事,发家致富。所以,容闳 7 岁时就被送到免费的"西塾",即郭士立夫人在澳门创办的学校。

这个学校实际上也就是玛礼逊学堂筹建时的临时办学点,女教师郭士立夫人对他的关爱则成为他向往西塾的潜在原因。后来,容闳曾多次追忆这位女教师,甚至视之若母。当时,郭士立夫人心里也特别喜欢这个小男孩。其后不久西塾停办,她回国之时,还嘱咐另一位传教士,在玛礼逊学堂开办以后把容闳"召回"学校。其目的可能就是想把这个富有个性、聪明的东方儿童培养成一个传教士。

(二) 布朗博士与容闳

4 个月后,容闳被"召回"玛礼逊学堂,时间是 1841 年。

主持玛礼逊学校的是美国人布朗(Rev・Samuel Robins Brown,1810—1880)博士,美国康涅狄格州东温泽镇人,1832 年耶鲁大学毕业,1838 年毕业于纽约协和神学院,获神学博士学位,同年 10 月受牧师圣职,被派往澳门玛礼逊协会任教。翌年 2 月,他偕夫人到达澳门,11 月开办玛礼逊教育会学校,为在中国创办西塾之第一人。其后,1859 至 1879 年他又在日本办学校兼传教,被西方称为"新东方的缔造者"。其为人性情沉静,和蔼可亲,遇事沉着,善于授课,深受学生的好评。为了表示对玛礼逊和布朗的感激,容闳后来把他长子的英文名字取为 Morrison Brown Yung。

1846 年冬,布朗博士因妻子健康原因,决定回国休假。为此,他郑重向学生宣告:"极愿携带三五旧徒,同赴新大陆,俾受完全之教育,诸生中如有愿意同行者,可即起立。"布朗想不到,当时的中国人很难理解这个决定,一个班的中国学生竟"聆其言,爽然若有所失,默不发声"。此后几天课间,每说及此事,则"愀心不乐"①。只有容闳等几个人喜形于色。几天后,当布朗再次提起赴美之事时,容闳首先站起,接着黄胜、黄宽也起立。但是,他们的父母却忧心忡忡。当时风气闭塞,国人对海外世界茫然无知,有关海外骇人听闻的传说,难免使人毛骨悚然:中国小孩到了海外,美国的野人就要把人

---

① 容闳著:《西学东渐记》,恽铁樵、徐凤石译,珠海出版社,2006 年版,第 10 页。

皮剥掉,换上狗皮,使人变成四不像,再送去展览。

最终,容闳、黄胜、黄宽三人还是踏上了远赴美利坚的漫漫航程,因为当地有与海外贸易交往的经验:学点西学技艺,可以赚钱养家;况且西方文化的启蒙教育早已丰富了他们走向域外的梦想。前一年,容闳就曾写过一篇《想象中游纽约》一文,表达了这个15岁的少年对西方异地的向往。但他没想到,竟这么快地梦想成真。1847年1月4日,"亨特利恩"(Hutress)号船在黄埔港扬帆起航后在风浪中颠簸而行,过好望角时,风浪愈来愈猛,恍若恶魔逐人;入夜天色黑暗,浓云入幕,不见星光,仰望桅杆上的灯光,飘忽不定,犹如墓地的磷火。在经过98天的航行之后,"亨特利恩"号船到达了地球的那一边——美利坚合众国。

(三)留学耶鲁大学

容闳等三人进了马萨诸塞州孟松学校。这是当时美国最好的一所大学预备学校。那时正是美国蓬勃发展的时期,在容闳的眼里,一派生机盎然的景象,友好的美国人民,尽责而富有才华的师长,一切都使他心满意足。进校的第一年,他被安排在英语部,除学习英语语法外,还学习算术、拉丁文、希腊文、生理学、心理学等。后来,他学的这些课程的成绩甚至超过多数同龄的美国同学。新来的女教师布朗小姐,教学优秀,为人温和善良,曾邀容闳去她家度假。后来,容闳在耶鲁大学读书时,他们夫妇曾给容闳以多方帮助,此后并保持长期的联系。正是这种深厚的情谊,后来到1872年第一批幼童抵达美国后,容闳便把布朗的家乡春田城作为总部。孟松学校的校长叫海门,毕业于耶鲁大学,爱好古文,擅长英国文学,尤其喜欢莎士比亚的作品,而且善于演讲,富于教学经验,是颇有名气的教育家,强调培养学生的品质和创新才能。在海门的影响下,容闳对英国文学产生了浓厚的兴趣,莎士比亚、狄更斯、司各特等英国著名作家的许多作品他都认真读过,他甚至还阅读了一些哲学、心理学和自然科学的著作,西方资产阶级文化在他头脑中开始生根。

转眼间,一年的学习生活过去了,黄胜因病回国。两年后,容闳、黄宽在此学完了算术、生理、心理、哲学、文学等全部课程。此时,香港教会资助的时间已到期,黄宽接受了香港教会继续资助的条件:到英国爱丁堡大学学医并签约。容闳不为所动,放弃了香港的资助,坚持报考耶鲁大学,但又拒绝了孟松学校为成绩优秀的贫困生设立的必须当传教士作为条件的资助。他认为：

> 予虽贫，自由所固有，他日竟学，无论何业，将择其最有益于中国者为之……传道固佳，未必即为造福中国独一无二之事业。①

苍天不负有心人。1850年夏天，布朗去看望他的一个姐妹，顺便拜访了佐治亚州萨凡纳城的妇女协会，介绍了容闳的情况。容闳坚定的求学精神博得了妇女协会的同情，她们答应拨一部分钱对容闳予以资助。

在严格的考试后，容闳进了耶鲁大学。成立于1701年的耶鲁大学，那时已是美国一所颇有名气的大学。由于所学课程较深，容闳困难重重，一则由于没有受过各方面的专门训练，基础差；二是由于妇女协会所资助的经费有限，他不得不忙于打工挣钱——中国学生打工的传统也就是从他开始的，精力和时间有所分散。因此，刚入校时，他每天读书至深夜，从不休息、运动，致使身体瘦弱。升入二年级后，他功课依旧不好，尤其是微积分常常不及格。幸运的是，他曾两次在班级举办的英文作文比赛中获得一等奖，这才把成绩拉平，并因此名扬校内外。第三学年，高年级同学二三十人自办伙食，容闳自告奋勇去充当司务长。晨起去采购蔬肴，挣来的几元钱，可解决吃饭的费用。此时，学生中还成立了兄弟会等小团体，自备有图书室，容闳就自荐担任图书管理员，每月可得30元钱。由于容闳热情负责，第四学年兄弟会仍一致推他任管理员。这样，容闳一方面解决了后顾之忧的经费问题，另一方面又有条件得以博览群书。在学习之余，他还积极参加各种体育活动，尤其喜欢足球，经常参加一、二年级的足球比赛。他的美国同学回忆说，那时的他身穿"老旧衣服，头戴一高草帽紧压其盘卷的辫子，在球场奔驰"，被同学们誉为"传奇式的足球英雄"。

1854年，容闳从耶鲁大学毕业，获得文学学士学位，成为中国第一个在美国毕业的大学生。他们这一届共有98人毕业，其中有92个人给他赠言。请看下面一条：

---

① 容闳著：《西学东渐记》，恽铁樵、徐凤石译，珠海出版社，2006年版，第24页。

　　我深信，当你回到世界彼端你的故乡时，我们在这所大学的结
交将融入你的记忆。我向你保证，我决不会忘记我的中国同学，你
在从事未来中国历史上的伟大事业。我希望你的伟大计划将会实
现……①

由此，我们不难想见当时容闳在同学中的印象和大家对他的期望。不同寻
常的是，容闳在他的美国同学无忧无虑地上学游玩之时，就提出了以当时进
步的西方文明使中国富强的观念：

　　盖当第四学年尚未毕业时，已预计将来应行之事，规划大略与
胸中矣……以西方现代之学术，灌输于中国，使中国日趋于文明富
强之境。②

　　容闳的这种思想，这种理念，不仅是中国历史上从未有过的教育救国
论，也是中国最早的现代化思想。当时的西方之学术文明，乃文艺复兴后的
资本主义思想文化，比当时中国的封建思想、封建文化，无疑要先进得多。

二、容闳与中国留学教育的发生

（一）促成官派留美运动

　　1854 年 11 月，容闳从纽约乘"欧里加"号货船回国。西装革履的容
闳，已经成为一个完全不同于中国传统士大夫的新型的知识分子。他具
备了现代的科学文化知识和民主观念，但是血管里流淌着的仍然是中国
人的血。中国传统文化的耳濡目染，铸就了容闳不变的中国心和贫贱不
能移的气节；故国母亲的情怀，时刻萦绕在他的心头；远离故土，使他更客
观地看出了中国和西方国家的差距，促使他决心用西方现代文明来改造
中国的封建专制，使贫穷落后的中国变成文明富强的中国，使中国跻身于
现代文明国家之列。

---

① 此为容闳毕业时同届一个同学的赠言，现藏耶鲁大学档案馆。
② 容闳著：《西学东渐记》，恽铁樵、徐凤石译，珠海出版社，2006 年版，第 28 页。

但是,迎接这个世界著名大学毕业生的并不是笑脸、鲜花、荣誉、金钱与地位。人们鄙夷他、冷落他,在旁人眼中,容闳是个十足的"假洋鬼子"。为了适应环境,他不得不蓄起发辫,穿起了长袍马褂,还补习了粤语。但在大清王朝官僚体制下愚昧的国民中,他这个世界名牌大学的毕业生始终得不到承认,不得不为生计而奔波:他曾担任英国驻华公使的私人秘书、香港高级审判庭的翻译、上海英商丝茶公司的职员。任上海海关翻译时,他月薪七十五两白银且清闲无事,在当时不可谓不高,但容闳不愿做翻译的冷板凳,更看不惯官场的恶习,他希望有权革除积弊,由中国人自己管理海关。为此,他在找英国人"理论"之后,才发觉根本无望,于是怒火万丈,立即辞职。英国人看错了这个不同凡响的中国人,以为他嫌薪水低,于是将他的月薪提高到两百两白银,但容闳毅然地回绝了英国人的重金挽留。他说:

> 予之生于斯世,既非为哺啜而来,予之受此教,尤非易易。则含辛茹苦所得者,又安能不望其实行于中国耶?一旦遇有机会,能多用我一份学问,即多获得一份效果,此岂为一人利益计,抑谋全中国之幸福也!①

容闳没有放弃大学时代选派中国少年到美国留学进而改造中国的远大理想。为此他不停地上下交涉,左右奔走。1860年11月,容闳访问了太平天国首都南京,向洪秀全的堂弟干王洪仁玕提出了向西方学习富国强兵的建议。但是经过数日的接触观察,容闳看出了太平天国潜伏的危机,于是谢绝了封赏和挽留。此后,通过著名数学家李善兰等的介绍,他结识了曾国藩、丁日昌等权臣。1863年11月下旬,曾国藩以两江总督的身份正式授予容闳前往西洋购买机器的全权。他不负重托,由欧洲转北美,1865年将应购机器全部从美国运回上海,受到了清政府的嘉奖,被授封为五品实官,不久还被赏戴花翎。1867年,容闳提出了著名的"条陈四则",其中第二条为重点:乃容闳梦寐以求的派遣青少年出国学习的计划。

---

① 容闳著:《西学东渐记》,恽铁樵、徐凤石译,珠海出版社,2006年版,第44页。

　　政府宜选派颖秀青年,送之出洋留学,以为国家储蓄人材。派遣之法,初次可先定一百二十名学额以试行之。此百二十人中,又分为四批,按年递派,每年派送三十人。留学期限定为十五年。学生年龄,须以十二岁至十四岁为度。视第一、第二批学生出洋留学著有成效,则以后即永定为例,每年派出此数。派出时并须以汉文教习同往,庶幼年学生在美,仍可兼习汉文。至学生在外国膳宿入学等事,当另设留学生监督二人以管理之。此项留学经费,可于上海关税项下,提拨数成以充之。①

　　这是一个煞费苦心的安排,他把重点放在第二条,为的是不使保守的清政府有偏重之意。但是在大清王朝严密的等级制度里,容闳并无上书的权利,他只得请江苏巡抚丁日昌寄文案呈皇上、太后。但是,却因为意外未能送达清政府。

　　1870 年,震惊中外的"天津教案"发生,曾国藩、丁日昌等人奉旨前去处理,容闳为翻译,他乘机进言丁日昌,请其向曾国藩重提三年前的留学计划。当时洋务运动正在蓬勃开展,迫切需要一批能掌握先进科学技术、具备管理能力的新型人才,容闳的建议与曾国藩的洋务思想十分相符,而且此时清政府也慢慢地开始对外交流,特别是《蒲安臣条约》为中国人赴美留学提供了法律依据。其"第七条"规定:

　　嗣后中国人欲入美国大小官学学习各等文艺,须照相待最优国之人民一体优待;美国人欲入中国大小官学学习各等文艺,亦照相待最优国之人民一体优待。美国人可以在中国按约指准外国人居住地方设立学堂,中国人亦可在美国一体照办。

　　由此可以看出,美国政府这时已准备吸引中国人留学,并扩大中美文化交往。1871 年春,容闳接到了曾国藩转来的朱批:"着照所请。"于是,容闳与曾国藩细致地讨论研究了具体事项:为慎重起见,曾国藩又会同直隶总督

---

① 容闳著:《容闳自传——我在中国和美国的生活》(附录),石霓译注,上海百家出版社,2003 年版,第 335 页。

李鸿章联名向清政府上奏,以加重上奏的分量;为了不给保守派以口实,此奏不仅叙述了之前清政府中外交流的一些事实,委婉解释了保守派可能的诘难等,更重要的是建议保守的四品衔刑部主事陈兰彬与容闳一同负责此事,并由陈兰彬任正职,以便减少阻力而获得批准。此外还周密详细地制定了《挑选幼童前赴泰西肄业章程》和有关的"清单"。

林林总总,不下几十条。容闳计划之周密,曾国藩、李鸿章之老谋深算,都尽在其中。1871 年 9 月,同治皇帝和慈禧太后终于下达了 4 个字的圣旨:"依议,钦此。"于是,容闳便开始落实第一批招生计划,经过艰苦的选拔,终于在 1872 年夏,使中国第一批官派留学生 30 人得以东渡太平洋赴美国学习。此后三年,中国又陆续有三批各 30 名幼童被派出。

这次留美"运动"的规模虽然不大,但是它开启了近代中国官派留学生的先河。此后,在这条直接接触西方、学习西方以谋求国家富强之路上,一批批青少年从祖国的各个角落,走向世界各地,形成了一浪高过一浪的留学大潮,然后又像容闳那样回到祖国,服务祖国。而容闳设计的一整套系统的留学方略,包括选拔兼习中西文幼童的派遣之法,将学生分散安排在美国家庭使其深入接触西方社会,以完成初等教育的生活、学习方式,建立专门的留学管理机构、派遣专门人员管理留学生,以及筹措留学经费的方式等,都为此后历次官派留学和自费留学提供了有益的借鉴和启示。以此为标志,延续了 100 多年的中国留学教育和"留学运动"由此发生,因此,容闳已经成为留学的代名词,被公认为是中国"留学运动"的奠基人。

(二) 官派留美运动的性质和意义

今天,在中美两国的教育界和历史学界,容闳和留美幼童已经是一个大家欣赏和肯定的话题,不过,怎样认识现在我们认定的容闳,在此还需要强调四点。

第一,容闳的出现首先是西学东渐的结果。从源头和本质上讲,鸦片战争以后的近代中西方文化交流并不是自然、平等的文化交流,而是伴随西方列强对华的侵略扩张行为而进行的单方面的文化输出。但是,因为此时西方的资本主义文化较中国封建的文化要先进、优越得多,所以西方文化的传入对中国的社会变革、文化转型和国民观念的转变又是有积极意义的。容闳也正是在此西学东渐的大潮中受到特殊熏染而成长起来的一个典型。如果没有传教士来华传教办学,也就不大可能有他留学的这段经历。因此,在此意义上,容闳是西学东渐的产物,其名字并已与西学东渐紧紧地联系在一起,他的自传《我在中国和美国的生活》(*My life in China and America*)就被译为《西学东渐记》。

第二,中国传统文化中的家、国观念铸就了容闳不变的爱国心。目前发现的容闳资料和众多研究表明,容闳虽然深受西方文化的影响,接受了西方自由民主的观念,但是,他并没有被西方文化彻底同化,始终以中国和中华民族为中心,可见中国的国家观念对他的影响之深和他的民族意识之强。正如 1878 年 4 月 10 日,美国牧师特韦切尔在耶鲁法律学校肯特俱尔部的演讲所说:

> 他是一个爱国者,他从头到脚、他身体的每一个细胞都是爱国的。他热爱中国,他信赖它,确信它会有远大辉煌的前程,配得上它那高贵壮丽的山河和伟大悠久的历史。[①]

这不仅因为他倡导并负责幼童赴美留学,还因为他协助建设江南机器制造总局,开创了中国最早的现代工业,参与变法维新和辛亥革命,翻检他那些爱国的细节更使得中外具有国家、民族观念的人无不为之感动。特别是在走向生命的尾声中,他已经难以有所作为,但是,他依然牵挂着故国的变化。在获悉武昌起义胜利后,他已疾病缠身,无法登程,便立即敦促其子回国效力,侄儿容揆是当初入教未回国的留美幼童,也辞掉在美国公司的工作,在中国驻美使馆上班,为国服务。甚至他墓碑上所镌刻的那个中文“容”字图案,也象征着他那颗永远渴望东归的中国心。

第三,容闳通过文化灌输,促使中国富强的理念,意义极其深远。在《西学东渐记》中,容闳表达了他大学时代的一个愿望:“以西方之学术文明,灌输于中国,使中国日趋于文明富强之境。”对他个人而言,仅仅是一种心愿,但在未来的中国历史中,将会被证明是一个关于中国现代化的最早的原则

---

① 容闳著:《容闳自传——我在中国和美国的生活》(附录),石霓译注,上海百家出版社,2003年版,第 335 页。

性纲领。因为当时的西方学术文明,是文艺复兴之后先进的资产阶级文化,其核心是民主和科学,与中国传统的封建文化相比在很多方面具有优越性。因此,面对当时不可阻挡的西学东渐大潮,中国朝野上下一片哗然,顽固派更是视为洪水猛兽,而随着时间的推移,一批又一批的有识之士都不得不转而向西方文化寻找救国救民的真理,并用来改造中国的社会,而且,越来越与中国的现代化联系在一起。因此,容闳对中国现代化的影响就显得越来越大。

第四,容闳倡议促成幼童留学,冲破了几千年来中国封建教育的格局,开启了近代以来中国官派留学生的先河,揭开了中国近代留学"运动"的序幕,其意义更远远超出留学教育本身。中国现代教育史和现代化的进程表明:容闳倡议并促成幼童留学,意义不仅仅在于教育,而且开创了中国直接走向世界的新时代,为促进清朝政府对外开放和推动现代化建设作出了贡献。1855年,容闳回到了苦难的故国之后,积极奔走,促成了中国官派留学生这一破天荒计划的实施。在那时,他虽是一个孤独的先行者,但是,他为之擘画的方向却被历史所实践。他不仅通过提建议的方式,对当时一些握有重权的洋务派首领曾国藩、李鸿章、丁日昌等在思想上加以影响,而且亲自组织、开展派遣留学生的实践。于是,第一批留美幼童终于在1872年离开中国,到大洋彼岸的美国留学(为此,1876年耶鲁大学授予他荣誉法学博士学位,以肯定他对中美文化交流作出的贡献),开了中国官派留学生的先河。其间更有自费留学等多种形式,形成了100多年来持续不断的"留学运动",从而逐步形成了不同于中国以往士大夫阶层的新型的知识分子群体。而这个新型的留学生群体,一方面通过译介、教育等方式和手段向国内传播西方文化,以图变革中国传统的文化形态;另一方面,通过不同形式参与社会实践,以更新中国传统的社会形态,改变中国积贫积弱的社会现实,成为鸦片战争后推动中国社会发展和现代化进程的特殊群体。而容闳无疑是一个开始,一代一代的中华赤子,在他之后,从祖国奔向海外,又从海外回归祖国，推动中国向现代化社会迈进！①

① 为了表示对容闳的崇敬，也为了使一般的读者了解他去世后中美两国人民对他的纪念，谨把有关情况汇集于下：辛亥革命后，中华民国临时大总统孙中山先生，亲笔致信这位戊戌政变后被清政府通缉流亡美国的爱国者，邀请他回国参政。1925 年 10 月 13 日，中国驻美公使施肇基博士为纪念容闳抵美 50 周年，特于美国康州哈德福城发表演说，认为容闳及 120 名幼童留美"是冲破过去传统的转折点"（高宗鲁译注《中国留美幼童书信集》，第 125—135 页，台北传记文学出版社，1986年）。1954 年 6 月 13 日，耶鲁大学与"雅礼协会"联合举行容闳毕业 100 周年纪念活动，特邀中国前驻美大使胡适为演讲人；1972 年 8 月 26 日，台湾地区教育部门在容闳墓地立碑，当时台湾当局驻美"大使"沈剑虹发表了题为"容闳——中国第一位留美学生"的讲演。在改革开放全球一体化的今天，中美两国政府和人民更加感念这位中国留学教育的奠基人和现代化的先驱。1983 年 12 月，珠海市举办容闳诞辰 155 周年报告会；1997 年 11 月 1 日，中国国家主席江泽民访问美国，在哈佛大学发表了讲演，肯定了容闳的功绩；1998 年 9 月，美国"中国留美幼童纪念学会"和耶鲁大学，在哈特福德市举办容闳的纪念活动；1998 年 11 月，珠海市为纪念容闳诞辰 170 周年举行"容闳与中国近代化"学术研讨会；2001 年 5 月，耶鲁大学校校长理查德·莱温在北京大学发表演讲，赞扬容闳在中美文化交流方面的贡献；2004 年 8 月，耶鲁大学在北京钓鱼台国宾馆举行中国首位留学生容闳毕业 150 周年纪念活动；11 月，珠海市举行"容闳从耶鲁大学毕业 150 周年学术研讨会"；12 月 20 日，容闳的雕像在他的母校耶鲁大学落成；2006 年 4 月 21 日上午，中国国家主席胡锦涛访问了耶鲁大学并发表重要演讲，高度赞扬了容闳为促进中美文化交流的贡献，指出，人类历史发展的过程，就是各种文明不断交流、融合、创新的过程；在人类文明交流的过程中，不仅需要克服自然的屏障和隔阂，而且需要超越思想的障碍和束缚，更需要克服形形色色的偏见和误解。演讲开始前，他向耶鲁大学赠送了 567 种，总计 1 346 册中国图书。

目前耶鲁大学在校生 11 000 多名，来自全美各州及世界各地。目前有近 600 名中国留学人员在耶鲁大学学习（《人民日报》2006 年 4 月 22 日）。

第二章
陈兰彬与中国早期"留美运动"

人所共知,近代中国"留学(留美)运动"的发生,是容闳直接促成的。他具体负责留美学生的管理,但他并不是留学生的监督,而是副监督,真正的监督是陈兰彬。相对于容闳,在中国近代史和留学史上,陈兰彬并不是一个"抢眼"的人物。在通常情况下,只有在研究留美幼童和早期中美外交史时,他才会进入研究者的视野,而且受到批评居多。特别是在涉及留美幼童时,鉴于他与容闳在管理留学生问题上的矛盾,人们常常指出其保守和偏颇。但大多没有联系当时特定的具体环境作辩证的分析。这对全面了解其人难免有所局限,故应尽可能"论世知人",给予客观的评价。

关于陈兰彬(1816—1895)其人其事,考诸史料,大致为:字荔秋,广东雷州半岛吴川人,清咸丰三年(1853)进士,选拔为翰林院庶吉士,充国史馆纂修,后改任刑部主事。同治十一年(1872),被清政府任命为首任留美幼童监督,率领中国首批幼童,即近代中国第一批留学生,赴美留学。在美期间,他被委任为古巴专使,前往古巴调查华工受迫害情形,并与古巴殖民当局交涉,签订了改善华工待遇的《古巴华工条款》。光绪四年(1878),他任中国首任驻美公使。在任期间,他继续深入了解华工情况,关心华工生活,维护华侨利益。光绪七年(1881),他奉诏回国,后历任太常寺正卿、宗人府丞、都察院左副都御史、资政大夫、总理各国事务大臣兼兵部右侍郎、礼部左侍郎等职,光绪二十年(1895)病逝,终年79岁。有关他的研究,学术界很晚才注意到。直到2008年12月广东举办"纪念陈兰彬出使美国130周年"学术研讨会召开前后,才有一些相关的研究成果。下面从两方面加以分析。

一、作为中国首任留美学生监督的功过是非

从1872年中国首批官派留美幼童出国学习以来,已经140年了。在此

期间,中国发生了几次翻天覆地的变化,不仅有划时代意义的辛亥革命,还有 1949 年中国政局的巨大改变,更有 1978 年以来的改革开放,等等。这种变化的频率之快和程度之猛烈,都是前所未有的,其直接的结果就是空前地推动了中国的社会转型和文化转型。而留学生群体在这种史无前例的多次变革中,起到了特殊的、非同寻常的重要作用。因此,作为中国首任留学生监督的陈兰彬,在派遣、管理和是否主张提前撤回中国四批官派留美幼童的过程中,究竟扮演了什么角色就需要认真的研究。

(一) 陈兰彬出任中国留学生监督,有助于留美幼童的派遣

在派遣首批留美幼童的问题上,陈兰彬曾参与其事;在之后 3 批的派遣过程中,也看不出他有过抵制的行为。因此,在整个派遣留美幼童的问题上,陈兰彬虽然不是最早的积极倡导者和主要决策人,但也是一个协助者,而且由于他的翰林出身,在一定程度上减弱了来自于顽固派的压力,在客观上由他出任中国留学生监督,是有助于留美幼童派遣的。

一般说来,派遣幼童赴美留学,主要是由容闳倡导,由曾国藩、李鸿章、丁日昌等洋务派重臣和恭亲王奕䜣决策决定的。但是根据史料可知:此前陈兰彬已经由丁日昌的推荐[①],跟随曾国藩、丁日昌开始操办洋务。曾国藩认为:"该员实心孤诣,智深勇沈,历练既久,敛抑才气,而精悍坚卓,不避险艰,实有任重致远之志。"[②]这说明陈兰彬不应该是反对洋务的顽固派;在天津教案期间,陈兰彬协助曾国藩处理教案,并与曾国藩、李鸿章、容闳等讨论过留学生的派遣事宜。后来在调任上海机器局总办后,他起草了致总理衙门函《论幼童出洋肄业》,参与了留美幼童出洋条款的拟定。李鸿章在给曾国藩的信中写道:"荔秋募人出洋章程,均甚妥协。"[③]陈兰彬久历官场,懂得清政府的潜规则和当时官员对洋务的复杂心理,因此,他在行文的技术层面上,应比容闳更注意推敲。而他之所以能够出任留美学生监督,也是源于丁日昌的推荐。这首先因为他们是广东老乡,但对一心搞洋务的丁日昌来说,他之所以荐举陈兰彬,又不会仅仅局限于此。在他看来,容闳的主张与观点

---

①　丁日昌:《上曾侯相书》,见李凤苞编辑、王韬校字《百兰山馆政书》,香港铅印本,民国二十九年(1940 年),卷六。

②　曾国藩:《曾国藩全集·奏稿》(十二),岳麓书社,1993 年版,第 7133 页。

③　李鸿章:《李文忠公朋僚函稿》(卷 11),上海古籍出版社,1995 年版,第 30 页。

"与中国旧学说显然反对,时政府又甚守旧,以个人身当其冲,恐不足以抵抗反动力,或竟事败于垂成,故欲利用陈(兰彬)之翰林资格,得旧学派人共事,可以稍杀阻力也"①。在办理天津教案过程中,容闳和陈兰彬已经开始共事,同在曾国藩和丁日昌的领导下工作,他们的关系也应该是比较协调的,否则丁日昌也就不会举荐他,曾国藩也不会同意。而对急于升迁的陈兰彬来讲,做好工作以报答推荐自己的伯乐,也是情理之中的事情。因此,客观地讲,在派遣首批留美幼童的问题上,陈兰彬还是做了一些工作,是有贡献的;而且由于他是科举出身,在一定程度上也起到了缓冲顽固派压力的作用。

(二) 陈兰彬对留美幼童教育、管理滞后、守旧

在如何教育、管理留美幼童的问题上,陈兰彬与容闳的出发点和方式方法相去甚远。明显不同于容闳的是,陈兰彬重视中国传统的儒家经典和礼教,这具有两重性:一方面表现了他的职责之所在,忠实地执行了清政府的有关规定,另一方面又说明陈兰彬过分迂执,不能明察曾国藩关于幼童到美国以后学习的内容以西学为主的真实意图。

同治十年(1871)三月初一,曾国藩在给陈兰彬的信中虽然没有明确否定陈兰彬提出的幼童在美国学习以经史为主的内容,但是已清楚地指出:幼童到国外学习必须懂得汉文,"重在挑选之际面试一二,以决去留,此后只宜专学洋学"②。但陈兰彬似乎并未理会,更与容闳超前的教育思想和管理理念大相径庭,显得滞后、守旧,从而表现出其思想的局限和历史的局限。但是,我们也不能仅仅据此就认定陈兰彬在教育、管理留美幼童的问题上一无是处。因为从他出使美国的日记和诗文中可以看出,他对西方工业文明的态度还是赞赏的。比如,他在美国曾吟咏火车:

> 一车牵率十车行,方木匀铺铁路平。

又为街道电线林立而感叹:

---

① 容闳著:《西学东渐记》,恽铁樵、徐凤石译,珠海出版社,2006 年版,第 115 页。
② 曾国藩:《曾国藩全集·书信》(十),岳麓书社,1993 年版,第 7361 页。

铢线交加电器竿,密于蛛网冒林端。①

就此而论,他对幼童接受新生事物不大可能完全是排斥心理。从容闳的《西学东渐记》来看,也没有涉及他与陈兰彬在教学内容上的冲突,而主要表现在幼童的校外活动方面。容闳在自传中写道:

> 学生寄居美人寓中随美人而同为祈祷之事,或星期日至教堂瞻礼,以及平日之游戏、运动、改装等问题,凡此琐琐细事,随时发生。每值解决此等问题时,陈与学生常生冲突,予恒居间为调停人。②

这虽然造成了他与容闳、幼童之间难以避免的抵触。但是,由于他在留美学生监督的任上时间较短,他们之间的矛盾并没有激化,因此,他也并没有撤回留美幼童的动议。

(三) 在撤回留美幼童问题上,陈兰彬负有不可推卸的责任

首先,他错误地推荐了吴子登作为第四任留美学生监督,而吴子登素与曾文正、丁日昌"二人不睦,故于曾、丁二公所创之事业,尤思破坏,不遗余力"③。吴子登借机泄私愤,公报私仇,破坏留学事业,造成清政府下令留美幼童全部撤回。对吴子登的为人和其诬陷容闳与留美幼童的卑劣行径,容闳在《西学东渐记》中有所揭露,吴子登"性情乖张、举止谬妄,往往好为损人不利己之事",且"丧心病狂""破坏此有益于国家之事"。④ 同为清末外交官的黄遵宪也曾在《罢美国留学生感赋》中极其愤慨地抨击道:

> 新来吴监督,其僚喜官咸……征集诸生来,不拜即鞭笞……一语不能合,遂令天地睽。郎当一百人,一一悉遣归。竟如瓜蔓抄,

---

① 陈兰彬:《钦差大臣左副都御史、兵部侍郎出使外国诗·六十首》,第三十九、四十五首。
② 容闳著:《西学东渐记》,恽铁樵、徐凤石译,珠海出版社,2006 年版,第 129 页。
③ 容闳著:《西学东渐记》,恽铁樵、徐凤石译,珠海出版社,2006 年版,第 128 页。
④ 容闳著:《西学东渐记》,恽铁樵、徐凤石译,珠海出版社,2006 年版,第 131—132 页。

牵累何累累。①

其次,陈兰彬在吴子登连续发难,李鸿章努力调停,试图不撤回留美幼童的情况下,作为驻美公使,他在1881年上奏朝廷的奏折中主张:"将各学生撤回内地,严加甄别,择稍有器识者分派需用各衙门,充当翻译通事,俾之学习政事威仪。其次者令在天津、上海各处机器,水雷等局专习一艺。各学生肄业多年,洋文固已谙通,制造亦略涉猎,由此积累,存乎其人,亦不在久处外洋方能精进。"②这说明,他在这个问题上缺少折冲樽俎、斡旋协调的技巧和能力。从曾国藩、李鸿章和丁日昌等洋务派重臣来说,他们当初希望用陈兰彬来为留学生监督,抵消守旧派阻力的意图,在最关键的时候还是完全破产了。在撤回留美幼童问题上,他更负有不可推卸的责任。这说明新兴事业的发展最终必须通过制度建设来保证。

二、作为中国首任驻美公使的"难作为"和"有所为"

作为中国首任驻美公使,陈兰彬的功过可以概括为"难作为"和"有所为"两个方面。

(一)难作为

"难作为"是指陈兰彬在驻美公使的任上,面临着国势衰微、个人能力不强等困境,以至于难以在中美邦交的实质性问题上取得重要进展。

任驻美公使的陈兰彬,时值1878至1881年间。当时的中国是一个正在被西方列强共同宰割的弱国。西方列强凭借其军事强势和鸦片战争后不平等的对华条约,极力拓展在华的利益与特权,而清政府迫于国势衰微,对列强的步步紧逼采取妥协退让的方针,甚至在某些方面与其沆瀣一气。陈兰彬作为首任驻美公使,其自身也面临着困难:他在国内办理过洋务,但并非出类拔萃;在留美学生监督任上,业绩亦乏可陈;他对外语又一窍不通,对外洋风俗更不认同。此外,当时国内势力保守、落后,驻英公使郭嵩焘的前

① 黄遵宪著:《人境庐诗草笺注》,钱仲联笺注,上海古籍出版社,1981年版,第304—320页。
② 陈兰彬:《出使美国秘鲁大臣陈兰彬折》(光绪七年二月初六日),引自中国史学会主编《洋务运动》(二),上海人民出版社,1961年版,第164—165页。

车之鉴也使陈兰彬处处谨慎。也就是说,无论就国家实力还是就个人能力而言,作为驻美公使的陈兰彬都难有作为。

(二) 有作为

"有所为",是说陈兰彬在保护华侨方面的努力和贡献应该得到充分肯定。

1. 陈兰彬奉命奔赴古巴调查华工受虐案

古巴是西班牙的殖民地,盛产蔗糖。因劳力匮乏,殖民当局决定雇用华工,并与之签订契约,因此又被称为"契约华工"。1847 至 1874 年间,远赴古巴的华工共计 143 000 多人,实际抵达者 126 000 余人,而到 1879 年,仅存 4 万余人,另外的 8 万余人中回国者不过百之一二,余者皆葬身异域。[①]"肉破皮穿日夜忙,并无餐饭到饥肠。剩将死后残骸骨,还要烧灰炼白糖。"[②]这是古巴华工悲惨生活的真实写照。

清政府为了查明真相,决定派陈兰彬前往古巴"查明该处华工是否实受凌虐"[③],这是中国历史上第一位出国维护华侨权益的官员。于是,陈兰彬率领汉口英籍税务司马福臣及天津法籍税务司吴秉文组成了"调查团",从 1874 年 3 月 20 日至 5 月 2 日对古巴各地的猪仔馆、种植园、工所、监狱等进行了调查,听取了 1 176 人的亲口供述,同时收集了 1 665 人签名的 85 封陈情书。[④] 陈兰彬返回美国后将所见所闻整理成《古巴华工事务各节》上报总理衙门,并参与了中国和西班牙关于古巴华工问题的谈判。双方于 1877 年签订了《会订古巴华工条款》。此后,华工在古巴的处境才开始有所好转。

2. 陈兰彬参与交涉"丹佛排华案"

1880 年 10 月 31 日,美国科罗拉多州丹佛市发生排华骚乱,一名华人遇害,华人财产损失达 5 万美元。[⑤] 中国驻美公使陈兰彬获悉后,于 11 月 5 日会见美国国务卿伊瓦茨通报情况,11 月 10 日再次照会美国国务院,咨请

---

① 谭乾初:《古巴杂记》,选自福建师范大学历史系华侨史资料选集组编《晚清海外笔记选》,海洋出版社,1983 年版,第 226 页。

② 陈兰彬:《陈兰彬文集·诗词》,广东省社会科学院王杰先生于 2008 年 11 月发给周棉的电子邮件。

③ 陈翰笙:《华工出国史料汇编》(第 1 辑),中华书局,1981 年版,第 549 页。

④ 陈翰笙:《华工出国史料汇编》(第 1 辑),中华书局,1981 年版,第 579 页。

⑤ 李定一:《中美早期外交史》,北京大学出版社,1997 年版,第 408 页。

"妥速设法,善为保护该处华人,并饬地方官严拿不法匪徒,按法惩治;所失财物,并为筹偿"①。美国于 12 月 30 日答复中国公使,称"丹佛事件之捕人、惩凶"乃"州政府之职权,联邦政府不得干预"。② 1881 年 1 月 21 日,陈兰彬在复照中依据 1880 年签订的《中美续修条约》驳斥:华人根据中美政府之间的条约权利而非中国与科罗拉多抑或其他州的条约权利来到美国,故丹佛排华事件"是中国政府和美国政府的交涉",并指出美国政府并未打算切实保护华人。③ 2 月 25 日陈兰彬再次发出照会,要求美方秉公查办。美国新任国务卿布莱恩在 3 月 25 日的复照中重申伊瓦茨的观点,强调这是美国政府"经过成熟的考虑之后而作出的决定",希望照会"作为对这个问题的最后结论将为中国政府接受"。④ "丹佛排华案"虽然最终失败,但却是中国驻美公使向美国政府提出严重抗议之第一次。

3. 陈兰彬力促在各个重要口岸派驻领事

清政府在处理华工问题上,早期只是派专人去调查办理,因此,是临时性的,而设"领护侨"才是长久之计,所以就必须在各个重要口岸设立领事机构,以便保护华侨的利益。陈兰彬由于在处理古巴华工问题时,深感华工处境极为艰难,因而其建议设立领事的愿望就更加强烈。于是,便奏请清政府在各个重要口岸设立领事。1879 年 2 月,他奏请在美属檀香山,由商董陈国芬试办华侨事务。1881 年 4 月,清政府准其所奏,正式任命陈国芬为驻美国檀香山领事。此后,他又奏请陈树棠为旧金山总领事,刘亮源为古巴总领事,陈霭廷为驻古巴马坦萨斯市领事。这些领事在自己的职位上,都作出了一定的贡献。如古巴总领事刘亮源到任后,经过斗争,迫使古巴当局将各地所拘禁的华工 2 000 余人释放,等等。

其功过可概括为"有所为"和"难作为"。"有所为"是说他在保护华侨方面的功绩应充分肯定,"难作为"是指他在驻美公使的任上,由于国势衰微、个人能力不强等困境,难以在中美邦交的实质性问题上取得重要进展。

---

① Chen Lan PIN to Mr. Evarts. FRUS,1881,P190. 引自刘莲芬:《清政府就排华大案与美国政府的交涉》,载《贵州师范大学学报》(社科版),2003 年第 3 期。

② 李定一:《中美早期外交史》,北京大学出版社,1997 年版,第 409 页。

③ Chen Lan PIN to Mr. Evarts. FRUS,1881,P190. 引自刘莲芬:《清政府就排华大案与美国政府的交涉》,《贵州师范大学学报》(社科版),2003 年第 3 期。

④ 阎广耀:《美国对华政策文件选编》,方生选译,人民出版社,1990 年版,第 206 页。

以上论述了陈兰彬作为中国首任留美学生监督和首任驻美公使的个人功过。至于其两个"首任"的历史意义以及启示和感悟,似乎应作如是观:

(1)由陈兰彬来出任首任留美学生监督,是当时曾国藩、李鸿章和丁日昌等洋务派官僚为发展洋务事业,培养人才,减轻顽固派的阻力而采取的妥协策略的产物,深刻地反映了当时洋务事业的艰难和洋务派重臣的良苦用心。不过,也须指出在派遣幼童出国的过程中,这种用心虽然也起到了缓冲顽固派压力的作用,但在9年后是否提前全部撤回的关键问题上,最终还是破产了。这又深刻地揭示了这样一个道理:即新兴事业的发展最终必须通过制度建设来保证。人治虽有效,但不可靠。

(2)作为首任驻美公使这个职衔来讲,无论是由陈兰彬还是由其他人担任,都只是代表清政府——当时中国政府的一个符号。因此,陈兰彬个人在这个任上的功过是非,远远地小于清政府在那个艰难的时代在美国建立公使馆的国家意义,标志着有灿烂文化传统的文明古国与世界上新兴的资本主义强国建立了正式的外交关系,说明当时风雨飘摇中的清政府走向世界的努力乃至挣扎。陈兰彬难以作为,又充分地说明弱国无外交的真理,这也启示我们要抓紧时间改革开放,振兴中华,扬我国威。

(3)由上所述,我们想到了留美幼童大部分是广东人,想到了晚清中国驻外公使最多的也是广东人,想到了中国近代最早、最多走向海外的中国人也是广东人,想到了中国近代著名的实业家、企业家唐廷枢、徐润,想到了发动公车上书、掀起维新运动的康有为、梁启超,想到了带领中国人民推翻帝制、创建民国的孙中山,他们都是广东人。想到了中国最早开埠的澳门和香港也曾经是广东省所管辖地区;想到了当代最早设立的经济特区也是在广东。也就是说,是广东在引领近代中国社会发展的潮流。

(4)这又使我们想到了中国历史上人口南迁和经济文化中心南移的问题。但是,近代中国社会发展潮流的南移又明显地不同于中国古代的人口南迁和经济文化中心的南移。因为中国古代出现这种现象的主要原因是由北方少数民族的南下所引起的,而近代广东之所以能够引领中国社会发展的潮流,最根本的原因还是开放:对大海开放,对世界开放,这种开放最初是被动的,甚至可以说是被逼的;而当代,广东之所以能够引领改革开放的潮流,则是主动的、自愿的。而不管是被动的、被逼的,还是主动的、自愿的,都有一个基本的共同特征,那就是面向大海,放眼世界。这或许是广东人之所以能够成为近代中国弄潮儿的基本原因，也是近代中国社会发展潮流南移广东的主要原因和给我们的深刻启示，值得仔细体会和深思。而陈兰彬的功过是非也应在面向大海、放眼世界的大背景下重新评述，其重点在于他的所作所为给予今天的启示。

第三章
清代香山地区的"留学运动"

在中国 5 000 年辉煌的历史进程中,出现了诸如西安、洛阳、北京、南京、苏州、成都、杭州等历史文化名城,也有广州、上海、天津、青岛、大连等近代才出现的商业大都市,而包括今天广东珠海在内的香山地区似乎不足以与这些丰都大邑相比。但它由于地处近代中外文化交流的前沿,较早地受到了西方文化的影响,所以香山人得以较早地开眼向洋看世界,率先走出国门去异域求知,并逐渐兴起了影响中国后来发展的留学运动,中国近代"留学教育之父"容闳就出生、成长在这里;中国近代最早的官派留学生留美幼童有 1/3 从这里走出去,从而开始了中国历史上持续至今的"留学运动",涌现出了孙中山、唐绍仪和唐国安等一大批教育家、革命家、政治家、外交家以及诸多杰出人士,对中国留学教育、中国革命和现代化之影响,也远远超过一般的城市。而且这种运动与近代中国的爱国诉求相结合,与晚清的革命呼声相结合,从而极其鲜明地体现了近代中国"留学运动"的爱国特点,并为推动近代中国的社会转型和文化转型作出了特殊的贡献。因此,研究香山地区的早期"留学运动"与中国革命和现代化的关系,是非常有意义的。

一、香山地区的早期"留学运动"

(一) 近代中国最早的一批留学生诞生于香山

香山上承珠江之口,下临南海之滨,与澳门陆地相连,与香港隔海相望。自 16 世纪中期葡萄牙人租占原属香山县的澳门以后,香山作为中西文化交流的孔道逐渐洞开,得天独厚的区位优势造就了香山比中国的其他地方更早地具有中西文化交流的资源;耳闻目睹的影响和异域文化的诱惑,促使香山人为了谋生,也为了发展,慢慢地开始接受西方文化,在波澜壮阔、新潮迭起的近代社会,逐渐发展为自费与公费相结合的"留学运动"。

上文讲到的容闳及其同学黄胜、黄宽都是中国最早一批的留学生,而且都是香山人。容闳前面已经论述,黄胜因病提前回国,后来的影响较小,在此从略,而黄宽则因成为最早毕业于英国大学并获医学学位的中国留学生医学家而广有影响。[①]

黄宽(1828—1878),名杰臣,号绰卿,英文署名 Wong Fun,香山县东岸村(Tungngon)[②](今为珠海市)人。1840 年 3 月 13 日,他进入布朗先生在澳门开办的马礼逊教育会学校学习,与稍后入校的黄胜、容闳成为同班同学。1842 年 11 月 1 日,他与容闳、黄胜和唐廷植等同学一起,随布朗老师迁往香港。4 年后,经布朗老师的努力,在数位英美商人"完全出于纯粹基督慈善之心"的捐助下,于 1847 年 1 月,他又与容闳、黄胜一起,随布朗老师一家前往美国留学。同年 4 月底或 5 月初,黄宽进入布朗老师的母校——马萨诸塞州的大学预科学校——孟松学校(Monson Academy)学习。1850年夏,他从该校毕业,与容闳一起成为最早毕业于该校的中国留学生。随后,他在《香港中国邮报》(*Hong Kong China Mail*)业主兼主笔安德鲁·肖特里德(Andrew Shortrede)的资助下,赴苏格兰,进入爱丁堡大学深造,先读文学,后改修医学,1857 年以优异成绩毕业。[③] 至于黄宽毕业时获何种学位,可依据他在爱丁堡大学的学习时间加以分析。

1850 年夏天,黄宽和容闳分别后,即赴爱丁堡大学,以参加新生入学考试(大学每年有两次新生入学考试,3 月底和 9 月底。可见,黄宽正赶上 9月底考试),"试而入选,乃为大学正科生"。当时,苏格兰有 4 所大学:爱丁堡大学(University of Edinburgh)、格拉斯哥大学(University of Glasgow)、阿伯丁大学(University of Aberdeen)和圣安德鲁大学(University of St. Andrew)。这 4 所大学入学考试卷相同,故入选者,可任选其中一所大学。不过,这 4 所大学,亦各有所长。如格拉斯哥大学以工科最为详备。"而爱丁堡大学之医科,则为全英首屈一指者也。"因此,"欲习医科,舍爱丁

---

① 以下关于"黄宽"部分文字,为石霓博士执笔。

② Chinese Repository, Vol. XII. —December, 1843. —No. 12. P623. "Report of Morrison Education Society".

③ 根据容闳说法,黄宽毕业于 1857 年。

堡大学,莫能或胜矣"。这也应是黄宽攻读医科的原因。入学考试合格后,除到本大学注册外,还须到伦敦医学公会(London Medical Council)注册,"乃得医学生同与医职试"。至于医科学制,由于"医科视别科为繁,故其学期亦较别科为久,大率自始期以至毕业,至少需五年。较之美国各校园,加意详慎。故美国医士不能执业于英境,其执业英境者,必考取英国医学试方可。英国医士,则为各国所公认。其程度之高下如此。爱丁堡医学详善,尤为全英冠"。也因此,有志于医学者,则竭力选择爱丁堡大学医科。① 黄宽于 11 月 4 日登记入读爱丁堡大学,入学编号为 113。首年就读于文学系,1851 年开始改修医科,入学记录编号为 23。② 据当时学位制,大学五年考试全部合格,其中经历 4 次医职考试,"则授内科医学士(M. B. ,Bachelor of Medicine),及外科医学士(Ch. B. ,Bachelor of Surgery)两学位。再研内科两年,能自著书,别有发明者,可就试内科博士(M. D.)。再研究外科一年者,可得外科硕士(Ch. M. ,Master of Surgery)。其著书与试,与内科博士同。再研公共卫生学,或热带病理者,更可得他医职。"③关于黄宽的学位,一说他于 1856 年毕业,获内外全科学士学位④,一说他于 1857 年毕业,获医学学位⑤,又据容闳说,黄宽读 7 年,1857 年毕业,但未提及获何学位。⑥由此说来,他若 1856 年毕业,应为内外全科学士,若 1857 年毕业,应获硕士学位,但获博士学位的可能性则很小。另外,需补充说明的是,1845 年 11 月 20 日在香港的理雅各牧师夫妇携吴文秀、李金麟、宋佛俭和一名女生 Jane A. Sha 前往英国,在苏格兰亨达利镇(Huntley)入学,其中三位男生于 1848 年返回香港,其后分散在南洋和中国政府服务。⑦ 总之,据现有资料,黄宽仍然是最早毕业于英国大学并获医学学位的中国留学生,或者说,他是最早获得西方大学医学学位的中国人。

① 林汝耀等:《苏格兰游学指南》,见钟叔河主编《走向世界丛书》,岳麓书社,1985 年版。
② 香港历史博物馆编制:《学海无涯——近代中国留学生》,2003 年版,第 32—33 页。
③ 林汝耀等:《苏格兰游学指南》,见钟叔河主编《走向世界丛书》,岳麓书社,1985 年版。
④ 香港历史博物馆编制:《学海无涯——近代中国留学生》,第 22 页;施其乐著:《历史的觉醒——香港社会史论》,宋鸿基译,香港教育图书公司,1999 年版,第 266 页。
⑤ 香港历史博物馆编制:《学海无涯——近代中国留学生》,第 32 页;施其乐著:《历史的觉醒——香港社会史论》,宋鸿基译,香港教育图书公司,1999 年版,第 126 页。
⑥ 容闳著:《西学东渐记》,恽铁樵、徐凤石译,珠海出版社,2006 年版,第 22 页。
⑦ 李志刚:《容闳之留学教育近代化理念与鲍留云牧师之关系》,见吴文莱、高德明、梁振兴编《容闳与中国近代化》,珠海出版社,1999 年版,第 606 页。

　　回国前,遵照资助人的愿望,黄宽接受伦敦传道会的委任,兼传教士职。原本伦敦传道会有意派他到广州工作,但适逢第二次中英战争爆发,黄宽滞留于香港。在等待中,他在香港开设药房。自然的,这方面工作得到伦敦传道会的支持。然而,黄宽和传道会的关系渐趋紧张,其原因主要是受到伦敦传道会本杰明·霍布森医生(Dr. Benjamin Hobson)等英籍传教士的歧视和排挤。于是,他便辞职,出掌香港民用医院(Civil Hospital)的管理工作。不过,他并没有在香港待下去。大约在1858年,他回到广州,至此,以毕生精力,从事医疗和医学教育事业。他在广州开设了第一个由中国人主持的西医诊所,因其学识渊博,医术娴熟,医德高尚,远近前来就医的中外人士甚多。又因他是中国人,深得当地同胞的信赖,推动了西医在广州的流行,到1859年其诊所已有床位80张。自1859年起,黄宽在自己诊所培养了4名中国西医学生。1860年后,他曾受命担任过李鸿章的医疗顾问,仅半年便辞职,继续专心致志地从事他的医疗和医学教育事业。不过,他同时还兼任中国海关医官。

　　1859年1月,美国医生嘉约翰在广州创设博济医院(前身为广州新豆栏医局),这是在华历史最久远、影响最大的教会医院之一。医院以所谓"博爱济众"为宗旨,设有专职牧师和男女传道人,在诊治病人的同时传播基督教。嘉约翰曾长期担任该院院长,黄宽也深为嘉约翰敬仰和器重。博济医院开张后,黄宽常到博济医院协助嘉约翰工作,比如疑难病的会诊、大手术的施行等。许多旅居广东的外国侨民认为黄宽的医术比许多欧美医生还高明,纷纷找他治病。嘉约翰在做手术时,多由黄宽协助或主刀。1863年起,博济医院开始招收西医学生,黄宽则参加了该院培养中国学生学习西医的教学工作。1866年,医院正式附设南华医学堂,这是中国最早一所系统培养西医的教会医学校,招收男生入学。黄宽和该院院长嘉约翰担任主要教学任务。黄宽教授解剖学、生理学和外科学等课程。嘉约翰撰写教材和讲义时,遇到难以翻译的医学词汇,总是求助于黄宽,与他精心研究,直到找出最为准确的词汇。1876年,学校扩大实验室设备,建立标本室。1879年,学校首次招收3名女生。学校基础理论课学习为三年,然后进行临床实习。他们的辛勤努力,为中国培养了第一代西医人才。不仅如此,经他们的辛勤努力,西医包括它的医院制度、医术医药、医学教育、医学科研和医护宣传等一整套全新的医疗体系,在中国得以传播开来。1878年10月15日,黄宽终因操劳过度,溘然长逝。

嘉约翰对黄宽的评价是:"黄宽称得上是中英文化交流的一个象征,也是中英人民之间友谊的典范。"①容闳也给予了黄宽恰如其分的赞誉:"他曾在爱丁堡大学医疗专业班以第三名的好成绩毕业。他在医学界也是一位杰出人物。他的才智和技术使他牢固地享有令人羡慕的声望,那时他被誉为是好望角以东的技术最精湛最有才华的外科医生之一。他在广州作出了一番十分了不起的成就,成为一位著名的医生。留居广州的外国人都把他优先于欧洲人医生,更愿意请他治病。他在事业上是相当成功的,生前创下了一笔可观的财富。他逝世于1879年。"②中外居民对于失去他这位好医生,均深感惋惜。他的基督教人格和清正纯笃的一生,深受中外人士的敬佩和赞美。③

(二)中国早期官派留美学生中香山籍学生将近占到一半

如同论述中国的"留学运动"不能回避容闳一样,同样也不能不论述留美幼童,即由容闳倡导并促成派出的4批官派留美学生。在论述他们时必须强调以下两点。

(1)他们是中国最早的官派留学生

在此之前,虽然容闳、黄胜、黄宽3个人已于1847年留学美国,更有1645年远赴意大利罗马学习宗教的郑玛诺等人,但他们有一个共同的特点,即都不是中国政府官派出国的,而是宗教影响下的个人行为。他们无论是出国学习的专业,还是回国,其一切行为与中国政府没有任何关系,而且回国后没有产生什么社会影响。但是,这4批留美幼童则与他们截然不同,从选派、经费、管理到回国任职,自始至终,他们的一切行为都是按中国政府的计划安排的。例如,在清政府批准派遣幼童留学美国的奏折后,1871年,在上海成立了一所留美预备学校,容闳具体负责办理招生事宜,也是奉命而为。后来幼童们提前撤回,也是清政府正式下令的结果。由于这四批留美

① 刘圣宜:《容闳及其师友对中国近代化事业的贡献》,见《容闳与中国近代化》,珠海出版社,2006年版,第352—353页。
② 容闳著:《容闳自传——我在中国和美国的生活》(附录)"杜吉尔牧师的演说",石霓译注,称黄宽于1878年10月15日去世。
③ 容闳著:《西学东渐记》,恽铁樵、徐凤石译,珠海出版社,2006年版,第22页。

幼童是中国最早的官派留学生,因此,他们在中国的留学历史上具有开创性的意义。虽然由于清政府保守派的扼杀,幼童们中途被提前撤回,但他们回国后能够奉公守职,从事政府和外交的有 32 人,从事海军和船舰工作的有 16 人,矿产地质的有 8 人,电报电话业务的有 18 人,铁路事业的有 16 人,商业的有 7 人,医务的有 5 人,教育的有 4 人,等等,在很多领域都作出了杰出的贡献。

(2) 他们大部分来自广东,其中香山籍学生约占一半

与现在人们争相出国留学的心理大相径庭,1870 年的中国人并不愿意远走天涯,特别在中国的北方更是如此。1871 年夏天,因为在北方所招的第一批学生未满定额,容闳又来到香港,在英政府所办的学校里挑选对中西文都稍有基础的聪颖少年,以凑足首批 30 名的定额。容闳之所以要亲赴香港挑选学生,主要是因为当时的中国尚缺少报纸等现代宣传手段,北方人大多不知政府有这样的教育计划,同时能够兼习中英文的学生也只有在南方通商口岸附近的教会学校中才会有。所以预备学校招考时,应考者多为广东人,而广东人中香山籍的又占了多数。据统计,前后四批 120 名留美幼童中,广东籍的有 84 人,占总数的 70%,其中香山籍的有 40 人,约占广东全省的近一半,而其中又有 23 人是珠海籍的。[①] 由此不难看出香山地区的留学生在中国早期"留美运动"中的地位。

40 位香山籍留美幼童归国后的主要经历,见表 3-1。[②]

表 3-1　40 位香山籍留美幼童归国后主要经历一览表

姓　名	任职经历
蔡绍基	上海大北电报局译员,天津外事局局长,北洋大学总办,天津海关道台
钟文耀	驻马德里代办,驻马尼拉总领事,沪宁、沪杭甬铁路总经理,铁道部顾问
欧阳庚	分配进福州水师学堂,驻纽约领事馆领事,驻智利和南美公使
容尚谦	参加中法马江战役,1894 年任"环泰"号舰长参加甲午战争,京奉铁路交通经理
蔡锦章	进入商界,后参加沪宁铁路工作

① 珠海市文化广电新闻出版局、珠海市博物馆:《容闳》,珠海出版社,2007 年版,第 40—41 页。

② 容尚谦著:《创办出洋局及官学生历史》,王敏译,珠海出版社,2006 年版,第 19—34 页。

（续表）

姓　名	任职经历
张康仁	重返美国完成学业，后在檀香山和旧金山从事律师工作，驻美国西雅图领事
刘家照	天津外事局
谭耀勋	1883 年耶鲁大学毕业，同年在美国逝世
程大器	上海江南兵工厂教师
陆永泉	分配到福州水师学堂，后重返美国完成学业，进领事馆工作，任纽约领事
邓士聪	分配到福州水师学堂，后转入北洋舰队，再到广州，后入商界
钟进成	参加美国领事工作
史锦镛	家居并经商
蔡廷干	派遣到大沽炮台鱼雷部，1894 年中日战争时指挥威海卫鱼雷舰队，袁世凯的副官
梁金荣	进入电报局工作，工程师，任江西电报局领导
李恩富	重返美国，毕业于耶鲁大学，从事新闻工作和商业，后回国在广州出版一份双语报纸
黄有章	家居
容尚勤	从事教育
李桂攀	重返美国完成学业，后进入商界，英年早逝于纽约
唐国安	奉派到唐山煤矿工程公司，参加京奉铁路工作，协助组建清华学校，并任校长
宋文翙	分配到福州水师学堂，后转入北洋舰队，参加甲午战争，后任南洋水师炮舰舰长
张有恭	早年在黄埔溺水身亡
邓桂庭	分配到福州水师学堂，后赴日本经商
唐元湛	进入上海电报界工作，任上海商业储蓄银行总裁
卓仁志	派遣到上海电报局
唐绍仪	先进海关，后去朝鲜，天津海关道台，西藏议约全权大臣，外务部侍郎，奉天总督，民国首任总理，国民政府高级顾问
梁如浩	分配进海关，后随税务司穆麟德去朝鲜，京奉铁路督办，营口海关、上海海关道台

（续表）

姓　名	任职经历
容耀垣	分配到天津水师学堂,毕业后进入天津和香港商界,后任孙中山的助手兼顾问
徐振鹏	分配到福州水师学堂,转北洋水师,参加甲午战争,两江水师上将,海军部次长
唐致尧	进入商界,后参加京奉铁路和天津税务局工作
郑廷襄	派遣到大沽炮台鱼雷部,辞职重返美国完成学业,机械工程师和发明家,创立"郑氏合伙"公司,纽约布鲁克林干电池公司经理
刘玉麟	任驻欧洲一些国家和美国领事,中国派驻英国圣詹姆斯宫廷大使
黄耀昌	入汉口巴特费尔德和斯威尔公司船舶办事处,参加招商局和沪宁铁路工作
吴其藻	参加1884年中法战争和1894年中日战争,任"开济"号巡洋舰舰长,驻朝鲜领事
谭耀芳	英年早逝
唐荣浩	山东省外事局局长,山东省待任道台
唐荣俊	继承其父(唐廷植,上海怡和洋行总办)事业
陈绍昌	英年早逝
陈金揆	分派到天津水师学堂,后任"致远"号巡洋舰司令官,在黄海战役中牺牲
盛文扬	分配到电报局工作,曾任福州市待任市长

从表3-1可以看出,除去极个别英年早逝和居家无所作为者外,大多数香山籍留美幼童均成为各种现代职业的先驱者。他们在美国所受的专业训练,使他们与传统体制下培植的官吏、职员迥然不同。虽然旧的官僚集团对这批"西方化"了的"假洋鬼子"投以不屑和怀疑的眼光,但时间和实践证明,他们是推动中国走向现代化的第一批卓越的现代人才,中国也需要这些具备新知识的人才。故在多年以后,他们又被赋予多种重任:有的成为电报局和铁路系统的工程师,有的成为教育家,有的成为企业家、银行家,有的成为政府的高级官员,有的成为重要的外交官,有的成为军界的重要将领,有的甚至还成为国务总理。更难能可贵的是,他们勇敢地站在抵御外来侵略的第一线,有的甚至成为为国捐躯的烈士。

二、香山地区早期"留学运动"的影响

在政治衰败、经济萧条、内忧外患的晚清时期,从广东香山地区兴起的"留学运动",是中国早期留学教育运动的先声,但是清代香山地区的"留学运动",又不仅指容闳倡导并促成派出的四批官派留美学生,也包括这一时期香山地区自费留学的孙中山等人。而且香山地区早期"留学运动"与近代中国爱国救亡的时代诉求相结合,与晚清时期的革命呼声相结合,最早、最鲜明地体现了近代中国"留学运动"的特点:振兴中华,留学救国。香山人率先走出国门去异域求知,归国后虽备遭挫折和磨难,但最终得以在社会的各个方面发挥了他们的"新知"和专业特长,成为中华民族走向 20 世纪的时代先驱,为推动近代中国的社会转型和革命运动,作出了显著贡献。特别是孙中山以及唐绍仪①和唐国安等人,对于近代中国社会发展产生了重要影响。

(一) 自费留学的孙中山先生,创建同盟会,推翻封建帝制,开创了中国历史的新纪元

作为香山人,孙中山不仅是香山地区这一时期"留学运动"中的杰出代表,更是一个推动了中国历史进程的伟大的革命家。

关于孙中山先生,大家比较了解,在此不拟赘述他的革命活动,仅仅对他一生比较有影响的早年生活环境、留学生活等稍加评述。

孙中山先生是香山县(今中山县)翠亨村人。这里距香山县治石歧 29 公里,离澳门 37 公里;东南方隔水与香港遥遥相望。县属金星港是当时中外交通的一个枢纽。孙中山幼年便从大人那里听到洋人稀奇古怪的事情,开始感受到外面的精彩世界。他 7 岁入私塾,接受了 7 年系统的传统文化教育。1879 年,他随母亲搭载运送移民的轮船前往檀香山学习。起初,长兄孙德彰让孙中山到他的米店帮忙,但孙中山有志于学,于是进入英国人所设的意奥兰尼书院(Iolani School)就读。三年后毕业时,孙中山在几百名学生中脱颖而出,获得夏威夷国王亲自颁发的英文文法优胜奖。随后,他进入檀香山最高学府美国人办的奥阿厚学院(Oahu College)深造,1883 年 18 岁时离开檀香山回国。当时的檀香山虽然是个形式上独立的国家,但是,英

---

① 关于唐绍仪的论述,详见本书第九章。

美的文化早已在那里遍地生根。就是在这里,孙中山"始见轮舟之奇,沧海之阔,自是有慕西学之心,穷天地之想"①,从而对他的一生产生了重要的影响。

1885年,有感于清政府在中法战争中的愚昧腐败、丧权辱国的行为,孙中山萌发了"倾覆清廷、创建民国"②的伟大理想,并决定以学堂为鼓吹之地,借医术为入世之媒。于是,1886年孙中山入广州博济医院附属的南华医学校学医,次年转学香港西医书院。在学医期间,孙中山读了法国米涅的《法国革命史》和达尔文的《物种起源》等大量进步书籍。1892年毕业后,他先后在澳门和广州开设西医房,同时致力于挽救民族危亡的政治活动。

由此,我们可以看出,檀香山4年的留学生涯,使孙中山系统地接受了西方资产阶级文化的熏陶,而这与他回国后目睹的腐败现实形成了强烈的对比,从而产生了救国的革命理想,并开始了一系列的活动。特别是在1905年远赴欧洲,与湖北的留欧学生一起交流、讨论组建革命团体,奏响了中国同盟会在欧洲成立的序曲。此后,在以黄兴为首的留日学生的支持、协助下,于1905年8月在东京组成了以留学生为主体的中国同盟会。从此,中国资产阶级民主革命进入了一个崭新的阶段,经过5年的浴血奋战,最终推翻封建帝制,取得了辛亥革命的胜利,开创了中国历史的新纪元。以留学生群体为代表的一个全新的中国知识分子群体,也由此登上20世纪中国历史的大舞台。

(二)第二批留美幼童唐国安,首任清华学校校长,推动了清末民初中国留美教育事业的发展,促进了中国教育的现代化

唐国安是香山县唐家湾鸡山村人,1873年作为第二批留美幼童到达美国,就读于新不列颠中学,6年后考入耶鲁大学法律系。1881年,清政府下令撤回全部留美学生,唐国安等被迫中断学业回国。

回国后,唐国安以毕生的精力投身于中国的现代新闻、外交和教育事业,具有多方面的建树。尤其是他晚年主持游美学务处和清华学校的工作,践行了当年留学之父容闳"教育救国"的思想,为清华学校的早期发展作出

---

① 孙中山:《答翟理斯函》,见《孙中山全集》(第1卷),中华书局,1981年版,第47页。
② 孙中山:《建国方略》,见《孙中山全集》(第6卷),中华书局,1985年版,第229页。

了开拓性的贡献,为后来清华学校发展成一流大学奠定了基础。

自 1904 年起,中国驻美公使梁诚和美国国务卿海约翰就退还庚款问题进行了多年谈判。此时已在外务部供职的唐国安得以筹划此事。1908年中美达成正式协议,从 1909 年起,每年用退款选派 100 名学生赴美学习,从第五年起减为每年不少于 50 名,至 1940 年结束。根据这一协议,外务部和学部共同组建游(留)美学务处,全面负责留学生的选派。唐国安被选为会办,实际负责学务处的日常工作。从 1909 年到 1911 年的三年间,游(留)美学务处在北京共组织了三次考试,从各省选拔优秀学生。唐国安作为主考官之一,在确立科目、拟题、亲自带领学生赴美等方面,都做了大量卓有成效的工作。这三批留学生回国后多为国家的栋梁之才,出现了一大批中国现代科学技术的奠基者和文化学术大师。其中就有后来蜚声中外的新文化运动的主要倡导者胡适、清华大学校长梅贻琦、北京大学校长蒋梦麟、浙江大学校长竺可桢、语言学家赵元任和生物学家钱崇澍等。

1911 年 4 月,清华学堂正式成立,唐国安受聘为副监督。民国建立后,他虽与内阁总理唐绍仪兼有同乡、同族、同学之谊,可比起到政府当官,他更甘愿留在清华学堂,独自主持校务。1912 年 5 月,唐国安被任命为清华学堂监督,在他的领导下,学校得到了快速的发展。

首先,经外务部批准,撤销游(留)美学务处,从此清华学堂的校务统一由学堂掌管,避免了过多的行政干预,对清华学堂的发展产生了重要影响。1912 年 10 月清华学堂更名为清华学校,唐国安被任命为第一任校长。他认真总结办学经验,修订办学章程,以提高学生的素质和学校的档次。

其次,确保学校经费能够专款专用。发展中的清华学校需要稳定的、大量的经费支撑,但草创时期的清华学校因国内外的种种原因,不时出现经费被挪用等情况。为此,他于 1913 年 7 月 15 日在病榻上致信外务部,强调此款和清华学校的关系,说明不能被挪作他用,更不应将此项退款列为国家常规收入而随意挪用,从而为清华学校以后的发展提供了有力的经济保障。若不是他及时提出并据理力争,在当时政局多变的险恶形势下,一旦失去庚款的支持,清华学校的发展势必会受到很大的影响。

第三,为学校的长远发展,唐国安抓住有利时机,扩充清华学校校园,使清华学校从原有的 30 公顷(450 亩)扩大到 80 公顷(1 200 亩),奠定了今日清华大学的基础。1913年,唐国安因患心脏病而去世。为了缅怀唐国安的功绩,清华学校曾为他铸造了一块纪念碑,挂在"工字厅"入门的东壁上。

遗憾的是,作为一名著名教育家,长期以来唐国安的业绩鲜为人知,在清华大学2011年3月校庆之际唐国安纪念馆[①]开幕之前,即使是清华学子,了解其生平者恐怕也寥寥无几。其实,作为庚款生的主要选拔者和清华学校的主要创始人,唐国安比较完整地引入了美国先进的高等教育体制,曾被喻为"从美国移来了一所大学"。他提出的"自强不息,厚德载物"的校训,影响了一代代清华人。他不仅推动了清末民初中国留美教育事业的发展,促进了中国教育的现代化,更为中国培养了一批时代精英。他的丰功伟绩应该为更多的国人所知晓、景仰。

综上所述,在中国历史上,香山地区虽然不能与传统文化底蕴深厚的一些历史文化名城相比,但它由于地处近代中外文化交流的前沿,较早地受到了西方文化的影响,所以香山人得以较早地开眼向洋看世界,率先走出国门去异域求知,并逐渐兴起了影响中国后来发展的"留学运动";而且这种运动与近代中国的爱国诉求相结合,与晚清时期的革命呼声相结合,从而极其鲜明地体现了近代中国"留学运动"的爱国特点,并涌现出了孙中山、容闳、唐绍仪和唐国安等一大批革命家、政治家、外交家、教育家以及诸多方面的杰出人士,为推动近代中国的社会转型和文化转型,作出了特殊的贡献。

---

① 唐国安纪念馆,位于其家乡广东珠海市唐家湾,占地面积2 000多平方米,建筑面积2 700平方米,常设的"唐国安纪念展"展出内容包括其生平介绍、历史功绩等。其中照片、珍贵文物资料分别多达500余张、50余件。文物资料以纸质文件为主,包括报纸、奏折、来往文书、主题报告等,比较概括地反映了唐国安的一生,也真实地记录了清华初创的世纪风云,具有珍贵的历史资鉴价值。纪念馆内展出的文物分别来自清华大学校史馆、国家图书馆、上海图书馆、香港基督教青年会等。2011年3月19日开馆,300多名清华校友冒雨赶来出席开馆仪式。

第四章
庚款"留学运动"

在中国近代史和教育史上，庚款留学是一场具有特殊的、影响深远的"留学运动"。由于它是用列强退回的中国赔款作为中国派出留学生的经费，最早又是由美国所提出和开始的，因此，历来评价不一，在个别时期还遭到了否定。直到改革开放以来，对庚款留学的评价才逐步趋于科学和理性，下面从四个方面予以评析。

一、庚款"留学运动"缘起

1900年（庚子年），美、英、德、法、日、奥、意、俄等列强以所谓解救公使馆危机为借口，组成"八国联军"对中国的首都北京进行了联合侵略和掠夺。1901年9月7日，清政府被迫与美、英、德、法、日、奥、意、俄、比、荷、西等11个国家签订了丧权辱国的《辛丑条约》。其主要内容之一是：清政府向列强赔款4.5亿两白银，而当时中国的总人口为4.5亿，即每人1两，以此羞辱中国人，限期39年，本息共达9.822亿两白银。这就是中国近代史上屈辱的"庚子赔款"。庚款留学就是将庚子赔款的退赔部分用于派遣学生到国外留学的项目，它最早是由美国所引起的，此后，英、法、比、日等国也予以效仿。

（一）庚款留美的缘起

美国从庚款中获得3 200万两白银，外加年息，到1940年本息将达5 300多万美元。对如何看待和使用这批赔款，美国国内引发了一场争论。有人提出，赔款的数目过大，超过了美国的"应赔"数目，为了维护美国在华的长远利益，应把中国多赔的款项退还给中国。中美之间就退还庚款的交涉始于 1902 年中国驻美公使梁诚赴任以后。

梁诚(1864—1917),广东番隅人,曾作为第四批幼童留学美国,1881 年回国,赴美前曾任清政府总理衙门章京、大清会典馆员外郎等。他赴任以后,首先与美国国务卿海约翰就庚款"还金"还是"还银"①的问题进行会谈。他提出:中国财政支绌,若要一概还金,民间负荷极大,后果不堪设想。基于美国政府对华的"门户开放"政策,海约翰觉得梁诚的话极有道理,并觉得美国所得庚款"原属过多"。梁诚则趁机建议"核减庚款",海约翰同意将此事禀告罗斯福总统。1906 年,在天津和冀鲁交界处传教已 30 余年、深知中国民众"仇洋"心理的美国传教士的阿瑟·史密斯借回美国本土募捐的机会,设法拜见了罗斯福总统,提出"不是完全退还这笔钱,而是要把这笔钱用在使类似事件(按指义和团运动)难以再生上"②。此议得到了罗斯福的赞许。同年,美国伊利诺伊大学校长詹姆士在给罗斯福的一封备忘录中说到:"哪一个国家能够做到教育这一代中国青年,哪一个国家就能够由于这方面所付出的努力,而在精神和商业的影响上取回最大的收获。"③这些建议反映了当时美国教育界及政界对庚款的看法,即从美国的对华关系出发,通过退还庚款等一些实事,消除中国人的"仇美"心理,扩大美国在华的影响。1907 年,梁诚经美国内政部长詹姆斯·加非尔德和商务、劳工部长斯特劳斯再次向总统进言要减少赔款,罗斯福决定付诸实施这一计划。1907 年 12 月 3 日,他在国会正式宣布:

> 我国宜实力援助中国力行教育,使此繁众之国能渐渐融洽于近世文化。援助之法,宜将庚子赔款退还一半,俾中国政府得遣学生来美留学,使修业成器,蔚成有用之材。④

1908 年 5 月 25 日,美国国会批准了罗斯福的建议。7 月,美国驻华公

---

① 《辛丑条约》刚签订时,各国在赔款所用货币的问题上没有达成一致,美国考虑到自身利益同意中国用白银偿还,后因其他国家一致决定用黄金赔偿,美国也不例外。清政府刚签约时忽视了金银汇率的浮动问题,后来感到一律用黄金赔偿,财政压力太大,也有失公允,于是派梁诚赴美谈判。

②③ 全国政协文史资料研究委员会编:《文史资料选辑》(第 71 辑),中华书局,1980 年版,第 165 页。

④ 全国政协文史资料研究委员会编:《文史资料选辑》(第 71 辑),中华书局,1980 年版,第 166 页。

使柔克仪通知清政府外务部,从 1909 年起美国正式退还庚款,到 1940 年止,将美国应得庚款的一半 1 078.528 6 万美元(加上利息计 1 160 余万美元)逐年逐月"退还"给中国,中国方面则保证将此款项用于中国学生赴美留学,并规定该款由中美双方组成董事会共同管理。清政府为此照会美驻华公使表示感谢,并派时任奉天巡抚的第三批留美幼童唐绍仪专程赴美致谢。

1924 年 5 月 21 日,美国参众两院通过了继续退还庚款的议案①,即将庚款余额全部退还中国,并用于发展教育文化事业;并派著名教育家、哥伦比亚大学师范学院院长、教授孟禄博士为非正式代表来华商谈具体方案。同年 8 月,孟禄抵达北京,受到了中国教育界的热烈欢迎。这不仅因为中国教育界的头面人物蒋梦麟、郭秉文、胡适、张伯苓、陶行知、陈鹤琴等曾受教于哥伦比亚大学师范学院,而且孟禄于 1921 年曾被这些中国弟子邀请来华演讲过,应聘为刚成立的中华教育改进社的名誉董事;而该社又是中国民间敦促各国无条件退还庚款的主要力量。更重要的是,他们明白这位美国老师在此问题上有举足轻重的影响力。确实如此,孟禄来前,美国政府已授予他相当大的权力,如他在谈到庚款用途时就讲:

美国政府退还庚子赔款余额,绝不附有任何用途规定之条件。虽正式议案前冠有"用于教育与文化"事业之引言,亦纯为恪循中国教育界之意思而防止此款或误用于军事或不正当之途耳。至具体管理办法之决定,悉委之新组织成立之中华教育文化基金董事会,则故众意金同也。②

孟禄还提出,由中国政府来组建管理这个基金的董事会——中华文化教育基金董事会,共 15 人,中方 10 人,美方 5 人。中方 10 人是颜惠庆、顾维钧、施肇基、范源濂、黄炎培、蒋梦麟、郭秉文、张伯苓、丁文江、周诒春,都是中国政界、外交界和文教界的名流;美方 5 人为哥伦比亚大学的约翰·杜威、保罗·孟禄、北京协和医学院院长罗杰·格林、中国国际救济会董事长阿尔·贝克、美国花旗银行总经理 C. R. 贝纳特。中美双方批准了这一方

① 参见:《中国免续付庚子赔款》,载《东方杂志》第 21 卷 11 号。
② 陈学恂:《中国近代教育史教学参考资料》(下册),人民教育出版社,1987 年版,第 270 页。

案,9月17日中国政府对外公布。随后,董事会召开了第一次会议,推举颜惠庆为首届董事长,孟禄为副董事长,并拟定了章程。至于款项的用途,则根据教育经费独立的原则,采纳了孟禄提出的"四不当用"和"三当用"方案,首先用于普及农村教育和改进中学教育,其次用于改善理工科学校的教学设施。不过,由于后来该项基金的管理者蔡元培、任鸿隽、丁文江、胡适、翁文灏、竺可桢和赵元任等都特别重视高等教育和学生赴美留学教育,因此,这笔基金并没有主要用于普及农村教育和改进中学教育,而是用于高等教育、学生赴美留学教育和相关的科研方面。1925年5月,中华文化教育基金董事会在京举行首届年会,讨论确定了基金的使用原则和方法。6月,在北京设立了办事处,任命范源濂为首任干事,曾任东南大学副校长的任鸿隽则应范源濂邀请,任行政秘书,并逐渐转为执行秘书、副干事长、干事长,成为管理和决定这一基金的重要人物。

此后,英、日、法、比、意、荷等国也陆续决定给中国退还多赔的庚款,其中美、英、日、法、比、荷等国在退还庚款的协定中,都有把退还的庚款用于派遣中国学生赴各自国家留学的规定。利用此款派遣留学生出国留学,即历史上著名的"庚款留学"①。

(二) 庚款留英的缘起

与美国退款的态度不同,英国认为对中国的赔款没有理由作出任何变动。1914年第一次世界大战爆发后,英国为了争取中国参战,才改变态度,同意按照美国的方式给中国退还多赔的庚款。1917年,中国宣布参加协约国并与有关诸国商定,从本年起,庚款缓付5年。同时,中国国内要求退还庚款的运动也活跃起来,尤其以蔡元培、范源濂、陶行知、黄炎培等知名人士

---

① 第一次世界大战爆发后,中国于1917年8月参战,当年对德国的赔款即停付。奥匈帝国瓦解后,奥地利与匈牙利分别于1917和1920年宣布放弃中国的赔款,至此,两国的庚子赔款也宣告结束。俄国所获得的庚款居各国之首,1924年中苏签订了解决悬案大纲协定,苏联政府表示放弃俄国所获之赔款,俄国赔款也宣告结束。但由于第一次世界大战时俄国没有将庚款停付5年,实际上已经从中国掠走4 588万美元。意大利于1933年与中国订立中意协定,所退庚款作为中意两国之间的文化交流和中国的公益慈善事业之用。荷兰于1926年将庚款全部退还中国,所退庚款的大部分用于中国的水利事业,35%用于文化事业,中荷庚款委员会从1926年1月以来所积存的文化事业费中拨出40万盾作为文化基金,所得利息的53%交给中央研究院,其中40/53作为派遣学者及学生留学荷兰的经费。

为首的教育团体呼声最高。但是,直到 1922 年 12 月 22 日,英国政府才正式通知中国:"中国应付未到期之庚款,即将退还中国,作为有益于两国教育文化事业之用。"①但对于退还庚款的用途和管理权,中英双方产生了巨大的分歧。英国方面,这时有人注意到在美国的留学生人数已经大大超过英国,为保证英国的在华利益,有人在《泰晤士报》上发表文章说:"急应奖励选派中国青年至英国留学,愈多愈妙,今日之学生,即将来之商业旅行家或商人,故于英国之商业利益,有深切之关系。"②但在华的英国教会和部分商人则寻找各种借口试图取得退款的控制权。中国以教育界为代表主张庚款用于教育事业,并反对英国对庚款的控制。1924 年春,时在欧洲游历的蔡元培由中华教育改进社授权为代表,专门就庚款退还问题与英国朝野交涉,就英国退还庚款的分配提出"七点"建议,即《处理退还英庚款的备忘录》,其中就有"此款的又一部分可作为基金专款,用作派遣我国大学和工学院的教师或毕业生去英国大学和工学院学习的费用","我所提出的,不仅仅是我个人的意见,而且也代表全国的一致意见"。③ 1925 年,英国国会正式通过"中国赔款案",决定履行 1922 年宣言,"该款应充中国教育事业及其他有益两国之用"④,但坚持应由英国外交部控制,这遭到了中国方面的强烈反对。1926 年 3 月 16 日,北京国立九校校长及教职员联席会代表和社会团体负责人举行集会,马叙伦、陶行知等人联名作出"要求英国无条件抛弃庚款","以保国权"⑤等决议。在此情况下,英国成立了咨询委员会,由英国 8 人、中国 3 人组成,并由咨询委员会组成一个调查团来中国调查。调查团由中英双方各 3 人组成,中方成员为胡适、丁文江和王景春,英方为威灵顿爵士、安特逊女士和苏得赫女士。经过调查,英方修改了原来的决议,主要内容与蔡元培所提的《备忘录》基本一致,采纳了中国教育界提出的由中英双方设立基金会共同管理退还庚款的主张。1930 年 9 月,中英两国正式换文,中

---

① 教育部《教育年鉴》编纂委员会编:《第二次中国教育年鉴》,商务印书馆,1948 年版,第 1575 页。

② 《庚子赔款充留学费问题》,载《申报》,1922 年 8 月 14 日。

③ 中国蔡元培研究会编:《蔡元培全集》(第 5 卷),浙江教育出版社,1997 年版,第 265、267 页。

④ 《教育杂志》,第 17 卷第 5 期、第 19 卷第 1 期。

⑤ 中国社会科学近代史研究所中华民国史组编:《胡适来往书信选》(上册),中华书局,1979 年版,第 364 页。

国政府同意将退还的庚款按调查团的意见处理。1931 年 4 月,"行政院管理中英庚款董事会"成立,13 日公布《管理中英庚款董事会章程》,规定董事会由 10 名中国人和 5 名英国人组成,任期 3 年,其中中方人员为朱家骅、王家桢、宋子良、陈其采、李书华、叶公绰、程振钧、曾熔甫、颜惠庆、丁文江;英方董事为贺耐、马锡尔(朱家骅夫人)、康德黎、端纳和朴隆。第一任董事长由留学德国的朱家骅担任,副董事长为英国人贺耐。后来,该会更名为"中英文教基金董事会"。7 月,董事会制定了《中英庚款息金用途支配标准》,规定将大部分庚款借贷给有关部门及企业,其利息用于包括学生留学英国的各项文教支出。由于用于生产事业的基金所收回的利息不多,不能立即用来派遣留学生,故第一届庚款留英学生的派遣直到 1933 年 8 月才开始。

(三) 庚款留法、留比的缘起

法国所获得的庚款总数仅次于俄、德,排第三位,占总数的 15.75%,但法国退还庚款的动机在于把退款用于已歇业的中法实业银行,使之复业。这样,法国的退款就只是个形式,而款项实际上只用于中法实业银行,这当然引起中国人的愤怒。法国为了缓和矛盾,开始与中国进行谈判,并于1925 年 4 月 12 日签订《中法协定》,同意从 1925 年 4 月开始将庚款余额退还,并答应每年从"救济款"中提取 100 万法郎(约合美金 20 万元),用于中法间的教育与慈善事业。对教育的拨款从 1926 年开始,一直持续到 1947 年。1925 年 4 月 28 日"中法教育基金委员会"成立,中方由李石曾、沈尹默、刘锡昌、翁文灏、罗家伦、邹鲁等任委员,李书华任主席,该委员会经营的庚款用于办理中国的文教事业,其中有资送留学生的内容。法国的退款既零散且时间跨度又大,大大影响了对中国文化教育的绩效。但由于蔡元培、李石曾、吴玉章等人的努力,利用这一款项建立了北京中法大学和中法大学海外部(又称里昂中法大学),对促进近代中国人留学法国意义重大。虽然里昂中法大学算不上一所真正意义上的大学,但还是收到一定的成效,戴望舒、罗大纲、阎逊初、陈毅等人都是在这里开始留法生涯的。从 1921 年到1949 年总共约有 500 名中国学生在这里生活、学习过,其中有 473 名获得了学士、硕士或博士学位。①

---

① 程新国:《庚款留学百年》,东方出版中心,2005 年版,第 84、85、322 页。

比利时所得庚款数额相对较少,仅占 1.86%。中比两国在 1925 年达成《退款协定》,1927 年 12 月 8 日订立《第二次协定》,同时成立"中比庚款委员会",中方委员长为褚民谊。该委员会决议将退款总额的 5% 作为中国学生赴比利时留学的费用。从 1929 年起,中国留学生用庚款留学比利时开始。

(四) 庚款留日的缘起

日本所获庚款的数额也很大,位列第五,1922 年成立"对支文化事务局",来掌管利用庚款筹办对华文化教育事业的事务。1923 年底,日本对华文化事务官员出渊胜次与中国驻日公使汪荣宝进行了非正式的磋商,大致商定将庚款用于中国的文化事业,包括每年拨出 30 万日元作为补助中国留日学生的经费。其目的是撇开中国政府,按照日本政府不可告人的目的培养日本意识俘虏下的中华民族观念薄弱的中国学生。因此,这个决定遭到留日中国学生的强烈反对,他们发表宣言指出:"日本对华文化事业不容中国人参加意见,只为日本帝国利益打算,全不计及中国人本身之利益,这分明是日本在中国大陆上实施殖民政策之前驱或附属事业而已。"[1]1924 年 2 月 6 日,中日正式签订《中日文化协定》,其中规定将一部分庚款用于留日中国学生的补助费用,设置 320 个名额。但这个规定从一开始就遭到国内各界尤其是教育界的激烈反对。1924 年 4 月 26 日,全国教育联合会退还庚款事业委员会、中国科学社、中国地质学会等 10 个团体发表宣言指出:"照日本规定的办法,无论何人,总觉得是日本的内政延伸到国外。"[2]鉴于此,1928 年,国民政府外交部、教育部建议废止这个协定。由于当时赴日留学无须领取证书,为了杜绝庚款留日,1929 年 9 月国民政府教育部发布了《教育部修正发给留学证书规程》:未领证书直接到国外留学者应受四项制裁,其中第三项为"不得请补公费及庚款补助费"[3]。1930 年,国民政府教育部宣布废止日本对华文化协定,停止留日学生的庚款补助。但后来日本政府不顾中国的反对,继续利用庚款补助中国留日学生。日本与美国退款的最

---

① ［日］实藤惠秀:《中国人留学日本史》,三联书店,1983 年版,第 101 页。

② 《教育杂志》第 17 卷第 5 期、第 19 卷第 1 期。

③ 《教育部修正发给留学证书规程》,载《中央日报》,1929 年 10 月 3 日。

大不同就是:美国除了规定把款项用于教育事业外,中国对退款拥有很大的自主权和控制权,而日本的退款则操纵在日本政府手中。单就退款数量所占庚款总量的比例来看,两者也相去甚远,美国将应得庚款的一半退还给中国,而从 1923 年底到 1937 年的 14 年间,日本用于中国留日学生补助和中国学者、学生之访日费用,还不到中国付给日本总数的 19%。① 由此可见当时日本退还庚款的真实动机。

二、庚款留学生的选派

(一) 关于庚款留美生的选派

关于庚款留美生的选派,可以分为三个阶段。

1. 清华学堂时期庚款留美生的考选

在美国决定退还庚款后,清政府开始积极筹备赴美留学生的派遣工作。1908 年,外务部和学部共同拟订了《派遣美国留学生的章程草案》。1909 年 7 月 10 日,外务部与学部共同会奏《收还美国赔款遣派学生赴美留学办法折》,并拟定了较具体的《遣派游(留)美学生办法大纲》。9 月 4 日,赴美选拔首次考试在学部举行,从 140 名报考者中录取了 47 名。同年,清末留美教育的常设机构游(留)美学务处成立,具体负责留美学生的选拔和派遣工作,周自齐任总办。后来,内务府又将皇室赐园——清华园拨交学务处作为游(留)美肄业馆,1911 年改名为清华学堂。此后,清华学堂就成为培养庚款留美学生的学府。1910 年 7 月举行第二次考试,录取包括赵元任、胡适等在内的 70 人。1911 年 7 月举行第三次招考,录取 63 人。清末选送的庚款留学生三批共计 180 名,因为出国前都经过了学务处的"甄别考试",所以他们被称为"甄别生"。"甄别生"的派遣是继幼童留美之后又一次大规模的官派学生留美的教育活动。

2. 民国初期庚款留美生的选派

民国成立后,清华学堂改称为清华学校,此后留美庚款生的派遣就由清华学校具体负责,直到 1929 年其留美预备部使命结束为止。从 1911 年清华预备学堂成立到 1929 年游(留)美学务处结束,加之此前直接赴美的 180

---

① 王树槐:《庚子赔款》,载《台湾"中央研究院"近代史研究所专刊》"31",第 537 页。

名留学生,总共派出庚款留学生1 279名。此外还有自费津贴生476人,特别官费生10人,各机关转入清华的官费生60人,袁氏后裔特别生2人。[①] 1919年,清华学校在《津贴在美自费生章程》中明确津贴的宗旨是:"体恤寒峻奖励游(留)学,使在美自费生之有志上进而无力卒学者,得以学成致用。"[②]其中蒋梦麟、郭秉文、朱经农、陶行知等都接受过庚款津贴。袁氏后裔特别生是指袁世凯复辟帝制后,根据国务会议通过的《项城袁氏留美学额简章》和《项城袁氏入学简章》而入学的袁氏后裔学生。1929年,此规定被取消。

3. 南京政府时期庚款留美生的选派

南京国民政府成立后,对留学教育统一规划,继续利用庚款派遣赴美留学生。1928年,国立清华大学成立,隶属于教育部,中美双方外交部协商决定的留学派遣权也收归教育部,但留学美国的工作仍然由清华大学负责。1929年,该校考选留美专科生10人,分赴美国各大学学习。教育部在1933年颁发《考选清华留美公费生办法纲要》,规定三年之内每年公开考选25名学生留美,其选派范围已经由清华一校扩大到全国各地的大学毕业生。1933年8月,清华大学在南京、北平两地举行了第一届留美考试,180人应考,最终录取25人。1934年8月,录取钱学森等20人。另外,中华文化基金董事会从1934年起,将美国退还的庚款拨出一部分用来选拔专业技术人员赴美留学。据清华大学校史研究室编《清华大学史料选编》:1935年8月,举行了第三届留美考试,录取30人;1936年,教育部再次命令清华大学继续举办三届留美生的考选,每年选派32名,同年8月举行第四届考试,录取王铁崖等18人;1938年,清华大学举行第五届庚款留美考试,录取17人;1939年的第六届考试因为太平洋战争的爆发而中断,直到1943年抗日战争向着有利于中国方面发展时,才举行了第六届留美考试,录取了包括扬振宁在内的22人。

---

① 清华大学校史编写组编:《清华大学的前身——清华学校》,见全国政协文史资料研究委员会编《文史资料选辑》(71辑),中华书局,1980年版,第190页。

② 清华大学校史研究室编:《清华大学史料选编》(第1卷),清华大学出版社,1991年版,第229页。

(二) 关于庚款留英生的选派

1933 年 8 月,第一届庚款留英考试举行。由于庚款留英的宗旨是为中国的科教事业培养专门人才,所以在所有留学考试中留英考试最为严格,前六届选拔考试的录取率仅为 7.22%。[1] 从 1933 年到 1945 年共选考 9 届,共录取 193 人[2],见表 4-1。[3]

表 4-1 庚款留英学生一览表

年份	届　　数	录取人数	主要代表人物
1933	第一届	9	石声汉、王葆仁、吴大任等
1934	第二届	26	陈永龄、夏坚白、钱临照等
1935	第三届	24	张文裕、钱钟书、许宝禄等
1936	第四届	20	翁文波、吴征镒、辛一心等
1937	第五届	25	卢嘉锡、张维、黄玉珊等
1938	第六届	20	王应睐、王承绪、彭恒武等
1939	第七届	24	钱伟长、郭永怀、李春芬等
1944	第八届	28	曹日昌、王宪钟、张沛霖等
1945	第九届	17	黄昆、邹承鲁、王佐良等

(三) 关于庚款留法、留比生的选派

1937 年 5 月,中法教育基金会举行了第一届留法公费生考试,在国内录取 3 名,即流体力学吴新谋、镭学钱三强、微生物学魏英邦;选取在法国的中国留学生 2 名,即语音学陈定民和光谱学钟盛标。后因第二次世界大战爆发,庚款派遣学生留法工作停止。

1929 年 8 月,中比庚款委员会举行赴比利时留学生考试,结果录取 20人。后来,国民政府还与比利时政府商定,从 1932 年起,利用中比庚款设置公费,留学比利时学生的名额为 64 名,通过考试选拔出来的留学生陆续前

---

① 据程新国:《庚款留学百年》,东方出版中心,2005 年版,第 318 页。

② 教育部《教育年鉴》编纂委员会编:《第二次中国教育年鉴》,商务印书馆,1948 年版,第1580 页。

③ 据程新国:《庚款留学百年》,东方出版中心,2005 年版,第 79—80 页。

往比利时。从 1929 年到 1934 年,中比庚款委员会委托中国教育部先后分五批招考赴比利时留学生共 74 名①,其中包括科学家汪德昭、童第周、钱令希、吴恒兴,著名画家吴作人等。

(四)关于庚款留日生的选派

由于在日中国留学生经济困难和缺乏对国民政府政策的了解,日本利用庚款补助中国留学生的策略在抗战前得以继续。截至 1934 年,"资助中国政府选派的一般留学生和由日本各大学自己推荐的留日生累计支出共 400 万元左右"②。据 1937 年 12 月日本外务省的调查,在"七七"事变后留在日本的 403 名中国留学生中,得到庚款补助的有 94 人③,全部是由华北伪政权派出的。"七七"事变后,日本为尽快达到侵略中国的目的,由外务省直接开始插手在中国国内选拔留学生的事务。1939 年,颁布专门针对中国留学生的两个文件,把在中国直接选拔庚款生的名额增加为 85 名。④ 1940 年 3 月汪伪政权成立,为推行奴化教育,利用日本庚款派遣了很多留学生。但因资料所限,运用庚款留日学生的具体数字目前还难以作出准确的统计,不过可以肯定也出乎日本政府意料的是,这些留日学生中的大多数人并没有被日本侵华政策所利用。

三、庚款留学生的影响

客观地讲,庚款留学生对中国社会发展的影响之大已经有目共睹,但因为他们使用使中国人蒙受屈辱的"庚款"出国留学,所以在很长的时期内鲜被提及。而且由于长期狭隘偏执的观念所致,人们对他们的贡献也常常是戴着有色眼镜去评论。好在随着视野的不断开阔,人们的看法已越来越趋于一致:"不管人们如何去评价他们,事实是这些人在 20 世纪主导了中国科学与教育的发展;而更为不易的是,不管他们在社会上处于什么地位,都能固守以国家和民族兴衰为己任的道德观念和价值精神,努力地去为国家的

① 程新国:《庚款留学百年》,东方出版中心,2005 年版,第 85 页。
② 东亚同文会:《对华回忆录》,商务印书馆,1959 年版,第 503—505 页。
③ 伪华北临时政府教育部档案,第二历史档案馆藏,编号 2019—179。
④ 伪华北临时政府教育部档案,第二历史档案馆藏,编号 2017—174。

建设服务。"①

（一）开创了中国现代科学技术的奠基性工作

庚款生对中国科学技术的影响始于其留学期间,回国以后,更是在极其艰苦的情况下开创了中国现代科学技术的奠基性工作。

1. 通过创办杂志、社团来宣传科学

庚款留学生以"实科"为主,直接接触留学国先进的科学技术,亲眼目睹了留学国国力的强大,从而萌发了科学救国的念头。他们认为中国的发展必须依赖于科技的发展,而科技的发展就必须先引进科学技术,然后再开展科学研究。1914年,时在美国留学的任鸿隽、赵元任、周仁、胡明复等人发起创办《科学》月刊,并于1915年1月正式发行。《科学》月刊以"提倡科学、鼓吹实业、审定名词、传播知识"②为宗旨,是我国历史上第一个定期的科学杂志,对科学在国内的普及起到了开拓性的作用。它所发表的文章,如胡明复的《万有引力之定律》、竺可桢的《说风》、杨铨的《电灯》等,为国人了解和接受科学打下了良好的基础。此外,《科学》还介绍了较先进的科学理论和科研成果,如任鸿隽的《爱因斯坦之重力新说》,杨铨译的《爱因斯坦相对说》、赵元任的《中西星名考》等都产生了广泛影响。在1915年至1924年间,《科学》介绍科学的文章有1 000篇以上,这对当时的中国来说,无异于"雪中送炭"。

随着《科学》月刊的影响日益扩大,庚款留美生于1915年10月25日成立了影响深远的中国科学社。该社以"联络同志,研究学术,以共图中国科学之发达"③为宗旨,网罗了国内外大批的科技精英,开展了出版物、图书馆、生物研究所、年会、讲演、展览、奖金、参加国内教育活动、参加国际科学会议、设立科学图书仪器公司十项事业。1928年中央研究院成立后,中国科学社的许多成员成为研究院的骨干。中国科学社和中央研究院在艰难的条件下,互通有无、通力合作,使中国现代科学研究事业在中华民族灾难深重、国家处在生死存亡的紧要关头,逐步走向正轨,奇迹般地得到发展。有

---

① 程新国:《庚款留学百年》,东方出版中心,2005年版,第322页。
② 胡适:《回忆明复》,载《科学》,第13卷第6期,第829—830页。
③ 任鸿隽:《中国科学社社史简述》,载《文史资料选辑》(第15辑),中华书局,1961年版,第5页。

关中国科学社的活动,在第七章将有较多论述。

2. 通过研究来推动科学技术的发展

为了实现科学救国的理想,庚款生做了大量艰辛的工作,取得了许多辉煌的业绩,具有代表性的如:茅以升创造性地于1933年修建了钱塘江公路、铁路两用大桥,是我国交通史上的一座丰碑;侯德榜创造出苏维尔制碱法和联合制碱法;竺可桢回国后组建了40多个气象观测站,摸索出我国气象发展的一般规律,是我国最早对东亚季风和台风进行研究的气象学家;胡明复1917年归国后,在上海大同学院、东南大学、南洋大学等校创设数学系,被公认为中国现代数学的主要奠基人之一;而胡刚复、颜任光、叶企孙、吴有训等人则被公认为中国现代物理学的开拓者。钱学森回国后即投身于共和国导弹的研究,被誉为"中国导弹之父";杨振宁获得诺贝尔物理学奖,现已回国在清华大学任教,为培养我国年轻学者贡献最后的力量。庚款留英学生也取得了辉煌的成就,如第四届的翁文波,1940年在玉门创建了我国第一支电法探矿队,1950年组建我国第一支地震勘探队,是我国石油勘探事业的奠基人;第七届的钱伟长是世界上第一位计算人造地球卫星损失度的人。正是由于庚款留学生对科学的大胆实践,为日后中国的科技发展奠定了坚实的基础。

(二) 推动了中国教育现代化的进程

庚款生主要学习理工农等"实科",抱着"实业救国"的愿望回国效力,可是,当时的中国百业不兴,没有多少"实业"可做,于是他们中的大多数都投身于教育事业。截至1925年,清华庚款留学生约有620人回国,从职业分布上看,教育界占33.78%,是所从事职业当中最多的。[①] 1949年以前,庚款留美毕业生任大学校长、院长的有39人,任系主任的有63人,任教务长的有11人。[②] 如北京大学校长胡适、清华大学校长梅贻琦、浙江大学校长竺可桢、厦门大学校长萨本栋、四川大学校长任鸿隽等。正是由于这些留学生的特殊作用,"中国教育在从旧式体制向新式体制的过渡中,几乎在很短

---

① 清华大学校史编写组:《清华大学的前身——清华学校》,见全国政协文史资料研究委员会《文史资料选辑》(71辑),中华书局,1980年版,第192页。

② 黄新宪:《中国留学教育的历史反思》,四川教育出版社,1991年版,第134页。

的时间内,完全抛弃了几千年来的传统旧制"①。这里的"留学生"当然包括庚款留学生,且所占比例还很大,其主要贡献有两个方面。

1. 引进西方进步的教育理论,开展教育试验和改革

庚款留学生在国外接受先进的教育,对欧美的先进教育耳濡目染。回国后,他们一方面撰文介绍欧美的先进教育,另一方面邀请国外的教育家来华讲学,杜威、孟禄、罗素等知名教育家都先后应邀来华讲学。特别是杜威来华讲学的影响较大,在中国形成了一股实用主义教育的新思潮。蒋梦麟主编的《新教育》开辟"杜威专号",发表了不少有关介绍和研究杜威实用主义教育的文章。从 1919 年 5 月起,杜威在华的两年多时间中,到全国各地演讲,胡适等把他的讲演整理出《杜威五大讲演稿》大量刊行。后来,以杜威等人的先进教育理论为基础,结合中国实际,胡适、陶行知、陈鹤琴等人创立了许多新的适合中国实际的教育理论。1920 年,廖世承与陈鹤琴在南京高师用心理测验的方法对学生进行考试。陶行知在南京高师试验将"教授法"改为"教学法",后来,进一步形成"教做合一"等先进的教学方法。廖世承用"等组法"进行试验。陈鹤琴 1931 年在上海工部局小学进行"文纳特卡制"试验。这些教育试验和改革对推动中国教育的现代化改革起到了开创性的作用。

2. 改革旧学制,建立新学制

庚款留学生在推动中国学制现代化改革的过程中做了许多有实际意义的工作,先是在《新教育》、《教育杂志》等报纸杂志上宣传建立新学制的意义和具体的设想。如陶行知在《新教育》第 4 卷第 2 期上发表文章,提出中国需要建立一个"适合国情,适合个性,适合事业学问需求"的学制;廖世承建议中学生的学制设置应该"课程丰富,使学生有选择余地","采用能力分组办法,以学科为升班单位"来适应他们的个性发展。② 1922 年,廖世承在教育部召集讨论学制的会议上,提出把中学学制定为"三三制"。后来,在胡适的努力下又加上了"注重生活教育"。1922 年 11 月公布的新学制"六三三四"学制与美国的"六三三"学制很相似,比较切合中国的实际,一直被沿用到现在。

---

① 周棉:《留学生与中国的社会发展》(一),中国矿业大学出版社,1997 年版,第 197 页。
② 李华兴:《民国教育史》,上海教育出版社,1997 年版,第 151 页。

（三）推动了中国政治民主化的步伐

1. 宣传、启蒙民主思想

庚款留美学生在宣传、启蒙民主思想方面的努力主要是批判封建思想，提倡民主和科学。胡适留美期间就关注国内的政治形势，响应国内兴起的新文化运动，支持共和，反对封建专制。1917 年 1 月，他在《新青年》杂志第 2 卷 5 号上发表了《文学改良刍议》，提出了反对中国旧文学、旧文化的思想。1917 年胡适回国，开始在北京大学任教，逐渐成为新文化运动的主要领导人之一。从 1919 年 1 月起，他任《新青年》的编辑，6 月主编《每周评论》，在批判封建道德、封建专制，宣传个性解放等方面对中国政治民主化建设起到了重要的启蒙作用。

2. 揭露和抨击北洋军阀、国民党的专制独裁统治

辛亥革命以后，虽然清政府被推翻，但北洋军阀的统治毫无民主可言。对此，在西方生活学习多年、深受民主政治影响的庚款留美学者，对北洋军阀政府的独裁专制进行了激烈的批判。1920 年 8 月，胡适、蒋梦麟等 7 名教授联名发表《争自由的宣言》，认为自辛亥革命 9 年来，全国"在假共和政治下，经历了种种不自由的痛苦"[①]，号召全国同胞行动起来，力争废止军阀政府种种限制人民自由的法律、条例，要求言论、结社、集会、书信秘密等人身自由，还人民自由平等的社会权利。1922 年 5 月，胡适等人创办的《努力周报》，发表了许多抨击北洋军阀专制独裁统治的文章。如胡适等撰文揭露曹锟收买国会议员贿选总统的事件，并要求国会彻底清查。胡适与蔡元培等 16 人共同署名的《我们的政治主张》一文，要求把北洋政府改造成为富有民主、体恤民情的好政府。这些主张体现了庚款留学生要求现代民主强烈的愿望。进入 20 世纪 30 年代，为反对国民党的独裁，哥伦比亚大学政治学博士罗隆基，在担任《新月》杂志主编期间，发表了多篇政论来抨击蒋介石的独裁统治。1931 年，他因抨击国民党专制而被捕，出狱后仍不改初衷，继续为民主政治而摇旗呐喊。九一八事变后，他积极投身抗日救亡运动，强调

[①] 胡适、蒋梦麟、陶履恭、李大钊、高一涵、王徵、张祖训：《争自由的宣言》，载《东方杂志》，第 17 卷 16 号；罗隆基《什么是法治》，载《新月》，第 3 卷 11 号。

"法治的真正意义是执政者的守法,是缩小执政者特权,提高法律的地位"①。这些主张对近代中国政治民主化建设起到了启蒙作用。

四、关于庚款留学的评价

对于美国等国家退还中国庚款的目的,历来就有多种看法,一直到最近10年,看法也不尽一致,争议的焦点是有无侵略性质。

当初有的学者认为美国完全是为中国考虑而没有侵略性质,如说美国决定退还庚款时,"并未附以改充教育经费之条件,此后决做留美经费,全出于中国之自决,再观私费生之数与官费几于相等,足证美国教育制度得华人之信任,并非受条件之束缚,美国对于教育中国学生,从未作为一种营业"②。半个世纪以后,台湾还有学者提出,"美人素讲公道","于是若干开明之士,主张退还中国"。③ 与此意见相反,也有学者认为美国等国家退还中国庚款用于留学,其目的具有侵略性质。如早期留学教育研究专家舒新城就提出:"美国退还庚子赔款培植留学生在文化侵略上收效以后,各国均有起而效之的意思。"④到20世纪90年代后还有学者认为:"美国政府还款的目的不在于友谊,而在于用这笔钱培养亲美人才,以对中国人民进行精神上和文化上的侵略和奴役。"⑤退还庚款的"根本目的仍是要通过这种'文化投资'和日本等国竞争在中国的政治、经济、外交及文化上的权益,通过培植一批亲美势力,最终从精神上控制中国,并非具有帮助中国发展教育的诚意"⑥。

我们认为,上述观点都有其合理之处,不过还可以进一步从多层次、多角度进行分析。事实上,任何事情的结果都是合力作用下的结果,退还庚款并用之于中国派遣留学生,也应这样看待。首先,作为当时一个新兴的资产阶级国家,美国不可能没有扩张意识;同时,美国又是一个后起的强国,客观上需要借助"门户开放"的对华外交策略来遏制其他列强的在华利益。而

---

① 罗隆基:《什么是法治》,载《新月》,第3卷11号。
② 《庚子赔款充留学费问题》,载《申报》,1922年8月14日。
③ 郭为藩:《"中华民国"开国七十年之教育》,广文书局,1981年版,第683页。
④ 舒新城:《近代中国留学史》,上海书店,1989年版,第99页。
⑤ 黄新宪:《中国留学教育的历史反思》,四川教育出版社,1991年版,第147页。
⑥ 谢长法:《中国留学教育史》,山西教育出版社,2006年版,第107页。

且,作为一个现代全球外交思想、民主思潮和科学观念方兴未艾的国家,在美国的朝野中又有部分人士同情和关心中国的命运和中美友谊。因此,美国决定退还庚款是当时美国全球战略的一部分。其出发点是强化和巩固中美关系。它在确保美国基本利益不受到损害的前提下,以退还庚款的形式,向清末屡受屈辱的中国人民伸出了一枝表示友好的橄榄枝;特别是相对于其他列强的霸道和疯狂而言,美国的举动要温和、文明和友好得多。可以说,庚款留学不仅反映了美国对华长远利益的要求,也适应了当时中国一般民众的心理,而且与清政府的新政和民国后的留学政策相统一。在客观上,对中国人民是有利的。因此,"文化侵略"的观点现在看来难以成立。不过,也必须承认,美国退还中国庚款的目的绝不是单纯为改变中国教育的落后状况,但是,把退还的庚款用于教育上,对当时腐败的中国政府来说又是最佳的选择。依照当时情形,把庚款用到其他任何领域都有被统治者私吞或挪用的可能,而用于教育,虽然列强有培植文化代理人的用心,但实际上并没有达到,而且在客观上限制了中国腐败官员的贪污挪用,从而保证了庚款的有效使用。历史证明,庚款留学对中国社会发展的潜在价值是巨大的。

第二辑
留学生与重要社团事件论

第五章
留学生与中国同盟会

　　1905 年 8 月 20 日,中国同盟会在日本东京宣告正式成立。这不仅标志着中国资产阶级民主革命进入了一个崭新阶段,也标志着中国一个全新的知识分子群体——留学生群体,即将登上 20 世纪中国历史的大舞台。因为留学生不仅是中国同盟会的最早发起者,也是同盟会的中坚和骨干,同盟会的创建、发展和壮大都是与留学生紧密联系在一起的。以往研究同盟会的文章、论著虽然很多,但是从留学生的角度予以展开的,除桑兵等个别专家的成果外还并不多见,这无论对同盟会和孙中山的研究,抑或对留学生的研究,都是一个不足,特别是没有从留学生群体由此登上 20 世纪中国历史大舞台这样的高度和广度,阐述以孙中山、黄兴等为代表的留学生创建同盟会的历史意义,忽略和淡化了清末民初出现于中国社会并给此后的中国现代化进程带来全面而深远影响的留学生群体。鉴于此,本文即在以往有关回忆和研究成果[①]的基础上,重新梳理、进一步辨析留学生与中国同盟会的关系,以彰显以孙中山、黄兴为代表的留学生群体创建同盟会,领导反清革

---

　　① 这方面的代表性成果有:朱和中的《欧洲同盟会纪实》、史青的《留比学生参加同盟会的经过》,均见于全国政协文史资料研究委员会编《辛亥革命回忆录》(第 6 集),文史资料出版社,1981 年版;冯自由:《留欧学界与同盟会》、《中国同盟会史略》等,见冯自由的《革命逸史》(第 2 集),中华书局,1981 年版;田桐:《同盟会成立记》等,见罗家伦主编《革命文献》(第 2 辑)、台北"中央"文物供应社,1978 年版;章开沅:《孙中山与同盟会的建立》,载《华中师范大学学报》(哲学社会科学版),1978 年第 1 期;桑兵:《孙中山与留日学生及同盟会的成立》,载《中山大学学报》(哲学社会科学版),1982 年第 4 期;寺广映雄:《关于欧洲同盟会的成立和意义》,载《中州学刊》,1996 年第 2 期;萧致治:《黄兴与中国同盟会》,载《求索》,2005 年第 7 期;周兴梁:《孙中山与中国同盟会的成立》,载《四川师范大学学报》(社会科学版),2006 年第 1 期;崔之清:《同盟会领导体制的政治学分析》,载《江海学刊》,2006 年第 4 期;戴学稷:《孙中山与近代中国留学生》,载《福建论坛》,1996 年第 6 期等。本文在确立选题后的写作过程中,受到了以上论文、论著等的启发和影响,特此致谢。

命,发动武昌起义,开创了 20 世纪中国社会新局面的历史伟绩。

一、留欧学生与中国同盟会的渊源

留欧学生是最早与以孙中山为首的革命派建立联系的留学生群体,也是最早和孙中山一起交流、讨论组织建立革命团体的留学生群体。1905年,孙中山的欧洲之行不仅与留欧学生的邀请有关,而且是在他们的资助和支持下完成的。正是在那里,孙中山与留欧学生通过讨论,交流了彼此对当时中国政局与反清革命的看法,并且,留欧学生通过宣誓签名的形式与孙中山建立了组织关系,奏响了中国同盟会在欧洲成立的序曲,成为中国同盟会在东京正式成立的先声和雏形。

1904 年 12 月 14 日,在美国各地游说华侨反清革命 8 个多月的孙中山,离开纽约赴伦敦,开始了他欲“见各省豪俊”①的旅程。

原来,当时留学欧洲的中国留学生以湖北籍的最多,孙中山是接到了正在欧洲的湖北籍留学生的邀请而前往欧洲的。因为湖北籍留学生在出国前已十分倾向革命,产生了寻找孙中山的念头,这里有三件事可以说明。

(一) 武昌花园山机关议定的三策之一

甲午战争以后,无数的志士仁人有感于清政府的腐败,萌生反清救国的念头,而武汉三镇由于时任湖广总督的洋务派代表人物之一的张之洞的影响,兴办了一批新式学堂,并积极提倡出国留学,特别是到日本留学。湖北的第一批留日学生吴禄贞等到日本后,就受到了孙中山革命思想的影响,而他们后来又直接影响了湖北籍的学生。

辛丑中俄密约泄露以后,留日学生发起了拒俄运动,纷纷回国,湖北经心书院、两湖书院派往日本的留学生也陆续回国。1903 年 4 月,几百人不约而同地在武昌曾公祠堂集会,其中朱和中的演讲最为激烈,被吴禄贞约到家中密谈。5 月,吴禄贞等人在湖北武昌花园山设立了秘密革命机关,其后则在花园山机关聚谈,“学界往来者颇多,凡以后留学东西各国者十之八九曾到是处”②。“各省志士之至武昌者,莫不赴花园山接洽,而各同志之在营

---

① 刘成禺:《先总理旧德录》,台湾《国史馆馆刊》,1987 年创刊号。
② 胡祖舜:《武昌开国实录》(上册),武昌文华印书馆,1948 年版,第 9 页。

校者,亦每星期来报告运动经过及其发展之状况。"①吴禄贞与李步青、胡秉柯、李书城、耿伯钊、曹亚伯、贺之才等人经常在此商量革命方略,其中之一即为"寻孙逸仙,期与一致"。因"花园山同人,自知运动必有成熟之日,终以群龙无首,恐不能控制全国,尤其是无外交人材,故当时各人心目中无不以寻得孙逸仙而戴之为首领,为惟一之出头路。"②

这是湖北籍的革命青年希望拜访孙中山的最早由来。

(二) 出国前湖北赴欧留学生的约定

1903 年底,接替张之洞的湖广总督端方等慑于革命党人的声势,为消弭湖北学界的革命情绪,不但渐次取消了经心书院、两湖书院等,还采取分化瓦解的策略,以培植新青年为名,把他们派往海外留学,借此以釜底抽薪。其中激进者被派往欧洲,如贺之才、史青、胡秉柯、魏宸组等 24 人被派到比利时学习实业③,朱和中、周泽春等被派往德国④,而被认为比较稳健的时功玖、吴炳从、张轸、李书城、匡一、胡炳宗、耿觐文(即耿伯钊)、周震鳞和黄轸(即黄兴)等被派往日本。当时,各人都认为不应该离开湖北,而朱和中认为:"如此伟大之种族革命,岂等夷辈所能领导? 今派我往西洋,正可以乘机觅孙逸仙,是于此间同人之前途大有裨益。"⑤因此,"各欣然就道"⑥。

当留学比利时的贺之才等 24 人道经上海时,遇到了从日本归来的两湖书院学生刘成禺。据《贺之才述欧洲同盟会成立始末》:"贺等道经上海,遇刘成禺,曰,孙中山先生方在伦敦,诸君此行,可与之会晤共商大计,因做函为贺等四人介绍。"⑦朱和中也回忆道:"比至于上海,刘成禺未成行,予等因

---

① 朱和中:《革命思想在湖北的传播与党人活动》,见《辛亥革命在湖北资料选集》,湖北人民出版社,1981 年版,第 532 页。

② 陈锡祺主编:《孙中山年谱长编》,中华书局,1991 年版,第 323 页。

③ 《兼湖广总督端方奏选派学生前赴比国学习事业摺》,载《东方杂志》,1904 年 3 月第 2 卷第 1 期。

④ 《游学汇志》,载《东方杂志》,1904 年第 1 卷第 2—4 期。

⑤ 朱和中:《欧洲同盟会纪实》,见全国政协文史资料研究委员会编《辛亥革命回忆录》(第 6 集),文史资料出版社,1981 年版,第 5 页。

⑥ 朱和中:《辛亥光复成于武汉之原因及欧洲发起同盟会之经过》,载《建国月刊》,1929 年第 2 卷第 5 期。

⑦ 冯自由:《革命逸史》(第 2 集),中华书局,1981 年版,第 126 页。

嘱见孙时务通知于予等。"①原来刘成禺因在日本编辑出版《湖北学生界》、宣传反清革命,被撤销留学日本的学费资助而回国的,此时在上海。后由鄂督给白银2 000两,令其以自费名义前往美国。"时总理代表陈楚楠在沪已电告总理聘刘为旧金山《大同日报》主笔"。于是,被派往欧洲的其他同志,"均抱同一宗旨,坚请刘觅总理代为致意,并将真行踪通知"②。由于赴欧留学生巧遇刘成禺,从而使湖北学生寻访孙中山的愿望得以在不久后成为现实。

(三)赴欧后湖北留学生的邀请

为了达到寻访孙中山的目的,留学欧洲的湖北学生经过香港时还拜访了《中国日报》主笔冯自由,经过新加坡时又拜访了《图南日报》主笔黄伯耀。"乃至欧洲,各以其住址通知美国旧金山《大同日报》主笔刘成禺。"③"贺等抵比后,被清使杨某禁之一室,如待小学生然。抗争数月,始获自由,因以刘之介绍函寄往伦敦,并附函约孙来比(时孙寓荷兰公园友人摩根家中)。数月后,始得复音,云适往某处旅行,不及早答,且云甚愿赴比一游,惟缺少资川云云。贺等即为筹款寄去,一面电邀朱和中来比。"④

1905年1月中旬,留学比利时的贺之才和留学德国的朱和中等人从刘成禺的信函中得知孙中山已到伦敦,但"囊空如洗,将有绝粮之虞",望"竭力救济"⑤等语。于是,贺之才给孙中山写了一封信,邀请他前往欧洲大陆以共商大事,并汇了3 000法郎;留学德国柏林的朱和中也给孙中山汇了1 200马克。于是,孙中山从英国渡海到比利时。留学生代表贺之才、朱和中和李藩昌冒着凛冽的寒风,前往北海港俄斯敦迎接,随后乘车抵达首都布鲁塞尔。

---

① 朱和中:《辛亥光复成于武汉之原因及欧洲发起同盟会之经过》,载《建国月刊》,1929年第2卷第5期。
② 朱和中:《欧洲同盟会纪实》,见全国政协文史资料研究委员会编《辛亥革命回忆录》(第6集),文史资料出版社,1981年版,第5页。
③ 朱和中:《辛亥光复成于武汉之原因及欧洲发起同盟会之经过》,载《建国月刊》,1929年第2卷第5期。
④ 冯自由:《革命逸史》(第2集),中华书局,1981年版,第126页。
⑤ 朱和中:《欧洲同盟会纪实》,见全国政协文史资料研究委员会编《辛亥革命回忆录》(第6集),文史资料出版社,1981年版,第3页。

在布鲁塞尔期间,孙中山居住在胡秉柯的处所。① 在那里,他与贺之才、史青、朱和中、魏宸组等人讨论如何组织革命。一开始,孙中山坚持以会党力量为主,但朱和中等鉴于孙中山以往曾在美国全力推动会党运动而无成效,严肃地指出知识分子应该在反清革命活动中扮演主角,说明以前孙中山发动的起义之所以失败,很大程度上是因为没有知识分子的参加和领导,"革命党者最高之理论,会党无知识分子,岂能作为骨干? 先生历次革命所以不成功者,正以知识分子未赞成耳"②。经过三天三夜的激烈辩论,孙中山的思想发生重大改变,他表示:"今后将发展革命势力于留学界,留学生之献身革命者,分途作领导人。"③接着,孙中山提出组建革命组织,起初朱和中对纪年、魏宸组提出宣誓一事颇有微词,后经孙中山的解释,众人一致同意宣誓加盟。接着,胡秉柯递上纸笔,孙中山写下誓词,先从朱和中开始,接着贺之才、史青、魏宸组等 30 余人先后宣誓,矢志加入反清革命,"是为欧洲同盟会成立之始"④。"是时会名尚未确定,但通称革命党。直至乙巳年冬,得东京同盟会本部来函,谓已确定会名为中国同盟会。"⑤这是欧洲留学生界组织革命团体的肇始。第二天,孙中山与加盟者还在胡秉柯住所的后院摄影留念。"当时,各同志闻我等已捐资,争相捐助,又得万余法郎。"⑥随后,孙中山返回伦敦。留学德国的宾步程(即宾敏陔)等青年学生得知此事后,欲请孙中山来柏林。起初,宾步程欲以留学生会会长身份召集留学生一起商量,被朱和中劝阻,改为"分途进行,旬日之间,百枚马克纸币雪片飞来",朱和中"均汇总理"⑦。1 月下旬,孙中山来到柏林,20 多名留学生在车站迎候。孙中山在朱和中的寓所居住了 12 天。⑧ 每晚都和留德学生交流、讨论国家建设之事。在孙中山临行前夜,仿照布鲁塞尔前例,刘家倕、周泽

---

①　另有一说,在史青寓所,据史青:《留比学生参加同盟会的经过》,见全国政协文史资料研究委员会编《辛亥革命回忆录》(第 6 集),文史资料出版社,1981 年版。

②③　朱和中:《欧洲同盟会纪实》,见全国政协文史资料研究委员会编《辛亥革命回忆录》(第 6 集),文史资料出版社,1981 年版,第 6 页。

①　朱和中:《欧洲同盟会纪实》,见全国政协文史资料研究委员会编《辛亥革命回忆录》(第 6 集),文史资料出版社,1981 年版,第 7 页。

⑤　冯自由:《中华民国开国前革命史》(第 1 册),上海书店,1990 年版,第 188 页。

⑥⑦　朱和中:《欧洲同盟会纪实》,见全国政协文史资料研究委员会编《辛亥革命回忆录》(第 6 集),文史资料出版社,1981 年版,第 7 页。

⑧　另有一说为在宾步程寓所,据宾敏陔:《我之革命史》,见丘权政、杜春和编《辛亥革命史料选辑》(上册),湖南人民出版社,1981 年版。

春、宾步程、陈匡时、王相楚和王法科等20余人也宣誓加盟。这是留欧学生第二次加盟孙中山领导的革命团体。

随即，孙中山又前往法国巴黎，留法学生结伴前往他的住所横圣纳旅馆聆听他的演讲。在那里，他又接纳了唐豸、汤芗铭、向国华等10余人入盟。这是留欧学生第三次加盟孙中山领导的革命团体。

后来，虽然加盟的王法科、王相楚、汤芗茗和向国华4人因为胆小怕事，偷走盟书，向清政府驻法公使孙宝琦告密，但绝大部分留欧学生仍然不改初衷，并重具盟书，以示支持孙中山，从而为孙中山领导的反清革命注入了新的血液，"革命党人之声势为之一振"①，激发了孙中山创建革命党的决心。他在离开巴黎赴东京之前，即在给陈楚楠的信中乐观地表示："此行到日本，即当组织革命党总部，南洋各埠可设分会，不日当由日本寄来章程及办法，嘱各人预为筹备。"②因此，后来孙中山在《建国方略》中对此给予了极高的评价，把1905年留学生在欧洲布鲁塞尔、柏林和巴黎的三次加盟，与同年8月在日本东京同盟会的正式成立相提并论：

> 乙巳（即1905年，笔者注）春间，予重至欧洲，则其地之留学生已多数赞成革命。……予于是乃揭橥吾生平所怀抱之三民主义、五权宪法以号召之，而组织革命团体焉。于是开第一会议于比京，加盟者三十余人；开第二会议于柏林，加盟者二十余人；开第三会议于巴黎，加盟者亦十余人；开第四会议于东京，加盟者数百人，中国十七省之人皆与焉，惟甘肃尚无留学生到日本，故阙之也。此为革命同盟会成立之始。③

之后，他在1923年再次予以强调："及乎乙巳，余重至欧洲，则其地之留学生，已多数赞成革命。予于是乃揭橥生平所怀抱之三民主义、五权宪法，以为号召，而中国同盟会于以成。及重至日本东京，则留学生之加盟者，除甘

---

① 冯自由：《留欧学界与同盟会》，见冯自由著《革命逸史》（第2集），中华书局，1981年版，第122页。

② 冯自由：《华侨革命开国史》，见中国社会科学院近代研究所近代史资料编辑组编《华侨与辛亥革命》，中国社会科学出版社，1981年版，第61页。

③ 《孙中山全集》（第6卷），中华书局，1985年版，第237页。

肃一省未有留学生外,十七省皆与焉。自是以后,中国同盟会自为中国革命之中枢。"①

孙中山是同盟会的创始人,他的评价足以证明留欧学生在同盟会创建过程中的重要作用。

中国同盟会成立之后,东京本部正式确认在欧洲宣誓加盟的留学生组织为中国同盟会欧洲分会,并先后在比利时、德国、法国、英国等国设立了通讯处和联络人,以保持联系:

法国巴黎通讯处:魏宸组、胡秉柯、王鸿猷;

比利时布鲁塞尔通讯处:史青、贺之才;

德国柏林通讯处:朱和中、宾步程、冯承钧;

比利时烈日城通讯处:孔伟虎、刘文贞;

英国伦敦通讯处:曹亚伯、吴敬恒、杨笃生;

瑞士通讯处:李仲南。②

由上可见,孙中山与留欧学生的相会,在孙中山的革命生涯和同盟会的建立过程中,意义极其重大:朱和中、贺之才等留学生都是在海外求学的知识青年,同时也是爱国的热血男儿,他们和孙中山的交流辩论,促使孙中山对知识界产生了新的认识,使他逐渐摆脱了中国传统封建帮会观念的束缚,为创建一个新的资产阶级民主革命组织打下了思想基础和理论基础。同时,孙中山由此与留学界建立了最早的组织联系,不仅为以后以留学生群体为主要骨干构成同盟会的领导层奠定了基础,而且为留学生群体登陆20世纪中国历史大舞台拉开了序幕。

二、留日学生与中国同盟会的创建

如果说留欧学生率先与孙中山建立了初步的组织关系的话,那么,留日学生与孙中山则进一步将这种关系组织化、正式化,并最终完成了中国同盟会的成立工作。其主要经过了以下过程。

---

① 《孙中山全集》(第7卷),中华书局,1985年版,第64页。

② 冯自由:《留欧学界与同盟会》,见冯自由著《革命逸史》(第2集),中华书局,1981年版,第123—124页。

（一）留欧学生首先告之留日学生与孙中山结盟之事，并资助孙中山赴日本

由于欧洲留学生的成功加盟，孙中山决心前往日本寻求更多留学生的支持。这一决心得到了留欧学生的大力支持。

比利时结盟以后，留欧学生"纷纷致函东京报告此事，并请各同志（是指当时在日本的湖北留学生时功玖、张轸、李书城、胡炳宗、耿覲文等——笔者注）于总理到日本时踊跃参加"[1]。如据邓家彦回忆，在孙中山到日本前，"在比利时留学的孔庆睿写信告己'名落孙山'，知其已投先生"[2]。其后，孙中山即打算离开欧洲前往日本，但是，又囊中羞涩。同年6月4日，他由巴黎复函日本友人宫崎寅藏，告赴日行期："日前寄英国之书，久已收读，欣闻各节。所以迟迟不答，盖因早欲东归，诸事拟作面谈也。不期旅资告乏，阻滞穷途，欲行不得，遂致久留至于今也。""兹定于六月十一日从佛国马些港Tonkin佛（即法国马赛、东京号）邮船回东，过南洋之日，或少作勾留未定。否则，必于七月十九日可以到滨矣。"[3]

孙中山离开欧洲前往日本之前，又得到了留欧学生朱和中的鼎力资助。据宾敏陔（即宾步程）记：

> 总理一人在巴黎，川资尚无所出，来函于余，速筹速汇，以便启程。接函后，商之留德同人，均无承认，遂与朱和中二人思议，计总理来函有嘱汇至新加坡一路川资等语，彼此切实核计，算二等船费若干，由巴黎至马赛二等车费若干，沿途零用钱若干，统计汇去佛（法）朗二千元。孰意总理接款后邮函申斥，略云：吾乃中国革命领袖，若以来函所云，车船以二等计算，有失中国革命家脸面，绝对不可，望再筹汇云云。此时余与朱君罗掘俱穷，同人亦不敢再谈革命，幸当时余任留德学生会会长，遂将会金二千余马克合成三千佛

① 朱和中：《欧洲同盟会纪实》，见全国政协文史资料研究委员会编《辛亥革命回忆录》（第6集），文史资料出版社，1981年版，第7页。

② 居正修：《访问邓家彦先生第一讲》，见"中华民国"开国五十年文献编纂委员会编纂《"中华民国"开国五十年文献》（第1编第11册），台北正中书局印行，1969年版，第343—344页。

③ 《孙中山全集》（第1卷），中华书局，1981年版，第274页。

（法）朗汇去，总理得以成行。余亦于二年内陆续将膳费节省归还会金。①

由此，我们不但可以看出留学欧洲的学生对孙中山的资助之真诚，也可见孙中山的气派与性格。

（二）由留学生程家柽、日本友人宫崎寅藏等的介绍，孙中山与黄兴等留日学生相见相识，受到热烈欢迎

1905 年 7 月 19 日，孙中山又来到日本横滨，受到了留学生的热烈欢迎。"乙巳年夏，孙公将来日本，同人欢动。抵横滨后，复由程家柽传告，东京学生往来京滨之间者甚多。孙公礼贤下士，复留餐宿，自捧面盆盥客。"②之后孙中山被留学生们迎往东京，并由日本友人、早稻田大学教授宫崎寅藏介绍，与留日学生、华兴会首领黄兴等人相识，从而为孙、黄携手，正式成立同盟会，提供了最重要的领袖人选和最合适的时机。

黄兴回忆，1905 年"适孙中山自美洲（误，应为欧洲）来日本，因日人宫崎寅藏介绍相见，谈论极合，始立同盟会"③。宫崎寅藏回忆，他们到中国凤乐园餐馆，"寒暄过后，彼此不拘礼节，有一见如故之感。约有两小时，孙、黄两人一直商议国家大事，却酒肴少沾，直到最后两人才举杯祝贺"④。此后，由程家柽介绍，7 月 28 日，孙中山与陈天华、宋教仁等留学生在《二十世纪之支那》杂志社会晤。孙中山纵论古今，指出各地革命团体必须结成一体，不然，一旦起事，必定招致列强的干涉和中国的最终灭亡，"故现今之主义，总以互相联络为要"⑤。至此，成立新的革命团体被提到孙中山在日本的议事日程。

---

① "中华民国"开国五十年文献编纂委员会编纂：《"中华民国"开国五十年文献》（第 1 编第 11 册），台北正中书局印行，1969 年版，第 412 页；宾敏陔：《我之革命史》，见丘权政、杜春和编《辛亥革命史料选辑》（上册），湖南人民出版社，1981 年版。
② 田桐：《革命闲话》，台湾《太平杂志》，1972 年 12 月第 1 卷第 2 号。
③ 黄兴：《1912 年 9 月 12 日在旅京善化同乡会欢迎会上的讲话》，载《辛亥革命史研究会通讯》，1986 年 6 月第 26 期。
④ ［日］宫崎寅藏：《清国革命军谈》，见《宫崎滔天全集》（第 1 卷），东京平凡社，1971 年版，第 282—283 页。
⑤ 陈旭麓编：《宋教仁集》，中华书局，1981 年版，第 543—546 页。

（三）留日学生黄兴、宋教仁、程家柽等发起成立中国同盟会筹备会和成立大会,孙中山被公推为总理

　　1905 年 7 月 29 日,孙中山、黄兴等少数骨干在东京阪田町安徽留学生程家柽寓所继续开会,"到八九人,商量各事及会名。孙公主张定名为'中国革命党',黄公以此名一出,党员行动不便。讨论后,定名为'中国同盟会'"①。7 月 30 日下午,由黄兴、宋教仁、程家柽、冯自由、胡毅生、马君武等留学生分头通知,邀集留日学生 70 余人,在东京赤坂区桧町三番地黑龙会本部(内田良平住宅)召开中国同盟会筹备会。会上,孙中山被推为主席,宣讲革命理由、革命形势和革命方法,强调全国革命党派必须合组为新团体。后由黄兴宣告会议的目的是为了结会,并请各人签名。经过讨论,决定团体名称为中国同盟会,孙中山更提出"驱除鞑虏、恢复中华、创立民国、平均地权"的宗旨,演讲进行了一小时,大家热烈鼓掌,取得一致通过。鉴于孙中山的崇高威望,黄兴提议,孙中山不必经过选举,可公推为总理,众皆举手赞成。最后,众人推选黄兴、宋教仁、程家柽、蒋尊簋、汪精卫、陈天华、马君武等 8 人为章程起草人。②

　　自此次会议后,"留东各省学生逐日加盟者络绎不绝",8 月 13 日,由程家柽、宋教仁、田桐等人组织"留学界开大会欢迎孙总理于麴町区富士见楼","留学界公然开大会欢迎革命党首领,前未之闻也"③。宋教仁回忆,"时到者已六七百人,而后来者犹络绎不绝,门外拥挤不通。警吏命封门,诸人在外不得入,喧哗甚。余乃出,攀援至门额上,细述人众原因,又开门听其进遂罢"④。

　　最后,到会者竟达 1 300 多人。大会开始,由宋教仁致欢迎词,后请孙中山演说。于是,孙中山慷慨陈词,演说共和政体,"留学生受大感动,掌声

---

　　① 田桐:《同盟会成立记》,见丘全政、杜春如编《辛亥革命史料选辑》(上),湖南人民出版社,1981 年版,第 94 页。

　　② 对此,有关人回忆记载不一,田桐的《同盟会成立记》记为 6 人,冯自由的《革命逸史》(第 2 集)第 139 页记载为 4 人,而《宋教仁日记》第 547 页记载为 8 人。

　　③ 冯自由:《革命逸史》(第 2 集),中华书局,1981 年版,第 139 页。

　　④ 宋教仁:《宋渔父日记》,见中国史学会编《辛亥革命》(二),上海书店出版社,2000 年版,第 212 页。

如雷"①。

此后,程家柽、蒯寿枢等留学生也紧接着演讲。

1905 年 8 月 20 日,中国同盟会成立大会正式召开,决定以东京为同盟会本部所在地,通过了黄兴等人草拟的会章,设置了组织机构,选举了领导成员。组织机构主要由执行部、评议部和司法部组成,并在执行部之下分设庶务、内务、外务、书记、会计、经理等六科。庶务科有协理之地位,总理不在,由庶务代理一切,黄兴被选为执行部庶务,朱炳麟为内务,程家柽为外务,马君武、陈天华为书记,刘维焘为会计,谷思慎为经理。汪兆铭当选为评议部评议长,田桐、冯自由、曹亚伯等 20 余人被选为评议员;邓家彦为司法部判事长,张继、何天瀚为判事,宋教仁则当选为司法部检事。

以上人员皆是留学生,简介略。

三、孙中山抵日后中国同盟会迅速成立的原因

中国同盟会之所以能够在东京成立,并且在孙中山抵日后的一个多月内迅速成立,是与当时中国民族民主革命的大趋势、与东京地区以黄兴等为代表的留日学生的革命基础和竭诚合作精神、与孙中山长期从事反清革命的影响及形成的领袖威望密切相关的。

(一) 同盟会成立前民族民主革命的大趋势

鸦片战争后,《南京条约》等一系列不平等条约强加在中国人民头上,中国逐渐沦入半殖民地半封建社会;特别是甲午战争后,自日本强迫中国签订《马关条约》开始,东西方列强对中国掀起了割地狂潮,中国面临着被瓜分的严重危机。清政府虽然也迫于形势,不得不采取一些措施,如编练新军、整顿财政等,试图来挽救颓败的国势。但这对于腐败无能的清政府而言,已无法扶大厦之倾,亡国灭种的危险正日益加剧,救亡图存已成为中国各阶层人民的共同呼声。在此危急存亡之秋,以洪秀全为代表的太平天国农民运动首先揭竿而起,以康有为、梁启超为代表的资产阶级维新运动则继起于后,结果都悲壮地失败了。但是,反对腐朽的清王朝和帝国主义侵略的斗争并没有停止。义和团运动失败以后,《辛丑条约》的签订更暴露了清政府的腐

① 罗家伦主编:《革命文献》(第 2 辑),台北"中央"文物供应社,1978 年版,第 3 页。

败无能,使清政府在广大民众中已越来越孤立,国民日渐觉醒,反帝反清的爱国热潮更加高涨,革命团体不断涌现,如 1901 年春,广东留日学生王宠惠、冯自由等人组成"广东独立协会";1902 年冬,蔡元培、吴敬恒等人发起组织"爱国学社";1904 年春,黄兴、刘揆一、宋教仁等在长沙组织华兴会。同年冬,龚宝铨、蔡元培、陶成章等人发起组织"光复会"等,其他的革命团体,如中国国会、公强会、自立军等反清革命组织,也相继成立,并皆以书刊鼓吹革命,其中以邹容的《革命军》、陈天华的《猛回头》等影响最大。特别是孙中山领导的一系列武装起义,极大地震撼了大清王朝的统治。推翻清王朝,呼唤新时代的态势,已成山雨欲来风满楼之势;而鉴于反清革命活动烽火燎原的局面和成就大业的需要,一个改天换地的组织和英雄的出现,也正是当时大家翘首以待的心愿。

(二)东京地区留日学生的反清革命基础

在此情况下,留日学界的革命活动为同盟会的正式成立提供了直接的条件。

作为救亡图存的一种努力,中国的留日大潮在清末涌起。自 1896 年清政府批准中国驻日公使馆招募 13 名青年留学日本开始,留日人数日益剧增,仅 1905 年到日本学习的留学生就达 8 000 人左右。[①] "在二十世纪的最初的 10 年中,中国学生前往日本留学的活动很可能是到此时为止的世界史上最大规模的学生出洋运动。"[②]

由于特定的处境,留日学生更加关注祖国的命运。孙中山在《建国方略》里回忆道,《辛丑条约》签订以后,"清廷之威信已扫地无余,而人民之生计日蹙。国势危急,岌岌不可终日","有志之士,多起救国之思,而革命风潮自此萌芽矣"。"赴东求学之士,类多头脑新洁,志气不凡,对于革命理想感受极速,转瞬成为风气。故其时东京留学界之思想言论,皆集中于革命问题。刘成禺在学生新年会大演说革命排满,被清公使逐出学校。而戢元成〔丞〕、沈虬斋、张溥泉等则发起《国民报》以鼓吹革命。留东学生提倡于先,内地学生附和于后,各省风潮从此渐作。在上海则有章太炎、吴稚晖、邹容

---

① 〔日〕小岛淑男:《留日学生与辛亥革命》,东京青木书店,1989 年版,第 13 页。

② 〔美〕费正清:《剑桥晚清史》(下卷),中国社会科学出版社,1985 年版,第 393 页。

等,借《苏报》以鼓吹革命……于是民气为之大壮。"①留学生们读书不忘革命,经常集会,成立社团,创办刊物,宣传反清革命,如1900年,吴禄贞等成立了"励志会",并最早参与了自立军起义的活动;1902年春,流亡日本的章炳麟和留日学生秦力山、马君武等发起召开"支那亡国二百四十二周年纪念会";1902年,"成城入学事件"发生,留日学生开始酝酿集体反清斗争;是年冬,张继等人创建了激进的"青年会"。部分成员并于次年组织了更激进的革命团体"军国民教育会"、"拒俄义勇队"。留日学生反对清王朝的浪潮此起彼伏,反清救国已成了大部分留学生的共识。

就个人而言,黄兴则"是个非常的人物"②,是宫崎寅藏应孙中山所问首先介绍的一个英杰,也是人所共知的领袖型人物。1903年,黄兴在东京弘文书院读书期间即与一些志同道合的同学组织了"土曜会",开始组建革命党团活动;还积极参加"拒俄义勇队"和"军国民教育会",被推举为会计,后又回国组织南京、两湖等地的革命力量,策划反清的武装起义。1904年2月,他发起成立中国内地最重要的革命团体,即华兴会,并被推举为会长,策划了长沙起义。同年12月,他逃亡到日本,不久就与湖南、云南、直隶、江苏、河南的留学日本学生宋教仁、唐继尧、曾昭文"等百余人组织革命同志会,从事民族革命"③。1905年春天,鉴于以往的经验,黄兴"以同志日渐加多,意欲设立新党,以为革命之中坚"④。但在和程家柽商议时,程家柽建议:

革命者阴谋也,事务其实,弗惟其名。近得孙文自美洲来书,不久将游日本。孙文于革命名已大振,脚迹不能履中国一步。盍缓时日以俟其来,以设会之名奉之孙文,而吾辈将以归国,相机起义,事在必成。⑤

---

① 《孙中山全集》(第6卷),中华书局,1985年版,第235—236页。
② [日]宫崎寅藏:《清国革命军谈》,见《宫崎滔天全集》(第1卷),东京平凡社,1971年版,第282页。
③ 程潜:《辛亥革命前后回忆片段》,见全国政协文史委员会编《辛亥革命回忆录》(第1集),中华书局,1961年版,第71页。
④⑤ 宋教仁:《程家柽革命大事略》,见陈旭麓编《宋教仁集》(下),中华书局,1981年版,第436页。

　　具有博大胸怀的黄兴,于是改变了主意,决定等待孙中山抵达日本后再讨论成立革命组织。7 月,孙中山到日本后,他是留学生中最先与孙中山接触交谈的重要人物;在中国同盟会成立之前,他是同盟会章程的主要起草人;在同盟会筹备大会上,是他提议孙中山无须经过投票就担任同盟会总理并获得通过;在成立大会上,他不仅宣读了中国同盟会章程,还提议将《二十世纪之支那》改为《同盟会机关报》。因此,黄兴是留日学生与孙中山商讨组建同盟会的主要代表,是同盟会筹建过程中仅次于孙中山的关键人物,同盟会的成立实际上是孙中山与以黄兴等为代表的留日学生通力合作的结果。正如民国初年报上的一篇文章所指出:"考吾国革命由来已久,志士之亡命海外者不可胜数,惟一漂泊无定,势力微弱。直至孙文、黄兴二氏相见于东京之后,革命事业方见发展,收联络之功,有一泻千里之势。今日之成功,当时运动之力居多也。"[①]

　　可以毫不夸张地说,正是有了以黄兴为代表的留日学生的革命基础和对孙中山的积极支持,才有了中国同盟会的正式成立。留日学生不仅是中国同盟会的"主体"[②],也是同盟会重要的创建者,是同盟会活动的中坚和重要支柱。

　　据薛君度先生统计:

　　　　同盟会成立初期的 1905 年和 1906 年,共有 963 人参加了这个组织,其单单在东京一地加入的就有 863 人,其余则是在欧洲、马来西亚、河内和香港吸收的。[③]

　　也就是说,在同盟会成立之初,89.6％的成员都是留学生。同盟会成立不久,孙中山就致函陈楚楠:"近日吾党在学界中已联络成就一极有精彩之团体,以实力行革命之事","有此等饱学人才,中国前途诚为有望矣"。[④]

---

　　① 毛注青:《黄兴年谱长编》,中华书局,1991 年版,第 85 页。
　　② 桑兵:《孙中山与留日学生及同盟会的成立》,载《中山大学学报》(哲学社会科学版),1982 年第 4 期,又见于其 1995 年三联书店出版的《清末新知识界的社团与活动》一书之第十章"同盟会成立前孙中山与留日学界"。
　　③ 薛君度:《黄兴与中国革命》,杨慎之译,湖南人民出版社,1980 年版,第 50—51 页。
　　④ 《孙中山全集》(第 1 卷),中华书局,1981 年版,第 286—287 页。

在这里,孙中山实际上为同盟会的组成和性质下了定义,即同盟会是在留学生中建立的一个具有生机活力的团体,目的是进行反清革命。这表明孙中山把反清革命胜利的希望寄托在由留学生组成的同盟会身上。从此,在以孙中山、黄兴等留学生为主体的同盟会的领导下,全国的反清革命力量团结一致,为辛亥革命的爆发奠定了坚实的基础。

(三) 孙中山从事反清革命的影响和个人魅力

伟大的民主革命家孙中山先生,1878 年到属于美国的檀香山读书,接受西方的现代教育。1892 年,他从香港西医书院毕业后,一边在澳门、广州等地行医,一边开始致力于挽救民族危亡的政治活动。探索和组织革命团体,是孙中山从开始反清革命以来一直重视的问题,他认为,革命事业千头万绪:"(一)立党……;(二)宣传……;(三)起义……。"[1]因此,在 1894 年上书李鸿章要求革新弊政,遭到拒绝后,他即转赴檀香山,创立了中国第一个革命团体——兴中会,提出了"驱除鞑虏,恢复中华,创立联合政府"的民族民主革命主张,策划了同年的广州起义。失败后,他在日本横滨、长崎,美国旧金山、檀香山,越南河内,暹罗(今泰国)等地华侨中发展组织,宣传革命,以寻求支持。1896 年,他在英国被清政府驻英使馆诱捕,得英人康德黎等相助脱险,遂以英文著《伦敦被难记》(Kidnapped in London)发表。自此,孙中山作为中国革命领袖之声名已传播于全世界,也逐渐为中国人民所知。此后孙中山留居伦敦,悉心研究西方各国政治理论和社会制度,提出了三民主义的学说。1900 年他又发动了惠州起义。1903 年夏,孙中山在日本青山开办革命军事学校,1904 年 1 月在檀香山成立中华革命军。到同盟会成立前夕,他已是国内外公认的中国革命的领袖。1904 年,章士钊翻译的《孙逸仙》在上海出版,序称:

> 孙逸仙者,近今谈革命者初祖,实行革命者之北辰,此有耳目者所同认。则谈中国革命,不可脱离孙逸仙三字。非孙逸仙而能兴中国也,所以孙逸仙而能兴中国也。

---

[1]　《孙中山全集》(第 7 卷),中华书局,1985 年版,第 63—64 页。

他的百折不挠的革命精神,他的传奇般的革命经历,他的丰富的革命理论,甚至连他气宇轩昂的外表,都成为革命党人崇拜和倾慕的对象。孙中山从欧洲抵达日本后,湖南留学生陈天华撰文赞曰:

> 后世吾不知也,各国吾不知也,以现在之中国论,则吾敢下一断论曰:是吾四万万人之代表也,是中国英雄之英雄也![1]

当时,也只有孙中山才具有这样的威望和魅力为东京的留日学生和革命激进分子所期待。在黄兴欲建立组织之时,对孙中山知之甚深的程家柽之所以建议黄兴等待孙中山的到来,而富有革命经验、筹划革命组织已久的黄兴之所以又能够接受他的建议,并且多次对孙中山表示出不同一般的推崇,其原因也就在于此。也只有孙中山才具有这样的自信:他到日本就能够建立革命组织。在离开欧洲赴日本途中,他在新加坡坦言相告尤列和陈楚楠等人:"此行到日本即当组织革命党总部,南洋各埠可设分会,不日当由日本寄来章程及办法。"[2]于是,建立同盟会,开创20世纪中国历史新纪元的重任,就历史地落在孙中山的肩上。

综上所述,关于同盟会的创建,可以在孙中山先生和桑兵教授总结[3]的基础上作进一步的概括:同盟会是在孙中山革命思想的影响和指导下,以中国留欧学生的加盟为先导,以黄兴为代表的留日学生为主体,于1905年建立起来的资产阶级知识分子革命政党。它的成立,标志着以留学生群体为代表的中国新一代知识分子即将登上20世纪中国社会历史的大舞台,以发动辛亥革命为起点,对清末民初以后中国社会的发展和中国的现代化进程产生了深远的历史影响。

---

① 陈天华:《纪东京留学生欢迎孙君逸仙事》,载《民报》,1905年第1号。
② 冯自由:《华侨革命开国史》,见中国社会科学院近代史研究所近代史资料编辑组编《华侨与辛亥革命》,中国社会科学出版社,1981年版,第61页。
③ 桑兵:《孙中山与留日学生及同盟会的成立》,载《中山大学学报》(哲学社会科学版),1982年第4期,又见于其1995年三联书店出版的《清末新知识界的社团与活动》一书之第十章"同盟会成立前孙中山与留日学界"。

第六章
欧美留学生与辛亥革命

从 1911 年到现在,辛亥革命虽然已过去了整整 100 年,但其历史功绩和深远影响却历久而弥新。它不仅推翻了清王朝的封建专制统治,结束了中国 2 000 多年的封建帝制政体,还使民主共和的观念深入中华民族之心,促使中华民族在民主法制的道路上义无反顾地艰难前行。从文化影响和发起、领导者的角度看,辛亥革命又是一场在西方现代政治思想文化的影响下,以孙中山为首的中国新兴的知识分子群体——留学生群体——推动中国社会转型,实现中国国体、政体由封建专制走向民主共和的伟大尝试。鉴于以往对辛亥革命的研究甚多,兼及留学生时又多强调归国留日学生的贡献,故本章特从归国欧美留学生的角度,扼要探讨孙中山、唐绍仪和伍廷芳与辛亥革命的关系。

一、孙中山留学海外与辛亥革命的理论准备

19 世纪末 20 世纪初,中华民族深深地陷入内忧外患之中,一方面东、西方列强对中国的侵略日益加剧;另一方面清政府的统治日益腐朽,被迫实行改革,但已无法扶大厦之倾。面对危机四伏的中国,孙中山开始了救国救民的探索之路,最终形成了三民主义理论,影响和指导了轰轰烈烈的辛亥革命运动,开创了中国历史的新纪元。孙中山之所以能成为辛亥革命的理论指导者和中华民国的奠基人,与他早年的留学经历和域外生活有着极其重要的关系。

(一) 早年就读夏威夷时期所受西学的影响

心理学认为,13～18 岁是人的思想观念形成和发展的重要阶段,而孙

中山就在 13 岁那年从家乡广东香山到太平洋上的夏威夷(后成为美国的一个准州)学习。其自传写道:"十三岁随母往夏威夷岛,始见轮舟之奇,沧海之阔,自是有慕西学之心,穷天地之想。"[①]其初,他在当地英国教会开办的小学"意奥兰尼书院"(Iolani School)学习,1881 年毕业,获夏威夷王亲颁英文文法优胜奖。之后,他又进入当地美国教会学校"奥阿胡学院"(Oahu College,相当于中学程度)学习。除了学校课程外,在校期间,孙中山还特别喜欢研读美国华盛顿和林肯等人的人物传记。夏威夷阶段的学习生涯,对孙中山早期民主思想的形成产生了重要的影响。后来他自称:"至檀香山,就读西校,见其教法之善,远胜吾乡冬曲,故每课暇,辄与同国同学诸人相谈冬曲,而改良祖国,拯救同群之愿,于是乎生。当时所怀,一若必使我国人人皆免苦难,皆享福乐而后快。"[②]正是在这里,孙中山萌生了"改良祖国"的思想,逐渐滋长了民族主义意识。

(二) 求学香港时期民主革命意识的觉醒

1883 年,因在家乡捣毁神庙而遭到乡亲责难,孙中山开始了求学香港的历程,先后就读于拔萃书屋、中央书院(今皇仁书院,相当于高中),1887 年进入香港西医书院(香港大学前身),1892 年 7 月以首届毕业生中第二名的成绩毕业,并受当时港英政府总督威廉·罗便臣亲自颁奖。当时的香港已受英国殖民统治,西方文化的色彩非常浓厚,其市政面貌和管理方式也与内地截然不同。殖民统治的繁荣景象触动了孙中山的神经和反思。后来他在香港大学的演说中坦言:"我于三十年前在香港读书,暇时辄闲步市街,见其秩序整齐,建筑闳美,工作进步不断,脑海中留有甚深之印象。我每年回故里香山两次,两地相较,情形迥异……外人能在七八十年间在一荒岛上成此伟绩,中国以四千年之文明,乃无一地如香港者,其故安在?"[③]由此,孙中山进一步了解了西方的民主政治制度,遂立志改革中国的弊政。

(三) 流亡海外与三民主义思想的形成

1894 年,孙中山向李鸿章上书失败,使孙中山最终抛弃以改良实现国

---

① 《孙中山全集》(第 1 卷),中华书局,1982 年版,第 47 页。
② 《孙中山全集》(第 2 卷),中华书局,1982 年版,第 359 页。
③ 《孙中山全集》(第 7 卷),中华书局,1986 年版,第 115 页。

家富强的愿望,而次年中日战争,中国战败的现实,促使他产生了颠覆清政府的志向,坚定了民主革命的信仰,从海外开始了他的民主革命运动。1894年11月,孙中山建立了中国第一个资产阶级革命团体——兴中会,宣言"驱除鞑虏,恢复中国,创立合众政府",为此后三民主义理论的形成奠定了根基。1895年广州起义失败后,孙中山受到清政府的通缉,被迫开始了长达16年的海外流亡生涯。在周游英国、美国、加拿大等国期间,他不仅注意与当地华侨的联系,积极宣传革命理论,扩建革命组织,筹措经费,也注意与海外留学生的接触,开始重视知识分子;而西方政治、经济的先进和资本主义的弊端,则触发了他对国内革命理论的反思。1896年伦敦蒙难后,他开始在英国图书馆研读西方著作。在1896至1897年间,孙中山阅读了美国亨利·乔治的论著《进步与贫穷》,受到书中单一税和土地国有经济学说的影响,建立了民生主义理论。后来,他说:"伦敦脱险后,以实行考察其政治风俗,并结交其朝野贤豪。两年之中,所见所闻,殊多心得。始知徒致国家富强、民权发达如欧洲类强者,又未能登斯民于极乐之乡也;是以欧洲志士,犹有社会革命之运动也。予欲一劳永逸之计,乃采取民生主义,以与民族、民权问题同时解决。此三民主义之主张所由完成也。"①

1905年,孙中山把"驱除鞑虏,恢复中华,创立民国,平均地权"16字作为刚成立的同盟会的宗旨,并在《同盟会宣言》中作了具体阐释。一年后,他又在《民报》创刊周年庆祝会上作了《三民主义与中国前途》的演讲,对三民主义进行了详细的论述,从而使三民主义理论成为一个完整的体系。

由上可见,正是由于多年的留学和海外生活的影响,孙中山最终创建了不朽的革命理论——三民主义学说。作为资产阶级的革命理论体系,它有一个长期酝酿和发展的过程,最早的萌芽是他有感于国难民患而决意推翻满清专制统治以挽救民族危亡,形成了民族思想;其后则是通过留学和考察欧美的社会现实,在欧美政治学说影响下产生了民权和民生思想。在一个世纪后的今天,虽然沧海桑田,天翻地覆,但三民主义理论仍值得人们去认真研究。

---

① 《孙中山全集》(第6卷),中华书局,1985年版,第232页。

（四）孙中山革命理论的传播

自 1895 年建立兴中会以后,孙中山对民主革命理论的宣传主要是利用报纸在欧美的海外华侨中展开,如澳洲《警东新报》与《民国报》,美国旧金山《大同日报》及加拿大温哥华《大汉日报》。后来,随着国内革命形势的发展,留学生的增多,国内外反清团体和组织的相继成立,从 1901 至 1903 年间,孙中山开始把视线转向留学生。1905 年春,孙中山再次来到欧洲,接触了许多留学生,经过交流乃至激烈的辩论,他改变了"秀才不能造反,军队不能革命"的经验型认识,并同意:"今后将发展革命势力于留学界,留学生之献身革命者,分途做领导之人。"①孙中山肯定了以留学生为代表的知识分子,留学生也接受了孙中山,于是以孙中山、黄兴等留学生为代表的当时中国先进的知识分子组成了同盟会,开始以三民主义为旗帜,将革命思想由海外输入国内,并渗入民间,为辛亥革命的爆发奠定了思想基础。

辛亥革命爆发前,孙中山领导的起义就多达数十次,其中 1895 年的广州起义、1900 年的惠州起义和 1911 年的黄花岗起义,虽均告失败,但意义重大。这些起义坚定了孙中山民主革命的信仰,成为辛亥革命的先声,预示着辛亥革命胜利的到来。

总之,孙中山通过早期留学和多年流亡海外的生活,树立了坚定的民主主义信仰,并以坚忍不拔的精神为实现救国救民的信仰而奋斗,最终在 1911 年汇聚成一股不可抗拒的历史潮流,冲垮了封建帝制,创造了立足国内,借鉴国外,近代中国人向西方学习的一次成功的尝试。

二、英美留学生唐绍仪、伍廷芳与南北议和

武昌起义爆发后,南方多省相继宣告独立,到 1911 年 12 月 18 日南北议和谈判开始前,关内 18 省都先后发生过武装起义,其中湖北、湖南、陕西、江西、云南、江苏(含上海)、贵州、浙江、安徽、广西、福建、广东、四川共 13 省宣布独立,只有直隶(今河北)、河南、甘肃、山西、山东 5 省还在清政府控制之下,其中山西、山东、甘肃境内宁夏地区曾宣布独立,后又被袁世凯控制。

---

① 朱和中:《欧洲同盟会纪实》,见全国政协文史资料研究委员会编《辛亥革命回忆录》(第 6 集),文史资料出版社,1981 年版,第 7 页。

这给清政府以沉重的打击。为求自保,清政府启用被罢黜的袁世凯为内阁总理大臣,出兵南下,镇压革命。但是,代表清政府的袁世凯和以孙中山为首的南方军政府,不久即开始议和。这是因为袁世凯内阁所代表的清政府并不能一举镇压革命,南方的革命党也不能凭借民军的力量一举推翻清王朝,而且东西方列强对中国的局势也在观望。因此,实质上,议和是当时各种复杂的形势下合力作用的结果。"辛亥革命作为一个伟大的历史事件,它的爆发、取得多大程度的胜利,以及最终不是通过战争方式,而是通过议和方式,迫使清帝让位,都不是革命党或清政府某一方领导人的个人意志所能决定的,而是晚清社会种种因素长期酝酿和发展以及双方政治思想状况和实际力量相互作用和制约的结果。"①所以,议和的成功与否就会对辛亥革命成果具有重要的不同影响,而议和代表的政治态度和谈判技巧对议和的成败也就非同小可。在此情况下,代表北方的唐绍仪和代表南方的伍廷芳登上了历史巨变的的大舞台。

(一) 唐绍仪、伍廷芳早年的留学经历

1. 唐绍仪的留美生涯

唐绍仪(1862—1938),字少川,出生于广东香山县唐家村(今珠海市)一个与洋务有密切关系的家族。1874年,12岁的唐绍仪作为第三批留美幼童之一赴美国留学,至1881年留美幼童被撤回前,已完成了中小学教育,当时正在哥伦比亚大学学习。唐绍仪在美7年,所受美国民主制度影响之深非同一般。据庄泽宣《悼少川先生》所述:"西方观念及自由文明的政治制度对他影响很大,以致他后来返国朝见太后时,总跪得不自然,因此西太后赏他一个'鬼子'的绰号"②,从而养成了不同于中国传统官僚的思维方式和做事风格。由于自身出色的英语,兼具东西方文化的学识素养,在回国后的政治生涯中,唐绍仪备受袁世凯的赏识,从此平步青云,历任驻朝鲜汉城领事、驻朝鲜总领事、天津海关道、西藏问题全权议约大臣、全国铁路督办、税务处会办大臣、邮传部左侍郎、奉天巡抚等,官至一品,在清末诸多领域发挥了传统知识分子所无法企及的作用。1910年,他还曾一度被任命为邮传部尚书,

---

① 丁贤俊、陈铮:《唐绍仪与辛亥南北议和》,载《历史研究》,1990年第3期。
② 《宇宙风》,1939年第4期,第176—177页。

但不久即辞职,表明这位留学生出身的封建官僚已对清王朝彻底的失望和对未来政治道路的观望。武昌起义爆发后不久,他就被袁世凯选定为南北议和北方的全权代表。

2. 伍廷芳的留学生涯

伍廷芳(1842—1922),广东新会县(今新会市)人,出生于新加坡,14岁即赴香港,就读于英国人创办的圣保罗书院,在学期间曾与黄胜共同创办了香港第一份华文报纸——《中外新报》。因此,伍廷芳少年时期受中国传统思想文化的影响很小,香港的教学内容则给他以很大影响。1874—1877年,伍廷芳自费赴英国留学,在伦敦大学院攻读法律,1876年在林肯律师学院考试获大律师资格。系统的西方文化教育和西方社会的洗礼,尤其是英国的法律教育,使他获得了西方近代政治文化制度和社会生活的知识,形成了民主、自由和法治的观念。1882年,他回国后即在清政府任职,参与办理外交、修订法律等工作,两次出任中国驻美国、墨西哥、秘鲁等国的公使,并先后任清政府商部、外务部、刑部侍郎等。在任驻外公使期间,他的主要活动虽然是为保护华人利益而奔波,但从他留下的文集来看,他对美国式的民主共和推崇备至,视美国为"自由发生之地,英雄崛起之邦,人民无束缚,种族无阶级,有非他国所可同日而语者"①。1910年,伍廷芳已年近古稀,在驻美、墨等国公使任上期满后回国,寓居上海。由于对清政府心灰意冷,他已无意再任新职,但却向清政府呈递了一份《剪发不易服摺》。更令人惊讶的是,在清政府不准的情况下,他居然在上海剪发大会上"以身为率",剪去辫子。耿云志先生曾通过分析梁启超1910年5月写给其弟梁启勋的信中之语:清王朝"大乱之起,不出两年之外",而称"梁氏真可说是伟大的预言家了"②。其实这种山雨欲来风满楼的趋势,作为清政府重臣的伍廷芳也洞察秋毫。否则,他怎么敢冒天下之大不韪上这样可能招致杀头的奏折呢!

武昌起义爆发后不久,1911年11月初,他即慨然应允任沪军都督府交涉总长;11月中旬,又被独立后的各省都督府代表联合会推举为新生的中华民国外交总长。于是,清朝的二品大员伍廷芳一跃而变为资产阶级革命

① 丁贤俊等:《伍廷芳集》(下),中华书局,1993年版,第712页。
② 耿云志:《梁启超对清王朝最后统治危机的观察与评论》,载《徐州师大学报》(哲社版),2012年第1期。

政权的外交总长。1911 年 12 月 9 日，各省都督府代表联合会又推举他为
南方议和全权代表。

由于唐绍仪和伍廷芳早年都有留学和出使的经历，对西方的民主共和
制度持赞同艳羡态度，在议和前已是民主共和制度的拥护者，这就为以后南
北议和共和政体的顺利确立奠定了基础。

（二）南北议和中唐绍仪和伍廷芳的贡献

令人瞩目的南北议和从 1911 年 12 月 18 日在上海英租界市政厅内正
式开始，到 12 月 31 日为第一阶段，历时 14 天，先后共举行了 5 次会议，主
角是伍廷芳、唐绍仪。透过讨论的主要问题，如停战、政体、国民会议和优待
清室条件等，我们发现本来是对手的唐绍仪、伍廷芳，在这些重大问题上的
立场观点，竟然如此相似相近。就一系列具体问题而讲，伍廷芳多是主动出
击，不辱使命；唐绍仪则以"清廷不足保全，而共和应当推动"为指导思想，对
南方巧妙配合，力促共和，"名为清廷代表，实则事事为革命军设计"[1]。

1. 在关于停战问题上，伍廷芳主动提出，唐绍仪努力配合

停战是议和的前提，南北方原曾约定从 1911 年 12 月 9 日起一律停战。
但袁世凯依仗兵强马壮，并未信守这一约定，不断纵兵对北方军队得势的山
西、陕西、山东等省发动进攻。于是在 12 月 18 日的首次会议上，伍廷芳要
求唐绍仪"电致袁内阁，饬令各处一律停战"，清军攻占之地"均须悉行退
出"，并坚持："得确实承诺，回电后始可开议"[2]。虽然双方对谁首先开战各
执一词，但唐绍仪不仅答应"致袁内阁电，今日即发"，而且建议双方同时停
战，进而又提出"停战不如罢战"，并说服袁世凯在第二次会谈中达成继续停
战协议。在 12 月 29 日第三次会谈时，伍廷芳进一步提出"停战不如退兵"
的建议，唐绍仪不仅接受，而且提出了应注意的步骤问题，双方从而达成了
如下规定：自 12 月 31 日早 8 时起，所有陕西、山西、湖北、安徽等地的清兵，
5 天内，"一律退出原驻地方，百里以内，只留巡警保卫地方"。至于清军已
占领的山东、河南等地，"不得再攻，民军亦不得进取他处"[3]。就当时南北

---

① 冯自由：《革命逸事》（第 2 集），中华书局，1981 年版，第 301 页。
② 《"中华民国"开国五十年文献》（第 2 编第 2 册），台北正中书局印行，第 493 页。
③ 观渡庐编：《共和关键录》（第 1 编），载《近代中国史料丛刊续编》，台北文海出版印行公司，
1974—1982 年版，第 47、95 页。

的军事力量对比而言,停战非常有利于民军,而停战、停战范围等方案基本上是按照南方军政府、实际是伍廷芳一人做主提出的;而唐绍仪则在"拥袁共和"方针的指导下,对南方作出了很大的让步。对此,后来黄兴感激地对唐说:"君若迟来数日,武昌势必不守。"因此,停战协定的签订与唐绍仪、伍廷芳对当时共和大局的把握及自身的努力是分不开的。

2. 在未来中国国家政体问题上,双方对共和政体所见相同,一拍即合。但对实现的途径方法,唐绍仪考虑得更深远

因为袁世凯坚持君主立宪,所以君主立宪还是共和立宪,原本是南方革命党人预料在议和会中引起激烈争论的问题,也是其毫不妥协的原则立场之所在。当时广有影响的《申报》就曾载文指出:"今日之议和,以共和为一大前提,能共和则和议立成,世界俱受和平之福,不能共和则和议绝望,同胞重催锋镝之危。"[①]因此,在 12 月 29 日第二次会谈时,唐绍仪首先询问伍廷芳对共和的看法,后者明确表示:"民军主张共和立宪,君如有意,愿为同一之行动。"此语表明,他们对各自的共和态度心知肚明。故伍又应唐之请,进一步阐明了自己的看法:

> 我初亦以为中国应君主立宪,共和立宪尚未及时,惟今中国情
> 形,与前大异,今日中国人之程度,可以为民主共和矣,人心如此,
> 不独留学生为然,即如老师宿儒,素以顽固著称者,亦众口一词,问
> 其原因则言,可以立宪,即可以共和,所差者,只选举大总统耳……
> 今时局变迁,清廷君主专制二百余年,今日何以必须保存君位?[②]

想不到唐绍仪这样回答:

> 共和立宪,我等由北京来者,无反对之意向……我共和思想尚
> 早于君,我在美国留学素受共和思想故也。今所议者,非反对共和

---

① 《申报》,1912 年 12 月 24 日。
② 中国史学会编:《辛亥革命》(八),见《中国近代史资料丛刊》,上海人民出版社,1981 年版,第 76 页。

宗旨,但求和平达到之办法而已。①

双方似乎已不是在谈论是否共和的问题,而是在比谁更先信仰共和。这实在是人类谈判史上的奇迹! 因此,唐绍仪表示要电告袁世凯,"欲和平解决,非共和政体不可"。因唐绍仪对共和持明确支持的态度,在未来中国国家政体这个重大问题上,双方未经任何争论即达成了一致意见。

但是,如此重大问题必须通过南北方认可的方式解决。在此问题上,唐绍仪考虑得更为周到,他建议以国民会议的形式解决,而伍廷芳则以全国多数省份独立已能说明民心向背为理由予以拒绝,并提出以南方的各省代表会议代行国民会议职能。这种观点有其合理之处,但是在北方很难获得通过。因此,唐绍仪主张重新召集新的国民会议解决,但是伍廷芳坚决不同意,表示等唐绍仪汇报以后再作决定。在此情况下,唐绍仪一面把"通过国民会议解决国体问题"及伍廷芳的意见转告袁世凯,一面发电给袁世凯施加压力:"默察东南各省民情,主张共和已成一往莫遏之势,近因新制飞船二艘,又值孙文来沪挈带巨资,并偕同泰西水陆兵官数十员,声势愈大,正组织临时政府,为巩固根本之计。且闻中国商借外款,皆为孙文说止外国,以致阻抑不成。此次和谈一辍,战端再起,度支竭撅可虞,生民之涂炭愈甚,列强之分裂必乘,宗社之存亡莫卜","请早召集国会"。②

3. 在国民会议地点问题上,伍廷芳坚持己见,唐绍仪大度退让

在北方回电同意召开国会后,唐绍仪立即转告伍廷芳,双方继续进行第三次会议,确定了以下原则:"开国民会议解决国体问题,从多数取决,决定之后,两方均须依从。"③ 12 月 30 日,双方详细讨论了国民会议问题,关键是会议地点和代表名额。关于地点:袁世凯曾表示必须选在北京,伍廷芳则坚持在上海,唐绍仪为折中调和,起初提议在汉口:"料投票必为共和,但形式上事耳。"但伍廷芳态度坚决:"一家之事,何必如此争执,今日之事,将近成

---

① 中国史学会编:《辛亥革命》(八),见《中国近代史资料丛刊》,上海人民出版社,1981 年版,第 77 页。

② 中国史学会编:《辛亥革命》(八),见《中国近代史资料丛刊》,上海人民出版社,1957 年版,第 223 页。

③ 观渡庐编:《共和关键录》,见沈云龙编《近代中国史料丛刊续编》,台北文海出版印行公司,1974—1982 年版,第 47 页。

功,不如以上海为便也。"要求于 1912 年 1 月 8 日在上海召开国民会议,这就堵死了袁世凯可能利用国民会议施展阴谋手段的机会;唐绍仪也"允电达袁内阁,请其从速电复"①。于是,双方议定:国民会议由各省代表组成,每省各派代表三人,每人一票,代表不足三人者,也拥有三票投票权;开会之日各省代表 3/4 到会,即可开始;南方各独立省份代表由南方军政府召集,北方未独立各省由清政府召集,其他省份则由双方分别召集。由于南方独立14 省代表的议席占绝大多数,后来的结果确如唐绍仪所言是"共和"。此项协议对彻底结束清王朝的统治,保证国民会议的顺利召开,建立中华民国,发挥了重要作用。

4. 在关于清室优待和满蒙的待遇问题上,双方反复协商,趋于共识

在会谈中,如何对待清室和满蒙的问题,也极其敏感。经过唐、伍的反复协商,最终达成了优待清皇室,满、蒙、回、藏、汉族一律平等的决议,创造了中国历史上政权平稳过渡的奇迹和民族平等的先河。

这些有利于南方的条款,更兼 1912 年 1 月 1 日南京临时政府正式成立,孙中山就任临时大总统,均引起了袁世凯的强烈不满。在此情况下,唐绍仪于 1912 年 1 月 1 日被迫提出辞职。次日,袁世凯就以唐绍仪擅自越权签订会议各约为由,撤销了唐绍仪的全权代表资格,公开宣称拒不承认唐绍仪应允签署的各项协议,要求亲自与伍廷芳进行电文谈判。

5. 伍廷芳迎战袁世凯,针锋相对;唐绍仪罢官折冲樽俎,还促共和

此时的伍廷芳虽然已由南方军政府的外交总长转任为司法总长,内心压抑,但仍然为共和国体在履行议和使命。首先,他拒绝了袁世凯"往返电商"的要求,强调"会议通例,必须面商",并邀请袁世凯亲自来沪,以便直接商谈。其次,坚持此前双方议定、唐绍仪签字后的各项条款,北方"即当遵行",并不能因唐绍仪辞职而失去效力。其三,驳斥了袁氏关于唐绍仪权限只限于"切实讨论"而不能签约的荒谬说法,并指出"唐使来沪,携有总理大臣全权代表"印,其代表文凭中已经载明:"贵大臣所有之全权,已尽交与唐使。唐使所签之约,与贵大臣自行签约无异。""五次所订条约,一经签字,即生遵守之条约。""今唐使所签之约,贵大臣可以任意更改,等于将来贵大臣

---

① 观渡庐编:《共和关键录》,见沈云龙编《近代中国史料丛刊续编》,台北文海出版社印行公司,1974—1982 年版,第 95 页。

所签之约,也可任意更改,如是和议,何日可成?"①其四,充分施展其外交手段,代表南方共和政府致电各国驻华使节,通报议和真相,指出"袁极欲破坏唐绍仪所定议案"②,从而使袁世凯失信于天下。

与此同时,唐绍仪虽然辞去谈判代表职务,但并未被调回北京,仍在上海,"北方的电信往来仍由梁、唐直接掌握,双方的事仍旧由唐、伍折冲商量。"③这不仅表明袁世凯对唐的信任和自己微妙的心态,也说明唐绍仪在议和中的分量。因而在第二轮谈判中,唐绍仪在南北之间仍然起着重要的沟通作用,并继续敦促袁世凯早日承认上一轮和谈所达成的协议。如1912年1月8日,他致电袁内阁:"回蒙独立,是已离去中国,外人得所借口,势必瓜分。和议若再不决,将来东三省又倡独立,辽岂复中国所有?"④后又就促使清帝退位,再次向袁"痛切详言,催促即办"⑤,不断对袁施加逼迫清帝退位的压力。

历经45天的艰难谈判,由于唐绍仪与伍廷芳的共同努力,也由于其他力量的共同作用,南北双方最终达成了确定共和体制、清帝退位、孙中山让位、推举袁世凯为大总统的协议,建立中华民国的最后障碍从而彻底排除。1912年2月12日,清朝宣统皇帝溥仪宣布退位,统治中国2 000多年的封建君主制度寿终正寝,辛亥革命终于完成了其推翻帝制,建立共和的伟大目标。虽然倡导辛亥革命的孙中山失去了总统之位,但民主共和的观念已经深入人心,成为势不可挡的历史潮流,昭示着中华民族的未来。

三、辛亥革命及中国国体和平转型的意义和启示

综上所述,辛亥革命及中国国体和平转型具有深远的意义和启示。

(1)辛亥革命是在西方政治思想文化的影响下,以孙中山为首的中国新兴的知识分子群体——留学生群体,推动中国社会转型、促使中国国体、政体由封建专制走向民主共和的一次伟大尝试。从客观上说,辛亥革命的

---

　　① 丁贤俊等:《伍廷芳集》(下),中华书局,1993年版,第420—421页。

　　② 丁贤俊等:《伍廷芳集》(下),中华书局,1993年版,第436页。

　　③ 冯耿光:《荫昌督师南下与南北议和》,见《辛亥革命回忆录》(六),文史资料出版社,1961年版,第362页。

　　④ 中国史学会编:《辛亥革命》(八),见《中国近代史资料丛刊》,上海人民出版社,1981年版,第159页。

　　⑤ 黄彦、李伯新编:《孙中山藏档选编》,中华书局,1986年版,第123页。

爆发,是腐朽的清政府未能与时俱进、推动变革,中外各种矛盾长期积累爆发的结果;从主观上说,有感于中国的现实、留学经历和长期海外生涯的影响,孙中山形成了三民主义理论,影响和指导了辛亥革命;是孙中山先生为代表的当时中国先进的知识分子群体——留学生群体(其组织形式是同盟会),希图以欧美先进的民主政治理念来改造中国腐朽的封建专制体制,实现中华民族伟大复兴的尝试。而中国"秦汉以来的多次农民起义及贵胄夺权……国体政体全无变更,君主专制一仍其旧"①,因此,辛亥革命不同于中国历史上的任何一次政权更迭。它表明一个新兴的知识分子群体——留学生群体,正式登上中国历史的大舞台,进行了一次划时代的国体、政体的革命,推动了中国社会的转型。

(2)在武昌起义爆发后,议和已是大势所趋的形势下,留学欧美出身的唐绍仪和伍廷芳,作为南北议和的全权代表,折冲樽俎,为南北双方最终达成共和体制、清帝退位,实现中国国体、政体的和平转型,避免内战和列强干预,立下了非常之功。辛亥革命从暴力革命开始,而以议和的方式达到推翻帝制、实现共和的目的,是当时全中国合力共同作用的结果。这种选择是正确的,显示了在国家、社会巨大变革的非常时期中华民族的智慧。在此过程中,唐绍仪、伍廷芳作为南北议和的全权代表,并不是偶然的,而是一种文化身份和新的政治理想的化身。他们都是清王朝的重臣,熟悉中国国情和历史文化;他们还是当时中国学历最高的留学生,了解西方的政治文化,具有丰富的外交经验,而且都有在海外任职的经历。他们对清王朝的背叛,是在中西两种文化、两种政治制度、两种社会实践或体察的基础上,冷静、理性比较后的抉择。作为对手,他们抛弃的是他们曾献身任职长达30~40年之久的政府和制度,而选择的则是他们向往的民主共和政体。他们为实现中国国家政体的和平转型,避免内战和列强干预,立下了非常之功。而孙中山为了这种制度的实现,在冒着无数次危险获得了总统的职位后,又薄总统而不为以期和平过渡到民主共和。从中,我们看到了在西方文化长期影响下的新一代政治家的信仰操守和政治视野。

(3)以孙中山、唐绍仪和伍廷芳等为代表的留学生群体的所作所为和辛亥革命百年以后中国现代化的艰难进程,昭示出这样一种真理或者未来

① 冯天瑜:《辛亥首义及其历史定位》,载《徐州师大学报》(哲社版),2012年第1期。

的历史发展趋势：虽然倡导辛亥革命的孙中山失去了总统之位，但民主共和的观念已深入人心，成为势不可挡的历史潮流，影响了中华民族的未来。在此意义上讲，孙中山、唐绍仪和伍廷芳等留学生都是推动中国历史变革、尝试民主共和的弄潮儿。在此意义上，辛亥革命并没有失败，辛亥革命的理念永存！但 20 世纪中国历史和人类历史的复杂性，又给如何评价辛亥革命和继承辛亥革命的思想遗产留下了许多问号，需要历史学家、思想家和政治家乃至整个中华民族去认真反思和总结。

第七章
留学生与中国科学社

　　中国科学社是中国近代史上第一个民间的综合性科学团体，在中国近代科学史上占有重要地位。科技史研究专家林文照先生指出："只有在中国科学社成立以后，真正的科学活动才逐渐开展。"[1]在留学生出身的任鸿隽、赵元任、秉志、胡明复等9位创办者的艰苦努力下，中国科学社由最初的35人发展到1950年的3 793余人[2]，汇聚了各门学科的奠基者和开创者，他们基本都是留学生。作为任职次数最多、时间最长的社长，留学生任鸿隽为中国科学社所作出的贡献最为突出。他是中国科学社发展与壮大的历史见证者、领导者和推进者。在任鸿隽及其同人的共同努力下，中国科学社不仅成为当时科学传播的舞台，而且也是科学研究的重要阵地，为中国现代科学的发展作出了筚路蓝缕的贡献。由于人员众多及篇幅限制，本节仅就任鸿隽与中国科学社的关系展开论述，梳理任鸿隽与中国科学社的关系，深入分析其科学实践及科学思想，以期对中国科学社、中国科技史以及中国科学思想史的研究提供重要的参考和帮助。

一、任鸿隽在中国科学社的实践活动

　　任鸿隽（1886—1961），字叔永，四川巴县人[3]，曾留学日本、美国，获哥伦比亚大学化学硕士。他在中国科学社的实践活动主要分为两大部分：一方面作为科学家，创办了《科学》杂志和中国科学社，致力于科学知识与理念

---

　　① 林文照：《中国科学社的建立及其对我国现代科学发展的作用》，载《近代史研究》，1982年第3期。

　　② 《中国科学社三十六年来的总结报告》，1950年。上海档案信息网：《中国科学社社史档案资料选辑之二》，详见 http://www.archives.sh.cn/slyj/dahb/201210/t20121017_36951.html.

　　③ 周棉主编：《中国留学生大辞典》，南京大学出版社，1999年版，第93页。

的传播活动；另一方面作为科学事业家，筹集经费，组织年会、创办科学研究所等，推动了中国科学社的各项科学事业的渐次开展，进而促进了中国近代科学的体制化进程。

（一）致力于中国科学社的科学传播活动

1. 创办《科学》杂志，宣传科学理念

1914 年第一次世界大战前夕，在美国康奈尔大学的大同俱乐部里，任鸿隽等留学生聚集在一起讨论时事，他们感到中国落后的根源在于"中国所缺乏的莫过于科学"①，希望刊行一种杂志向中国介绍西方近代科学。此提议得到大家的一致赞同。参与者之一的赵元任在其日记中曾提到此事："晚间去任鸿隽（叔永）房间热烈商讨组织科学社出版月刊事。"②而与他们来往密切的胡适也曾记载此事："此间同学赵元任、周仁、胡达、秉志、章元善、过探先、金邦正、杨铨（即杨杏佛）、任鸿隽等，一日聚谈于一室，有倡议发刊一月报，名之曰《科学》，以'提倡科学，鼓吹实业，审定名词，传播知识为宗旨'，其用心至可嘉许。美留学界之大病在于无有国文杂志，不能出所学以饷国人，得此可救其失也，不可不记之。"③不久，经过任鸿隽等人的努力，《科学》杂志于次年 1 月正式由上海商务印书馆印刷出版。科技史专家樊洪业认为，《科学》杂志"从'缘起'到'发刊词'，不仅基本思想相同，且用语亦多重复，似可推断，中国科学史上的这篇划时代的宣言书是任鸿隽的杰作"④。不仅如此，他还一直承担《科学》杂志的编辑筹划工作，将科学理念渗入办刊活动。如他坚称"科学是整体的科学"，首倡《通论》栏目，内容涉及科学方法、科学精神、科学组织、科学教育、科学史等各个方面，力图通过介绍完整的西方近代科学知识和理念，以期使国人对科学有一个正确而系统的认识。《科学》杂志正是在任鸿隽等人的苦心经营下，始终以"传播世界最新科学知识"为宗旨，刊登科学社社员的各类科学文章，及时报道最新的科学时讯，为国人提供了了解西方科学的平台，直接推动了当时科学化运动的发展，为我

---

①　樊洪业、张久春选编：《科学救国之梦——任鸿隽文存》，上海科技教育出版社、上海科学技术出版社，2002 年版，第 723 页。

②　赵元任：《赵元任生活自传》，中国华侨出版公司，1989 年版，第 88 页。

③　胡适：《胡适留学日记》，岳麓书社，2000 年版，第 152 页。

④　樊洪业：《任鸿隽：中国现代科学事业的拓荒者》，载《自然辩证法通讯》，1993 年第 3 期。

国的现代科学事业的发展和繁荣起到了推波助澜的作用。

新中国成立后,《科学》杂志一度停刊。1957 年,在党中央"百花齐放、百家争鸣"和"向科学进军"的大好形势下,任鸿隽心系《科学》,力争其重新出刊,并且亲自担任主编一职。然而由于当时形势的变化,《科学》杂志最终不得不退出了历史舞台。为了将珍贵的资料保存下来以方便研究,他组织有关人员将《科学》杂志 36 卷的目录,编成总目录及分类索引,印赠给国内各大图书馆。总之,他在《科学》杂志的创立与发展历程中起到了至关重要的领导作用。

2. 撰写科学文章,传播科学知识

《科学》创办初期,出力最多的是任鸿隽、胡明复、杨杏佛、赵元任。他们"朝以继夕,夜以继日的,只是忙的《科学》"[①]。创刊第一年,任鸿隽就发表了《说中国无科学之原因》、《化学元素命名说》(附 1914 年原子名量表)、《科学家人数与一国文化之关系》、《解惑》、《科学与工业》、《科学与教育》等文章。此后,还陆续发表了《科学精神论》、《吾国学术思想之未来》、《近世化学家列传》、《发明与研究》、《何谓科学家》、《无机化学命名商榷》、《科学与实业之关系》、《爱因斯坦之重力新说》等。1926 年,《科学》编辑部曾对《科学》1915 年至 1925 年期间发表的稿件做过统计[②],稿件页数排列前十名的名单具体如下:任鸿隽:503 页;赵元任:384 页;杨杏佛:376 页;竺可桢:328 页;秉志:296 页;胡明复:267 页;韩祖康:267 页;吕谌:258 页;王琎:250 页;翁文灏:223 页。由上可知,这 10 年间任鸿隽的科学稿件的页数最多,他对《科学》杂志的贡献可见一斑。

根据任鸿隽科学文章的内容,台湾地区中央研究院的杨翠华将其大致分为三类:一为科学通论,如《说中国无科学之原因》、《科学与教育》、《科学精神论》等文章;二为专门科学,主要集中在化学领域,如《化学元素命名说》、《近世化学家列传》、《爱因斯坦之重力新说》等文章;三为科学之应用,如《科学与工业》、《科学与实业》、《科学与教育》等文章。[③] 他的文章,尤其

---

① 樊洪业、张久春选编:《科学救国之梦——任鸿隽文存》,上海科技教育出版社、上海科学技术出版社,2002 年版,第 393 页。

② 《杂俎:科学投稿者的统计》,载《科学》,1925 年第 10 卷第 12 期,第 1774—1775 页。

③ (台)杨翠华:《任鸿隽与中国近代的科学思想与事业》,载《中央研究院近代史研究所集刊》,1995 年第 24 期(上),第 301—302 页。

以关于科学通论方面的文章居多。这与其独特的整体科学观有关,关于这一点将在后面展开评述。他对科学的整体论述打破了前人零散的理解,不仅帮助国人对科学有一个基本的认识和理解,并且有助于厘清当时一些所谓的科学言论,从学术研究的角度讨论科学,还科学以本来的面目。

3. 创建中国科学社,践行科学体制化

《科学》杂志发行后不久,任鸿隽等人便觉得要谋中国科学的发达单靠发行一种杂志是远远不够的,因此,他们决定改组学会。于是,1915 年春,模仿英国皇家学会的模式,任鸿隽等人在《科学》杂志的基础上创建了中国科学社。董事会指定胡明复、邹秉文、任鸿隽三人草拟社章。10 月 9 日,社章草案交全体社员讨论并于 25 日表决通过,中国科学社随即正式成立。随后,大会选举任鸿隽、赵元任、胡明复、秉志、周仁 5 人为第一届董事会董事,并推选任鸿隽为董事长兼社长。在中国科学社的发展史上,他曾三度担任社长,时间长达 25 年之久,是科学社任职最长的领导,在科学体制化的发展过程中发挥了重要作用。

作为中国科学社的领袖和灵魂人物,任鸿隽始终把握了中国科学社发展的方向,积极召开年会,加强学术交流,创办生物研究所,提倡本土科学,参与审定科学名词,推进科学的规范化等,成为当时宣传科学体制化的重要旗手。1949 年以后,虽然受到"极左"思潮的影响,中国科学社的作用式微,但他仍然尽其所能,使其为中国科学的发展默默奉献。为了适应时局发展,在他主持下,中国科学社将所经营的科学事业,诸如生物研究所等交由政府的相关部门接办。后来,在"大跃进"的形势下,经理事会讨论并得到全体社员同意,他又将科学社的房屋、财产等一一献给了国家。从开始到最终,任鸿隽成为与中国科学社的历史见证者,而中国科学社则是他对中国现代科学事业最有力的贡献。正是在中国科学社的示范带动下,专门性的学会如雨后春笋般涌现,中国的现代科学事业由此初见规模。

4. 参加各种科学演讲,宣传科学精神

任鸿隽是科学传播的热心倡导者,为了使人们更直观地理解科学的真义,他曾多次参加科学演讲,宣传科学精神。1918 年 11 月 2 日,他刚回国就在寰球学生会发表公开演讲"何谓科学家"。在演讲中,他认为国人对科学的认识存在一些误解,并一一加以驳斥,指出科学是学问而不是艺术,科学的本质是事实而不是文字,而"科学家是个讲事实学问以发明未知之理为

目的的人"①。1931年6月,在四川考察期间,他也作了公开演讲。在演讲中,他希望四川人民创造新文化,在他看来,创造新文化需要两个条件:第一,要有一定的信仰。第二,要运用科学的方法获得知识。他还曾演讲过《科学方法讲义——在北大论理科讲演词》、《科学的基本概念之应用》等。与此同时,对于中国科学社组织的科学演讲,他都积极参加,如1922年4月29日,在中国科学社一年一度的春季演讲会上,他作了《科学与近世文化》的演讲,"颇受学界欢迎"②;1924年4月18日,"任叔永先生演讲'知识之进化'……每次听众均甚拥挤,因演讲室太小,多在社所中露天举行"③。总之,他的科学演讲在当时很受欢迎,对科学知识的宣传和普及起到了良好的效果。

此外,任鸿隽还非常重视科学名词的编订工作,称其是中国科学社的重要事业之一。早在1915年他就发表《化学元素命名说》。在文中,他把我国化学元素命名、翻译的方法归结为三类:其一,取物理性质命名;其二,取化学性质命名;其三,根据元素或符号之音而造新字。根据这三个原则,他提出了83个元素译名。1920年,他又发表《无机化学命名商榷》一文,进一步阐述了对我国化学元素翻译方法的看法,指出要根据固有名称、译意、造字(还有译音的成分)翻译。鉴于当时学术界化学译名分歧严重,他还呼吁要统一译名,以便于化学知识的推广和普及。

(二) 投身于中国科学社社务管理活动

1. 积极募措活动经费

当时中国科学社活动经费来源主要有:① 社员入社时交纳的入社费及常年费;② 社员及赞助本社之个人和团体捐款;③ 各项刊物的售价及某些业务的盈余;④ 向热心科学的社会名流募集的基金收入等。而实际上,经费通常来源于社员入社时交纳的入社费及常年费。显然,这些经费不足以维持中国科学社各项事业的开展。1918年中国科学社迁回国内后,虽然有了南京社所和北京大学等机构的资助,但经费依然入不敷出。因此,经费问

---

① 樊洪业、张久春选编:《科学救国之梦——任鸿隽文存》,上海科技教育出版社、上海科学技术出版社,2002年,第185页。
② 赵慧芝:《任鸿隽年谱》(续),载《中国科技史料》,1988年第4期。
③ 《中国科学社纪事》,载《科学》,1925年第10卷第6期,第793页。

题一直是中国科学社发展的瓶颈。作为社务的主要负责人,任鸿隽义无返顾地投入到经费募集的活动中。

回国后,他曾发起"五万元基金"募集运动,历访当地社会名流,为中国科学社的发展募集经费。他通过各种关系,拜访了张謇、蔡元培、熊希龄、范源濂等社会名流,并有了一定的收获。据《杏佛日记》记载,1919年2月27日,"得叔永书云徐世昌总统捐助科学社二千元,教育部捐一千元,合张季直先生所允共得一万元矣,亦科学社之好消息也"[①]。通过这些筹款活动,任鸿隽等人认识到寻求社会名流帮助的重要性。于是,在1922年南通召开的第七次年会上,中国科学社进行了改组,邀请蔡元培、张謇、马相伯、汪精卫、熊希龄、梁启超、严修、范源濂、胡敦复等9人组成董事会,对外代表该社募集基金和捐款,对内监督社内财政出纳,审定预决算,保管和处理社中基金和财产。此举很快有了成效,次年,由董事会提请国务会议批准,由江苏省国库每月拨款2 000元辅助社务,直至1935年停止。但是,这些经费只能解一时之需,而不是长久之计,要维持中国科学社各项活动尤其是科学研究的正常进行,还需大量的固定经费。

美国第二次庚款退还对解决中国科学社的经费困难是一个好消息。1900年义和团运动失败后,清政府被迫与英、俄等14个国家于1901年签订《辛丑条约》,并由此担负了沉重的巨额赔款。实际上,这项赔款的具体数额远远超过实际的损失。于是,中国的有识之士与外国友好人士呼吁各国政府退还多得的赔款。在中外人士的共同努力下,美国成为第一个退还赔款的国家。美国政府先后有两次退款。1908年第一次退款主要用于清华学堂的教育经费和派遣留学生经费。1924年,美国政府决定实施第二次退款计划,并指定其用于中国的教育文化事业的发展。此消息一出,即引起中国社会各方面的关注。面对这一绝好的机会,任鸿隽积极行动起来。1924年6月,他就美国退款余额用途,以个人名义拟就意见书。随后,他在致胡适信中提及此事:"他[②]的用处,既指定为教育文化事业,科学社的同人以为趁这个机会,主张把美国的赔款,拿一部分来办科学事业(指普通科学研究

① 杨铨:《杏佛日记》,载《中国科技史料》,1980年第2期,第140页。
② 指美国第二次庚款退款。

事业而言,并不要科学社包办),大约也是应该的。"①最后,他还应邀加入专门保管与使用这笔退款的机构——中华教育基金董事会(以下简称中基会),直接参与款项的管理与分配工作。事实证明,正是在任鸿隽等人的积极活动下,中国科学社才如愿以偿地得到了"中基会"的支持,获得了充足的经费,从而保证了中国科学社科学研究活动的正常开展。

2. 精心筹备科学年会

举行年会是中国科学社的主要活动之一。它的召开不仅有助于科学工作者进行学术交流,增进学术感情,而且有利于扩大中国科学社的知名度,吸引更多热爱科学的青年加入到科学队伍中来。作为社长,任鸿隽积极组织和参加中国科学社年会。除 1919 年、1922 年和 1926 年因故无法参加外,其余年会他均出席,并作社长年度报告,主持社务会,还参加演讲活动等。实际上,在年会开始前,他就做了大量细致烦琐的、事务性的协调工作,确保了中国科学社年会的顺利召开。如 1923 年杭州年会之前,他就会议的时间、地点、议程、主持人、演讲人及交通住宿等事宜,与杨杏佛等人商议:"年会日期勿全排在暑校期中,以免办事人不便。年会委员长为谁? 请示⋯⋯在杭州举行年会人数多,非有得力委员长不可,藕舫如何?"之后又致信杨杏佛:"年会日期暂定八月十日至十四日,会程已寄杭;只待宿舍解决。已请张君谋预备论文及讲演。"②中国科学社年会的召开不仅为科学工作者提供了相互进行学术交流的机会,而且扩大了中国科学社的知名度。从 1934 年开始,陆续有中国植物学会、中国动物学会、中国地理学会、中国工程师学会、中国化学会等专门的科学团体参加中国科学社年会,至 1936 年,中国科学社同中国植物学会、中国动物学会、中国地理学会、中国数学会、中国物理学会、中国化学会等 7 个科学团体召开联合年会,集中了当时中国科学界的大部分精英,真可以称得上是中国的科学大会。

3. 筹建中国科学社生物研究所

任鸿隽强调中国科学社不仅是宣传科学的机关,同时也是科学研究的场所,他立志:"我们要使科学成为中国学术的一部分,同时也求中国于科学

---

① 中国社会科学院近代史研究所中华民国史研究室编:《胡适来往书信选》(上册),中华书局香港分局,1983 年版,第 253 页。

② 杨小佛:《记"中国科学社"》,载《中国科技史料》,1980 年第 2 期。

上有所贡献","我们科学社的宗旨,不但是要做提倡科学机关,而且要做一个实行研究的团体"。① 早在中国科学社第一次年会召开时,他就曾设想过中国科学社的未来,"外观虽不甚华丽,里面却宽敞深富……其中有图书馆,有博物馆。其余则分门别科,设了几十个实验室。请了许多本社最有学问的社员,照培根的方法,在实验室研究世界上科学家未经解决的问题"②。生物研究所的成立就是这种思想的直接产物。任鸿隽等人起初计划建设三个研究所,即生物研究所、理化研究所和工业研究所,但由于经费及设备等种种原因,只能集中力量支持秉志等人创办生物研究所。它是中国第一个由民间团体创建的研究机构,首开中国现代生物学研究之先河。

为使生物研究所的研究事业顺利进行,任鸿隽四处筹措经费,加入"中基会"后,更是为争取赞助经费出了不少力,张孟闻后来回忆:"任鸿隽当时任中华教育文化基金会的执行董事,对生物研究所的常年资助尽力扶持,因此,生物研究所的经费不甚窘迫。"③该所在"中基会"的大力资助下迅速发展,聚集了大量的科研人才,如秉志、胡先骕、钱崇澍、陈桢、胡焕镛、张景钺、戴芳澜等;培养出了一大批优秀人才,如王家楫、伍献文、郑集、方文培、张春霖、王希成、张孟闻、刘咸、卢于道等,他们大多成为中央研究院和中国科学院动植物研究方面的中坚力量;在科研成就方面,生物研究所主要在动植物的调查、采集和分类学,植物形态学、生态学,动物形态学、解剖学、组织学、遗传学和动物行为,动物生理学,生物化学等方面进行研究,自1925年开始,用英文丛刊的方式来刊载研究人员的调查报告和研究论文,共发表论文集28卷,另有研究专刊2本。与此同时,还与国内外学术研究机构进行刊物交换,共约有800人左右,以至"世界各国几无不知有这样一个研究所"④。北平静生生物调查所、中央研究院动植物研究所等相近的生物学研究机构都是在中国科学社生物研究所的基础上建立起来的。因此,中国科

① 《中国科学社第八次年会纪事·任鸿隽社长开会词》,载《科学》,1923年第8卷第10期,第1108页。
② 樊洪业、张久春选编:《科学救国之梦——任鸿隽文存》,上海科技教育出版社、上海科学技术出版社,2002年版,第105页。
③ 张孟闻:《中国科学社略史》,见政协全国委员会文史资料研究委员会编《文史资料选辑》(第92辑),中国文史出版社,1984年版,第79页。
④ 樊洪业、张久春选编:《科学救国之梦——任鸿隽文存》,上海科技教育出版社、上海科学技术出版社,2002年版,第7页。

学社生物研究所为中国生物学的建立和发展作出了重要贡献。这其中我们不得不提到任鸿隽对生物研究所的倡导和扶持作用。

但是,从前面的论述中,可以看出任鸿隽与其他学科科学家的科学活动有显著的不同,他并没有从事某个具体学科的科学研究活动,而是退居幕后,成为科学家从事科研活动的推进者和管理者。究其原因,这主要与其独特的科学思想有关。下面先来谈谈他的科学思想形成的过程。

二、任鸿隽科学思想的形成及转变原因

(一) 科学思想的形成

受所处时代和社会以及自身教育经历的影响,任鸿隽的思想主要经历了两个阶段。

1. 革命救国阶段(1904—1912)

1904年,任鸿隽考入重庆府中学堂师范班。这所学堂是四川省第一所新式学校,开设了国文、算学、英文等课程。正是在这里,他接受了青年老师杨白沧的影响而萌发了革命思想。他曾回忆:"杨先生年最少,来较晚,吾虽不获直接从事问学,然先生慷慨好谈国事,隐然以革命为青年领导。吾尤好从杨先生游,故吾之革命思想亦于此植其基矣。"[①]1907年,不满现状的任鸿隽与朋友前往中国公学求学。该校是由1905年反对取缔斗争而集体归国的留日学生创办的,其革命氛围相当浓烈。他积极参与和讨论革命与救国等问题,据民主革命家杨杏佛回忆:"课余喜与同学张奚若、任鸿隽等在江边堤道上散步,边吃花生,边谈时事,流露出向往革命,推翻清王朝的心情。"[②]1908年初,受到留日潮的影响,他东渡日本,并于次年考入东京高等工业学校应用化学专业学习。他坦言,之所以选择学习应用化学,其目的就是要制造炸弹,服务革命事业。留日期间,他读书不忘救国,在刻苦学习的同时,还积极参加革命活动。后经朱蒂煌、但懋辛介绍,他加入中国同盟会,并担任四川分会书记、会长等职位。他说:"吾此时之思想行事,一切为革命二字所

---

① 任鸿隽:《五十自述》,见樊洪业、张久春选编《科学救国之梦——任鸿隽文存》,上海科技教育出版社、上海科学技术出版社,2002年版,第678页。

② 杨小佛:《杨杏佛事略》,载《人物》,1982年第1期。

支配,其入校而有所学习,不能谓其于学术者所企图,即谓其意在兴工业,图近利,仍无当也。"①

1911 年 10 月 10 日,武昌起义爆发,任鸿隽的革命思想随着时局的发展而达到高潮。在得知起义胜利的消息后,他旋即放弃学业,由东京返回上海,投入到革命事业中。几经辗转,他在南京临时政府的秘书处任职,负责起草文告,曾为孙中山草拟《告前方将士文》、《咨参议院文》等文稿。然而,时局的变化改变了他的想法。袁世凯很快便窃取了革命的果实,原以为回国后可以轰轰烈烈地有一番作为,但最终却无用武之地。几经考虑,他和杨杏佛等人提出留学申请,希望由政府资助有志青年出国留学,以便更好地建设新国家。他的申请计划得到孙中山的支持,南京临时政府通过此项提议,并交由稽勋局全权负责。因此,人们又把这次留学活动称之为稽勋留学,得到资助的留学人员则被称为稽勋留学生。他则幸运地成为首批稽勋留学生,并被指定派往美国留学。从此,他的人生出现新的转折,由"革命救国"的理念开始向"科学救国"转变。

2. 科学救国阶段(1913—1961)

1913 年,任鸿隽前往美国留学,进入康奈尔大学文学院主修应用化学。他之所以还是选择化学,已不再是为了制造炸弹搞革命,而是为了学习化学建设国家。此后,他又先后到哈佛大学、麻省理工学院和哥伦比亚大学进一步深造,比较系统地接受了西方的科学教育,阅读了大量科学著作,如彭加勒的《科学的基础》、皮尔逊的《科学的规范》等。通过系统的学习和亲身感受美国的快速发展,他深感科学对一个国家发展的重要作用,因而萌生了"科学救国"的思想。于是,1914 年,他与同人在康奈尔大学共同创办了《科学》杂志。次年,他们便在《科学》杂志的基础上成立了中国科学社,他被推举为中国科学社社长,这是其救国思想的重大转折点,此后任鸿隽便穷其一生致力于"科学救国"的伟大事业。

1918 年,他学成回国后,更是以发展中国的科学事业为己任,倡导"科学救国",始终活跃于科学界与教育界。他领导中国科学社同人发起了"五万元基金",为中国科学社的发展奔走呼唤。与此同时,他与科学社同人一

---

① 任鸿隽:《五十自述》,见樊洪业、张久春选编《科学救国之梦——任鸿隽文存》,上海科技教育出版社、上海科学技术出版社,2002 年版,第 679 页。

起编辑、出版《科学》杂志、参加科学演讲、科学社年会、参与创建生物研究所等，拓展中国科学社的科学体制化事业。1925 年 9 月，为了帮助中国科学社和中国科学事业的发展，他还加入了"中基会"，以高度的社会责任感和使命感，积极规划中国科学发展的方向。他通过积极培育优势学科，扶持有一定基础的机构，资助有学术声望的科学家等方法，实行了经费使用的最大化，有效地推动科学的发展。1935 至 1937 年间，他因担任四川大学校长，一度离开了"中基会"，但是很快地又回到"中基会"继续从事科学管理工作，直至 1949 年"中基会"到台湾，他才最终离开。但是，他心系科学，新中国成立后，他念念不忘的依然是中国科学的发展和国家的富强。

（二）从革命家转变为科学事业家的原因

1. 独特的留学经历

从以上任鸿隽科学思想的形成过程来看，其思想核心是救国图存，充分体现出一个知识分子爱国救国的社会责任感和使命感：他参加革命是想推翻腐败的清王朝，建立独立的民主共和国；他主动要求出国留学是想学习西方国家先进科学知识，建设富强的现代化国家。事实上，正是因为留学经历，他亲身体验到了科学文化带给西方社会翻天覆地的变化，才最终促成其科学救国思想的形成。

任鸿隽留学美国期间，正是美国因科学技术的发展而走上康庄大道的大发展时期。处于上升时期的美国因第二次工业革命而搭上经济高速公路的快车，"19 世纪末 20 世纪初，美国的工业化已基本完成，美国开始由农业国转变为以重工业为主导的工农业国"[①]。由此，20 世纪初美国一跃成为世界头号强国，也成为当时高科技的研究中心。在那里，有大量的科技人员、充足的研究经费和先进的研究设备，这些优越的科研环境为美国的经济和社会的发展锦上添花。此外，因科学技术的进步而带来的经济的高速发展，对美国而言，影响不仅仅是经济上的，这种繁荣景象也给人们带来心理上的变化，美国社会中充满着乐观进取的精神。相比较于西方国家一日千里的繁荣景象，中国的现代科学事业基本上一片荒芜。维新时期有一批自然学会相继建立，但是随着政局的变化，它们大多旋起旋落，影响不大。其

---

① 吴于廑、齐世荣主编：《世界史·近代史编》(下卷)，高等教育出版社，2001 年版，第 239 页。

后又有张相文于1909年创建的中国地学会、1913年詹天佑创建的中华工程师学会等松散的团体,但作用有限。正统的科学教育的训练,日常的衣食住行的亲身感受,使任鸿隽逐渐认识到西方国家近代真正发达的原因是科学技术的发达,三四百年前西方国家没有科学所以不发达,而中国现在的落后也恰恰是因为没有科学。这种巨大反差使他认识到科学在国家和社会发展中的重要作用,他惊呼:"继兹以往,代兴于神州学术之林,而为芸芸众生所托命者,其唯科学乎,其唯科学乎!"①

2. 当时科学的发展缺乏国家和社会的扶持

近代科学技术是一个大工程,需要很多学者、工程师以及熟练工人进行有组织地分工合作,而且需要国家和企业的长期投资,或者有专门的研究组织和机构予以支持。但是,20世纪20年代任鸿隽所处的社会环境却不利于中国科学事业的发展。

当时军阀连年混战,国家处于割据状态,导致政府对科学事业的投入少。1912年,南京临时政府成立。然而,革命成果很快被袁世凯窃夺。1916年,袁世凯去世后,各派系之间经常为地盘争斗不已,中国社会陷入军阀混战的局面。连年的混战,不仅给人民的生活和工农业生产带来极大的破坏,而且连年的战争也需要大量的军费开支,这势必影响其他领域活动的正常开展。如北洋政府财政部的年度岁入岁出预算表,军费开支始终位列第一,成为每年年度岁出预算的重头戏,而相比较而言,教育经费则少之又少,如1919年度国家预算总案中,军费占51%,教育经费占2%②;而1924年度,军费占68%,教育经费占1.6%。③ 这足以证明当时政府对于教育文化事业的不重视。20世纪二三十年代国家动荡不安,即便是北京大学教授也难以静坐书斋,更不要谈学术研究了。1928年7月28日,心理学家汪敬熙在给好友胡适的信中写道:"回国后已一年零两个月了。这个长时间之

① 《〈科学〉发刊词》,见樊洪业、张久春选编:《科学救国之梦——任鸿隽文存》,上海科技教育出版社、上海科学技术出版社,2002年版,第18页。
② 中国第二历史档案馆编:《中华民国史档案资料汇编》(第三编)财政(一),江苏古籍出版社,1991年版,第603—604页。
③ 中国第二历史档案馆编:《中华民国史档案资料汇编》(第三编)财政(一),江苏古籍出版社,1991年版,第737—738页。

内,熙在广州真是饱经变乱。"①在这一年多的时间内,汪敬熙撰写了一篇关于流电皮肤反射的研究报告,并正在做第二篇报告,另外,还有 3 篇酝酿着的报告。在回顾这些成绩时,他感叹:"熙以为这些成绩既不多,也不见得好,但是在多事的中国,回国后一年就可以有这些结果,也颇足以自豪。"②由此可见,在当时的中国搞科学研究是一件很辛苦的事业。

此外,社会各界对科学认识不足,也是导致社会对科学赞助少的原因之一。任鸿隽刚回国时,与人言科学,却发现:"顷者身入国门,与父老兄弟相问切,然后只承学之士,知科学为何物者,尚如凤毛麟角。"③当时中国民众的科学意识可见一斑。民国著名学者翁文灏也指出:"民国以前,国人之言学者,只知言译外国之成说,而不知自图新鲜之贡献;只知重路矿枪炮之造作,而不知为自然真理之探求;偶有科学名著之译印,如天演论等书,亦不过供文士揣摩抄袭之资料,而未有以为实际观察试验之针导。当此之时,诚可谓未尝自有科学。"④1923 年的"科玄论战",虽然科学派占了上风,使得科学"在国内几乎做到了无上尊严的地位"⑤,但是,这些争论只是纠缠于科学的价值层面,对于如何发展科学的主张并不多。而中国的民族经济在第一次世界大战期间虽然出现过短暂的"春天",但是发展较快的却是技术含量较少的面粉业和棉纺织业,因而民族资本家对科学技术的投入不多。即便是社会名流对科学也是言辞的热心多于实际的支持。这种状况给科学事业的开展带来了不利影响。这对于急切想发展中国科学事业的任鸿隽来说,是时刻都必须面临的挑战。

3. 任鸿隽主观选择的结果

首先,任鸿隽有一定的社会组织和宣传能力。在《科学》杂志 9 位创办人中,秉志、金邦正、赵元任、过探先、胡明复、周仁、章元善都是通过考选赴

---

①　中国社会科学院近代史研究所中华民国史研究室编:《胡适来往书信选》(上册),中华书局香港分局,1983 年版,第 488 页。

②　中国社会科学院近代史研究所中华民国史研究室编:《胡适来往书信选》(上册),中华书局香港分局,1983 年版,第 489 页。

③　《科学概论·初版弁言》,见樊洪业、张久春选编:《科学救国之梦——任鸿隽文存》,上海科技教育出版社、上海科学技术出版社,2002 年版,第 190 页。

④　翁文灏:《如何发展中国科学》,见《翁文灏选集》,冶金工业出版社,1989 年版,第 181 页。

⑤　胡适:《科学与人生观序》,见季羡林主编《胡适全集》(第 2 卷),安徽教育出版社,2003 年版,第 196 页。

美的庚款生,年龄尚浅,能力与经验不足。任鸿隽和杨杏佛两人在赴美前加入同盟会,从事过一些革命活动,也曾担任过南京临时政府总统秘书,为孙中山起草文稿并协助处理政务,具有一定的组织和宣传活动的工作经验和能力;且任鸿隽因年纪稍长,有一定的声望,而且本人愿意从事这项事业,因而自然成为这个群体的领军人物。

其次,他也试图教育救国、实业救国,但最终都没有成功。他对一些留学生学成回国后却无事可做的现象感到不满:"近来闻见所及,知留学归国者多无事可做,其毫无实际,徒籍留学生头衔博衣食者无论矣,亦有专门人才,学问过人(如陈茂康、傅有同等),归国后或赋闲居,或返美国读书,似乎吾国费时伤财好容易造就的几个人才,其结果不委之沟壑,即驱逐邻国,而国内放着无数事业,反无人去办,吾实痛之。"①因此,1918 年秋,任鸿隽学成回国后,决意用一年的时间调查国内各方面的情形,然后希望"办出一件新事业"来。在进行了一段时间的社会考察后,1919 年他曾一度决定实业救国,并计划在四川筹建钢铁厂,为此还到美国考察并购买了机器,后因战乱及人员更迭而作罢。之后,他投身教育界,在北京大学、东南大学等执教,期间还曾担任北京政府教育部专门教育司司长等,后因种种原因放弃教书工作。

第三,任鸿隽的社会活动能力强,有一定的人脉资源。在从事求学及革命活动期间,他已结交了章太炎、蔡元培、范源濂、胡适等社会名流,这些社会关系成为他之后发展中国科学社的重要人力资源。1920 年,秋北京政府教育总长范源濂曾邀请他到教育部担任教育部专门教育司司长一职,后范源濂因故离职,任鸿隽也随之辞职。因此,范源濂对他的能力有相当的了解,才有了后来邀请他加入"中基会"的想法。

第四,"中基会"关于发展中国教育和文化事业的宗旨与任鸿隽的科学发展的想法不谋而合。回国后的种种生活境遇使其对中国社会的实际状况有了更深切的体会。他认为,发展科学最重要的是科学研究,但是当时社会可以进行科学研究的机会甚少,而且他从社会发展的层面对中国的科学发展的理解有一套自己的想法和思路,但因缺乏资金而无法施展。"中基会"

---

①② 中国社会科学院近代史研究所中华民国史研究室编:《胡适来往书信选》(上册),中华书局香港分局,1983 年版,第 16 页。

在筹建时便确定了要以发展中国教育文化事业为宗旨,因而"中基会"的成立为其"科学救国"的抱负提供了极好的施展舞台。

于是,当1925年6月范源濂向他发出邀请的时候,任鸿隽考虑再三,决意放弃自己的专业研究,加入"中基会"。7月23日,他在致胡适的信中表示:"此事若能开办,我想决计就他,因为此事(一)与吾国学术前途颇有关系;(二)与当今政界、教育界关系较少,倒觉干净。"①9月,他举家北上,正式加入"中基会",转而以科学事业家的身份践行其"科学救国"的理想。

三、任鸿隽科学思想的主要内容

任鸿隽由"革命救国"转向"科学救国",是与当时的中国社会发展潮流相符合的。但是,他又与竺可桢、茅以升、秉志等科学家的科学实践不尽相同,并没有从事自己的专业研究,而是为了中国科学事业的顺利发展,选择了科学管理者和推进者的角色。这很大程度上与其独特的科学思想有关。有关他的科学思想散见于他的诸多文章中,下面就以他的中西科学观为视角,阐述其对中西方科学的看法以及发展中国科学事业的观点,他的科学思想可以概括为科学本体论、科学移植论、科学管理论和科学教育论四个方面。

(一)科学本体论

关于科学,任鸿隽有自己的主张。他最早认为:"科学者,智(知)识而有统系者之大名。就广义言之,凡智(知)识之分别部居,以类相从,井然独绎一事物者,皆得谓之科学。自狭义言之,则智(知)识之关于某一现象,其推理重实验,其察物有条贯,而又能分别关联抽举其大例者谓之科学。"②这是近代以来对科学最早、最完整的定义,也是较为接近现代意义上的科学概念。1926年,他又进一步概括为:"科学是根据于自然现象,依论理方法的

① 中国社会科学院近代史研究所中华民国史研究室编:《胡适来往书信选》(上册),中华书局香港分局,1983年版,第343页。

② 《说中国无科学之原因》,见樊洪业、张久春选编:《科学救国之梦——任鸿隽文存》,上海科技教育出版社、上海科学技术出版社,2002年版,第19页。

研究,发见其关系法则的有统系的智(知)识。"①在他看来,首先,科学要有系统的知识;其次,科学研究应该遵循一定的方法;再次,科学的对象是自然界的现象。因此,任何片段的发明、偶然的发现和文学、哲学的法则,都不能称之为科学。简言之,在任鸿隽的概念中,科学即等于自然科学。而且,他所感受到的近代科学不止是书本上的科学,它首先是实验科学,"作者习普通化学者数矣,初于吾国,继于日本,继于美,唯美有实验。吾国姑弗具论,日本专科化学有实验室,而普通化学无之。彼盖以为是浅近之事实,可于书籍中求之,可于想象中求之,然去科学精神也远矣"②。因此,他强调西方近代科学是实验科学,而科学研究是西方近代科学的核心,也是科学发达的关键之所在。

任鸿隽特别强调科学方法和科学精神。他认为,要了解科学首先要了解科学方法,"科学之所以为科学,不在它的材料,而在它的研究方法"③。他宣称,只要运用科学的方法,进行严密而系统的研究,任何一门学科都可以称为科学。科学的方法有两种,一是演绎法,二是归纳法。虽然他认为:"二者之于科学也,如车之有两轮,如鸟之有两翼,失其一则无以为用也。"④但相比较而言,他更推崇归纳法。他认为归纳法是研究科学的必要条件,是通向科学的正确途径。此外,他指出,科学的产生,除了研究自然界的现象,重视科学的方法,还有一点很重要,那就是科学精神的支持。物质层面的可以通过贩运而得到,而非物质层面的却不是靠贩运能得来的。所谓"非物质层面的"所指就是科学的精神。而科学精神就是追求真理,其要素包括:崇实、贵确、察微、慎断、存疑。这 5 种精神是科学研究者必备的素质,缺一不可。

由上可知,任鸿隽的科学观是建立在西方近代科学的基础上的。他的科学思想受到当时在欧美国家盛行的逻辑实证主义思潮的影响。逻辑实证

---

① 《科学的起源》,见樊洪业、张久春选编:《科学救国之梦——任鸿隽文存》,上海科技教育出版社、上海科学技术出版社,2002 年版,第 323 页。

② 《西方大学杂观》,见樊洪业、张久春选编:《科学救国之梦——任鸿隽文存》,上海科技教育出版社、上海科学技术出版社,2002 年版,第 111 页。

③ 《智(知)识的分类及科学的范围》,见樊洪业、张久春选编:《科学救国之梦——任鸿隽文存》,上海科技教育出版社、上海科学技术出版社,2002 年版,第 348 页。

④ 《说中国无科学之原因》,见樊洪业、张久春选编:《科学救国之梦——任鸿隽文存》,上海科技教育出版社、上海科学技术出版社,2002 年版,第 21 页。

主义是由 20 世纪 20 年代末维也纳学派发展而来的,30 年代成为西方科学哲学的主流学派。他们认为自然科学从可观察的经验出发,通过中立的观察、实验,并通过归纳逻辑推导出真理。他们的观点强调客观因素有其合理之处,但同时,我们也要看到他们将客观事实模式化、简单化了,并不能完全反映事物发展的规律。任鸿隽的科学思想也存在这一缺陷,他把科学概念简单化,偏重自然科学,轻视社会科学,过多强调归纳方法而忽视演绎方法。事实上,科学既包括自然科学也包括社会科学,归纳法与演绎法之于科学研究都是必不可少的方法。但是,他的观点在当时的社会背景下,还是具有一定进步意义的。在《发刊词》一文中,他首次对科学作出界定,并将科学提升到学术研究的高度。樊洪业研究员指出:"'科学'一词,自从 1897 年由康有为把日文汉字转变为中国文字之后,走到任鸿隽这里,才算是得以正名。"①

同时,任鸿隽关于科学的定义有助于国人对科学的正确认识。"五四"时期,国人对科学的认识空前提高,科学的地位也有了质的飞跃,但是国人对科学的理解仅侧重价值层面。罗志田教授认为:"思想学术的泛科学化是 20 世纪中国的一个显著特征,其结果是'科学'变为象征和'口头禅',在一定程度上反与具体学理上的科学研究疏离,这样的异化现象在最提倡科学的'五四'时期已有明显反映。"②相对于"五四"时期国人对科学的泛化理解,任鸿隽对科学的解释基本上反映了西方科学的本质。他认为科学是一种知识体系,同时,他还深刻体会到科学不仅是专门的科学知识,还包括科学方法、科学精神,西方科学的真谛在于它是整体的科学。他甚至还认为,近代科学是西方文明的源泉,有了它,西方社会才起了一个大的变化。而中国近代之所以停滞不前是因为缺乏科学。因此,他极力主张引进西方的近代科学,以促进国家的繁荣和社会的发展。今天看来,任鸿隽的这种认识仍可谓一语中的。

---

① 樊洪业:《编者前言》,见樊洪业、张久春选编《科学救国之梦——任鸿隽文存》,上海科技教育出版社、上海科学技术出版社,2002 年版。
② 罗志田:《从科学与人生观之争看后"五四"时期对"五四"的基本理念的反思》,载《历史研究》,1999 年第 3 期,第 23 页。

（二）科学移植论

任鸿隽认为，"科学为近世西方文化之本源"①，他甚至认为科学是西方近300年演变的结果。换言之，从1630年弗兰西斯·培根的《新工具》开始，经过笛卡儿、伽利略、牛顿等人发展，才有了近代的科学，才有了西方近代社会的发达。反之，中国虽然拥有光辉灿烂的古代文明，但近代以来却落后，其根本原因是缺乏科学。作为一个近代科学思想的热心传播者，他没有从社会学和政治学的角度去考察中国封建落后的思想根源和政治制度，这是其认识上存在的局限性。但是，他对科学方法的认识却散发出理性的光辉。在他看来，"所谓科学者，非指化学、物理学或生物学，而为西方近三百年来用归纳方法研究天然与人为现象所得结果之总和。"②他指出，虽然科学的应用体现在物质上的发现和创造上，但是科学本身却只是一种学术思想的系统，所以说，我们必须把科学的根本移植过来，"方能使科学成为我们学术思想的出发点，方能使科学与其应用在我国发荣滋长"③。任鸿隽认为中国之所以没有科学，根本在于没有科学的方法。他认为，近代科学在很大程度上是方法的科学，而方法是可以借鉴和运用的。这样，他将科学比喻成一粒种子，种子是可以移动的。因此，他指出科学其实是可以移植的。他认为，"我国自古以来没有科学，可以证明我们没有科学的种子，但不能证明我们没有适宜于科学的土地与养料"④。科学的种子，虽然萌芽于西方社会，但它可以培养移植于世界任何地方，只要有适宜的土地与养料就可以了。在他看来，适合的土地，"自然是指一般民主的智（知）识程度"，而所谓营养料，"自然是指社会上对于科学的信仰与扶助——合一般人众对于为学治事的态度在内"⑤。这样，他从理论上解释了关于引进西方近代科学之必要以

---

① 《科学精神论》，见樊洪业、张久春选编：《科学救国之梦——任鸿隽文存》，上海科技教育出版社、上海科学技术出版社，2002年版，第68页。

② 《五十自述》，见樊洪业、张久春选编：《科学救国之梦——任鸿隽文存》，上海科技教育出版社、上海科学技术出版社，2002年版，第683页。

③ 《中国科学社三十周年纪念暨十科学团体联合会开会词》，见樊洪业、张久春选编：《科学救国之梦——任鸿隽文存》，上海科技教育出版社、上海科学技术出版社，2002年版，第572页。

④ 《评国联教育考察团报告》，见樊洪业、张久春选编：《科学救国之梦——任鸿隽文存》，上海科技教育出版社、上海科学技术出版社，2002年版，第461页。

⑤ 《答闵仁先生》，见樊洪业、张久春选编：《科学救国之梦——任鸿隽文存》，上海科技教育出版社、上海科学技术出版社，2002年版，第475页。

及科学引进之方法和内容。

虽然任鸿隽将科学简化为科学的方法，即归纳的方法，有其偏颇之处，但是，他的科学移植论在当时看来无疑是具有进步意义的。历史进入 20 世纪，当人们从"向西方学习"转向"学什么"，并展开热烈讨论"什么是科学"时，任鸿隽已经开始从理论上对如何引进科学作出了解释。他对近代以来国人对西学过度的褒贬表示不满，主张应该从理性和学术的角度看待和引进科学。同时，他进一步指出，科学是一个完整的学术思想体系。只有通过整体地引进科学，才能把握科学的真谛。否则，零散地引进西方近代科学，其结果只能是事倍功半。他的整体引进的主张，改变了以往杂乱零碎的做法，有利于中国现代科学事业良性的发展。"科学"正是在任鸿隽及几代科学家的共同努力下，才得以在中国大地上生根、发芽、开花和结果的。

（三）科学管理论

科学的本质是进行科学研究。只有进行科学研究才能建立属于中国自己的科学事业。科学的成功完全是集体智慧的结晶，它需要众多学者的交流与合作，所以需要聚会讨论；科学需要实验室，所以需要设备与经费。这些科学发展的条件，在当时的中国是缺乏的。因此，如何营造科学的氛围，为有希望的科学家提供科学研究的机会，进而创建中国的科学事业，一直是任鸿隽思考的主要问题。通过考察中国的社会，他探索出一条适合中国科学事业发展的道路。他的科学管理思想可概括为以下几点。

1. 建立科学研究机构是建立中国科学事业的有效途径

他认为科学研究是发展科学事业的重要途径。他是学科学出身的，他深知科学必须是从实验室里做出来的。与外国科学社相比较而言，缺乏科学研究机构是当时中国科学的薄弱环节。科学的发展是以研究所为支撑的，如果没有研究所，那么科学研究则无从谈起。所以，中国要发展真正的科学事业就必须重视科学研究机构的建设。事实上，他所领导的中国科学社的发展方向即是其思想的具体实践，他在致胡适的信中坦言："研究的事业，自然是科学社最应该注重的。……生物研究所就是向这条路上走去，不过时间还不多，我们要问他们拿成绩来看，似乎还早一点。

但是这一点,也是只可为知者道,难为外人言的。"①实践证明,任鸿隽的观点是正确的,在中国历史上不仅科学没有得到应有的发展,而且由于小农经济社会的影响,缺乏科学组织。因此,要发展中国的科学事业,必须建立配套的科学机构。

2. 科学组织的建立是科学事业发达的重要保障

如果说科学精神和科学方法是科学种子的话,那么,科学组织则是培养幼苗茁壮成长的空气与土壤。科学事业是一项需要扶持的产业,必须要有有效的组织和机构为它提供设备、资金及科研场所。专业的科学组织可以对各项科学事业进行规划和管理,通过对经费、人员及其设备进行合理的统筹安排,以求最大限度地合理分配资源,保证科学事业的顺利开展。这样不仅有利于开展各项科学活动、宣传科学知识、普及科学思想,还可以为科学工作者提供学术研究与交流的平台,进而营造良好的科学氛围。任鸿隽断言:"盖科学之为物,有继长增高之性质,有参互考证之必要,有取精用宏之需求,皆不能不恃团体以为扶植。"②

3. 运用优先原则来推进中国的科学事业的发展

科学是一项高投入的事业,但当时的社会正处于动荡时期,对于科学的投入有限。任鸿隽深知,以有限的资金是无法资助中国全部科学事业开展的,要有所取舍,重点发展某些领域不失为一个有效的发展捷径。针对中国的国情,在科学发展的着力方面,他提出了科学发展的次序问题:"第一,地方的科学研究;第二,普通的科学研究。我们固不能说研究第一类的科学问题,便把第二类的科学问题完全置诸脑后,但大概说来,注意的先后,是应该如此的。"③因此,他着力提倡地质学和生物学的研究事业。中国科学社生物研究所即是这一思想的产物。

今天看来,任鸿隽的这一思想可能缺乏全局性,但是,在当时内忧外患的情况下,却不失为一个有效的方法。他的优先发展地方科学的思想是根

① 中国社会科学院近代史研究所中华民国史研究室编:《胡适来往书信选》(上册),中华书局香港分局,1983年版,第266页。
② 《中国科学社之过去及将来》,见樊洪业、张久春选编:《科学救国之梦——任鸿隽文存》,上海科技教育出版社、上海科学技术出版社,2002年版,第281—282页。
③ 《泛太平洋学术会议之回顾》,见樊洪业、张久春选编:《科学救国之梦——任鸿隽文存》,上海科技教育出版社、上海科学技术出版社,2002年版,第381页。

据中国当时的社会发展状况而提出的权宜之计。在有限的时间和经费的情况下,因地制宜、重点突破比全面发展更有成效,而且中国地大物博,发展地方科学有一定的优势。当时的事实证明,生物学科和地质学科都取得了优异成绩,因此,"20 年代开始以后的第一代科学研究者在地质学和生物学两学科上成绩尤为突出,本土化完成得最好的也是这两个学科"①。

4. 科学教育论

科学教育程度的高低是衡量国家文明程度的重要标准之一。通过演讲宣传,开展科学活动对中国科学事业的发展有一定的推动作用,但从长远来看,科学教育则是提高国民科学素质的有效途径。因此,任鸿隽很早就意识到科学教育对中国社会发展的重要作用。他尤其注重对人们科学观念的培养。他认为:"科学于教育上之重要,不在于物质上之智(知)识而在其研究事物之方法;尤不在研究事物之方法,而在其所与心能之训练。"②通过学习科学知识,从观念上改变人们对科学的误解,有助于科学的传播,也有助于摒弃反科学及迷信的做法。同时,他充分意识到科学教育与社会的互动关系。在他看来,"所谓科学教育,其目的是用教育方法直接培养富有科学精神与知识的国民,间接促进中国的科学化"③。他指出,中国要实现现代化,首先要实现中国科学化,而要实现中国的科学化,就必须重视科学教育。首先,通过科学教育,可以培养科学精神、掌握科学方法和科学知识。其次,通过科学教育,可以培植先进的技术人才,储备大量的科技生力军。第三,通过科学教育,可以提高科学文化的水准。各行各业的人才都具备了一定的科学素养,可以提高整个民族的科学素养。所以,他断言,科学教育是实现"科学化运动的捷径,也是科学化运动的大道"④。

应该指出,科学教育不是一蹴而就的,科学教育必须经过长期的发展才能产生社会效应。但是,正如任鸿隽所说,科学教育是发展中国科学事业的

---

① 段治文:《中国现代科学文化的兴起(1919—1936)》,上海人民出版社,2001 年版,第157 页。

② 《科学与教育》,见樊洪业、张久春选编:《科学救国之梦——任鸿隽文存》,上海科技教育出版社、上海科学技术出版社,2002 年版,第 67 页。

③ 《科学教育与抗战建国》,见樊洪业、张久春选编:《科学救国之梦——任鸿隽文存》,上海科技教育出版社、上海科学技术出版社,2002 年版,第 547 页。

④ 《科学教育与抗战建国》,见樊洪业、张久春选编:《科学救国之梦——任鸿隽文存》,上海科技教育出版社、上海科学技术出版社,2002 年版,第 549 页。

根本途径,只有培养大量的科技人才,从观念上改变人们对科学的看法,认识它、接受它、研究它,才能真正建设、发展中国现代科学事业,才能实现社会科学化的目标。

由此可见,任鸿隽的科学思想是一个完整的系统。它包括科学本体论、科学移植论、科学管理论和科学教育论。四者是相互关联的一个整体,其核心是通过引进西方近代科学,建设、发展中国的现代科学事业。他希冀通过将西方科学的种子移植到中国,并促使它发芽、开花,长成参天大树,发展中国的现代科学事业。当然,他的科学思想在不同的阶段是各有侧重的。早期,他偏重科学传播,大力宣传科学的本义、方法和精神,希望国人对科学有一个正确的认识。而后他注重和提倡科学研究,并为创造适宜的科学研究的环境而奔波不息,在这一阶段,他尤其重视科学教育对整个社会的影响。他认为科学教育可以间接促进科学社会化的进程,因而他主张通过改变国人的整体科学素质来促进中国的科学文化事业的发展,进而促进中国社会的全面进步。任鸿隽的科学思想是符合时代发展潮流的。对于如何引进西学发展中国,在任鸿隽之前虽然已有一些探讨,但不同以往的是,任鸿隽独特的贡献在于引进西方的内容及其方法。他不仅明确提出学习西方近代科学,将科学提升到学术研究的高度,而且,他从理论角度解决了应该如何引进近代科学的问题,提出了要整体地引进科学,要学习科学方法和科学精神。这正是他超越前人的贡献。他用自己的方式践行了"科学救国"的主张,创造性地提出整体移植西方近代科学,并义无反顾地投身建设中国现代科学事业中。他倡导发展地方科学,集中力量办实事,促进优势科学的建立和科学成果的早日产生。这一观点的提出和贯彻实施,从一定程度上促进了中国现代科学事业的发展,如中国的地质学和生物学两门学科即在此影响下得到迅速发展的,并为中国学术界赢得了世界性的声誉。

从任鸿隽与中国科学社的活动和贡献,我们想到,科学是人类智慧的结晶,是推动社会生产力不断发展的有力杠杆,但是,科学本身的存在和发展不仅仅需要理论的指导,而且需要制度的保障。如果两者缺一,科学的发展就会受到严重的阻碍。西方近代科学正是在两者的保驾护航之下得到充分发展的,激动人心的科学发现接踵而至,西方社会也因此呈现出高度繁荣的景象。不幸的是,相比较西方科学,中国对科学认识的历史是相当粗浅的。在近代中外科技交流中,洋务运动时期的知识分子对于科学的传播是被动的、零散的和片面的。他们缺乏对科学的整体认识,缺乏对科学的整体规划,缺乏对科学的主动探求,他们所追求的科学侧重点是技术层面的。戊戌变法时期的知识分子虽然大张旗鼓地倡导科学,但是,他们不能触及科学的本来含义,不能致力于真正的科学研究,不能独立地发展科学事业,其落脚点是社会政治领域,这必然影响科学在中国的发展。但是,以任鸿隽为主要代表的"五四"前后的中国第一代科学家及其所开创的现代科学时代,则比以前有了质的飞跃。他们不仅洞悉清末民初中国的科学现状,也深知封建帝制结束后中国的政治和社会现实,还认识到西方科学发展的实际和物质文明的巨大进步。正是在此背景下,他们通过自身的努力成为中国第一批现代意义上的科学家。也正因为如此,任鸿隽能够在前人的基础上,通过对中西方科学和社会现实的对比,在科学的本质认识、在寻求科学发展的制度化和合理化方面作出了超越前人的贡献。"五四"时期,虽然学术界高举"科学"和"民主"两面旗帜,但大多是口号,"真正脚踏实地地引进和传播科学的,主要是中国科学社及其《科学》杂志"①。正是在任鸿隽及其同人的共同努力下,中国科学社成为集科学宣传、科学研究为一身的科学团体,为传播科学知识和开展科学研究作出了重要贡献,成为中国近代科学技术史上的一座丰碑。

---

① 王奇生:《中国留学生的历史轨迹:1872—1949》,湖北教育出版社,1992年版,第289页。

第八章
留学生与国立中央研究院

　　国立中央研究院(以下简称中研院)是中国近代第一个全国最高学术研究机构,它的成立标志着中国近代有系统的科学研究事业的开始。中研院从 1928 年正式成立到 1949 年迁台未果,在这 20 余年间,归国留学生做了大量工作。从最初的拟议、筹备到成立后的初期运行、发展,再到抗战后西迁,直至抗战结束后的院士选举工作,归国留学生无论是在筹建、管理工作还是在学术科研上,都起着举足轻重的作用,因此,在中国近代科学事业发展史上具有重要的地位。虽然以往学界对中研院的研究比较多①,但从留学生群体这个角度去研究的文章还较少见,为此,本章拟从留学生的视角,通过对 1928 至 1949 年间中研院发展过程的梳理,来论述留学生对中国科学研究事业所做的贡献。

一、留学生与中央研究院的筹建

　　一个国家的科学发达程度,一定程度上依赖于该国科学体制的成熟程度,因为科学家的社会地位及科研活动的开展都需要得到体制上的保障。

---

　　① 从整体上研究的,如:孙宅巍的《中央研究院的来龙去脉》,载《民国档案》,1997 年第 1 期;夷声、歆名的《中央研究院组织与管理(1928—1949)》,载《科学学研究》,1985 年第 3 期;林文照的《中央研究院的筹备经过》,载《中国科技史料》,1988 年第 2 期。从中央研究院的某个研究所研究的,如张世昆的《国立中央研究院物理研究所初建十年:1927—1937》,载《首都师范大学学报》(自然科学版),2008 年第 5 期;袁振东的《国立中央研究院化学研究所的创建(1927—1937):职业化化学研究在中国的尝试》,载《中国科技史杂志》,2006 年第 2 期。从某一时期研究的,如姬丽萍的《抗战前中央研究院的建立及其成就评析》,载《山西师大学报》(社会科学版),2001 年第 2 期;也有研究某个人物与中央研究院的关系的,如傅长禄的《蔡元培与国立中央研究院》,载《史学集刊》,1982 年第 2 期;罗丰的《夏鼐与中央研究院第一届院士选举》,载《考古与文物》,2004 年第 4 期;王凤青的《傅斯年与中央研究院历史语言研究所》,载《殷都学刊》,2006 年第 3 期,等。

但在近代中国却没有一个全国性的最高学术研究机构。朱家骅说："北伐以前,尚无正式研究机构,那时除了北京大学与北平的协和医学校,以及中国地质调查所,稍稍做些部分学术研究工作之外,别无所有。"①最初主张建立一个全国性学术研究机构的是孙中山。1924 年冬,孙中山离粤北上,"拟设中央学术院为全国最高学术研究机关,立革命建设之基础"②,但由于他抵京后一病不起,此议已无法实现。北伐胜利后,热心于中国科学事业的一批归国留学生又把建立一个全国性的学术研究机构提上了议事日程。

(一) 蔡元培等人推动设立中央研究院

被誉为"学界泰斗"的蔡元培先生曾多次留学欧洲③,他不仅一直热心于中国科学研究事业,而且在我国创办一个综合性的科学研究机构也是他的夙愿。早在 1924 年,蔡元培就在《对英国退还庚款规定用途之意见》中,希望"以庚款的全数,办理一种大规模的事业,为永久纪念。此大规模的事业,必为中国教育上目前所最需要者"。而"中国教育上目前所最需要者,为科学的教育,故主张以庚款全部办一科学博物院,包有陈列、试验、演讲、研究、编印图书杂志等事"。1926 年 3 月,蔡元培又致函英国庚款委员会,建议把博物院更名为科学院,"以大规模的科学研究院为大本营,对于各地方研究科学的机关,自有助其发展的同情"④。他甚至认为设立学术研究院是"最要而不可缓"的事业,并对其寄以莫大的期望。蔡元培在学术界享有很高的声誉,又是国民党的元老,他对科学研究事业的推崇无疑影响了政府及学术界对设立科学研究院的看法和做法。

此外,李石曾⑤等留欧学者对中央研究院的筹划也起了推动作用。1927 年 4 月 17 日,在国民党中央执行委员会政治会议第 74 次会议上,他

---

① 罗家伦主编:《革命文献》(第五十九辑),台北兴台印刷厂,1972 年版,第 222 页。
② 《国立中央研究院工作报告》,载《革命文献》(第五十三辑),台北兴台印刷厂,1971 年版,第 355 页。
③ 蔡元培于 1907 年留学德国,先后在柏林大学和莱比锡大学学习;1912 年 9 月再次赴德留学;1920 年冬至 1921 年秋,赴欧美考察教育,研究学术;1923 年 7 月再次赴欧从事学术研究,历时两年多。
④ 王世儒编撰:《蔡元培先生年谱》(上册),北京大学出版社,1998 年版,第 439—440 页。
⑤ 1902 年以随员名义随清政府驻法国使臣孙宝琦赴法国,入蒙达顿我农校学习,毕业后入巴黎大学从事研究工作。

提出设立中央研究院案,并议决由李石曾、蔡元培、张人杰三人共同起草组织法。① 5 月,"中央政治会议第 90 次会议,议决设立中央研究院筹备处,并推定蔡元培、李煜瀛(即李石曾)、张人杰等为筹备委员"②。10 月,大学院成立,根据大学院组织法规定,中央研究院隶属于大学院。蔡元培被任命为大学院院长,他在《大学院发刊词》中,把"设立中央研究院为全国学术之中坚"、"实行科学的研究"③,作为大学院的三大使命之一。由此可见,大学院的成立加速了中央研究院的筹建进程。

(二) 归国留学生是中央研究院筹备委员的主体

除了蔡元培、李石曾等国民党元老之外,一批学有所成的归国留学生也热衷于中国的科学研究事业,他们被聘为中研院的筹备委员,积极出谋划策,为中研院的筹备积极奔走。

1927 年 11 月,蔡元培在大学院主持召集了"大学院中央研究院"筹备会及各专门委员会成立大会。大学院聘请中研院筹备委员 30 余人,从学历背景来看,这些筹备委员都有留学经历,见表 8-1。

表 8-1 中央研究院筹备委员的留学背景

姓 名	留学国	姓 名	留学国	姓 名	留学国	姓 名	留学国
谌湛溪	美 国	王小徐	英 国	杨 铨	美 国	王世杰	英国、法国
曾昭抡	美 国	陈宝锷	日 本	张奚若	美 国	彭学沛	日本、比利时
吴承洛	美 国	陈世璋	美 国	张廷金	美 国	周 览	日本、英国、法国
李煜瀛	法 国	吴蕴瑞	美 国	高 鲁	比利时	叶元龙	美国、英国、法国
周 仁	美 国	黄振华	美 国	郭任远	美 国	孔韦虎	法国、比利时
曹梁厦	英 国	王 琎	美 国	胡刚复	美 国	蔡元培	德国、法国
宋梧生	法 国	张汇兰	美 国	李熙谋	美 国	张乃燕	英国、瑞士、法国
王星拱	英 国	张信孚	美 国				

资料来源:《中央研究院筹备会及各专门委员会成立大全记事》,见罗家伦主编《革命文献》(第五十三辑),台北兴台印刷厂,1971 年版,第 352 页。

被聘为筹备委员的留学生们,积极参与讨论中央研究院组织大纲、中央

---

① 林文照:《中央研究院的筹备经过》,载《中国科技史料》,1988 年第 2 期,第 70 页。
② 罗家伦主编:《革命文献》(第五十三辑),台北兴台印刷厂,1971 年版,第 355 页。
③ 中华民国大学院编:《大学院公报》,1928 年第 1 期。

研究院筹备会进行方法及各专门委员会进行方法。这次会议最终"通过了中华民国大学院中央研究院组织条例,始确定本院为中华民国最高科学研究机关,以大学院院长蔡元培兼任研究院院长。大学教育行政处主任杨铨兼任研究院秘书,并议决先设立理化实业研究所、社会科学研究所、地质研究所、观象台四研究机关。推定王小徐、宋梧生、周仁为理化实业研究所常务筹备委员,李煜瀛、周览、蔡元培为社会科学研究所常务筹备委员,徐渊摩为地质研究所常务筹备委员,竺可桢、高鲁为观象台常务筹备委员"①。

会后,各研究所的常务筹备委员又招揽了一批具有一定科研或组织能力的学者来参与本研究所的筹备工作,其中大多数人也都是留学生出身(见表 8-2)。

表 8-2　中央研究院各研究所筹备委员的留学背景

机构	筹备委员	留学国家	机构	筹备委员	留学国家	机构	筹备委员	留学国家
理化实业研究所	王季同	英国	心理学研究所	吴承洛	美国	社会科学研究所	李煜瀛	法国
	赵承嘏	英国瑞士		汪敬熙	美国		孙科	美国
	陈世璋	美国		唐钺	美国		叶元龙	美英法
	张乃燕	英国瑞士法国		樊际昌	不详		周鲠生（周览）	日本英国法国
				傅斯年	英国德国			
	张廷金	美国		陈宝锷	日本		胡适	美国
	曾昭抡	美国		郭任远	美国		杨铨	美国
	宋梧生	法国		徐渊摩	不详		杨端六	日本
	颜任光	美国	地质调查所	翁文灏	比利时		陶孟和	日本英国
	李熙谋	美国		李四光	日本英国		马寅初	美国
	曹梁厦	英国		朱家骅	德国瑞士	气象研究所	蔡元培	德国法国
	温毓庆	美国		谌湛溪	美国		高鲁	比利时
	丁燮林	英国		李济	美国		竺可桢	美国
	胡刚复	美国					余青松	美国
	周仁	美国						

资料来源:大学院编《大学院公报》第 1 年第 1 期,1928 年 1 月。

---

① 罗家伦主编:《革命文献》(第五十三辑),台北兴台印刷厂,1971 年版,第 356 页。

　　至此,孙中山先生主张建立的全国最高学术研究机关,开始具体的筹备工作。

(三) 讨论并制定中央研究院各项章程和规则

　　1928年4月,国民政府公布修正国立中央研究院组织条例,改"中华民国大学院中央研究院"为"国立中央研究院",并特任蔡元培为院长。6月9日,蔡元培在上海东亚酒楼召集各单位负责人召开中央研究院第一次院务会议,标志着中央研究院的正式成立。当时出席会议的大都是学术界享有声誉的归国留学生,他们是:徐渊摩、丁燮林、陶孟和、竺可桢、李四光、杨端六、王季同、杨杏佛、高鲁、周览、宋梧生、周仁等。这次会议讨论了中研院的预算、统一及整理全国研究机关以及加入国际学术研究团体问题,制定了《国民政府训政时期本院施行计划》,会议对院务工作细则也作了相应的规定。11月,大学院改为教育部,特公布中央研究院组织法,规定国立中央研究院直隶于国民政府,为中华民国最高学术研究机关。同时,改秘书长为总干事,仍由院长聘杨铨担任。1929年1月13日,蔡元培审核批准通过了《国立中央研究院院务会议章程》、《国立中央研究院办事通则》、《设置助理员章程》、《设置研究生章程》,各研究所也依据中央研究院组织通则,分别拟定了章程和工作细则,使各项工作有章可循。[①] 到1929年初,中央研究院已成立了"气象研究所、天文研究所、物理研究所、化学研究所、工程研究所、地质研究所、社会科学研究所、历史语言研究所,及汉籍图书馆筹备处,与自然历史博物馆筹备处,在计划中者,则有心理及教育研究所"[②]。到1931年8月,全院研究人员已发展到235人[③],中央研究院初具规模。

　　中央研究院作为直隶于国民政府的全国最高学术研究机关,从议案的提出到有序进行以至初具规模,都与一大批归国留学生的积极参与筹划有重大关系。被聘为筹备委员的这些专家学者大多数在海外留学多年,学历较高,取得的成就也较大,因而在国内具有很高的威望。另一方面,他们常年留学海外,不仅学到了尖端的科学文化知识,而且对外国的科研机构也比

① 傅长禄:《蔡元培与国立中央研究院》,载《史学集刊》,1982年第2期,第60页。
② 罗家伦主编:《革命文献》(第五十三辑),台北兴台印刷厂,1971年版,358页。
③ 罗家伦主编:《革命文献》(第五十三辑),台北兴台印刷厂,1971年版,第403页。

较了解,这是他们之所以被聘为中央研究院筹备委员的重要原因。如理化实业研究所筹备委员周仁,于1910年考取清华留美公费生,入美国康乃尔大学,因为他坚信"强国必先利器",因而选择机械学专业。1914年夏,他以优异成绩毕业,同年考取研究生,所选的专业和研究方向是冶金,1915年获得硕士学位。他认为一个国家没有钢铁就像人没有骨架一样,为了祖国早日有钢铁,他毅然放弃攻读博士学位及美国摩尔公司的重金聘请,于同年8月回国。又如气象研究所筹备委员竺可桢,1910年以优异的成绩考取了庚款公费留学美国,先入伊利诺伊大学学习农学,毕业后又转入哈佛大学地学系专攻气象,1918年获得博士学位。哈佛大学求实崇新、自由探讨的学风对其科学研究有着深刻的影响。再如地质调查所筹备委员李四光,1904年因学习成绩优异被官费选派到日本留学,1910年从日本学成回国后又到英国伯明翰大学学习,1917年获硕士学位。毕业后,因他专业学习成绩优秀而被蔡元培先生邀请到北京大学地质系担任教授。蔡元培说,国立中央研究院是"综合先进国之中央研究院、国家学会以及全国研究会议各种意义而成"①的。朱家骅也认为"中央研究院是参考各国的国家学院的性质与形态,并斟酌我国的政制和需要而组成的"②,中央研究院的设置就有苏俄国家科学院的影子,也有借鉴英、法等国科研机构之处,这不能不说是归国留学生模仿他国的作用。同时,这些学界精英的"海归派"之所以如此积极地参与中央研究院的筹划工作,是因为他们在饱学外国先进科学的同时,也感受到了祖国与西方发达国家在科学研究上的巨大差距。而这种对比落差感又常常激发他们不仅要学欧美国家之所长,而且还要"迎头赶上去"③。杨铨在留学美国时,就深感"吾国不振,实由国人乏科学修养"④,便与任鸿隽、胡明复等人组织中国科学社,以促进国内科学事业的发展。重视科学及强烈的爱国之心使他们产生了"科学救国"的愿望,而建立一个全国性的科研机构无疑是实现"科学救国"的很好途径,这是他们积极参与中央研究院筹

① 《国立中央研究院院务月报》,1929年7月,第1卷第1期第1页。
② 罗家伦主编:《革命文献》(第五十九辑),台北兴台印刷厂,1972年版,第219页。
③ 中国第二历史档案馆编:《中华民国史档案资料汇编》(第五辑)第一编教育(二),江苏古籍出版社,1994年版,第1345页。
④ 《国立中央研究院二十二年度总报告》,转引自夷声、歆名:《中央研究院组织与管理(1928—1949)》,载《科学学研究》,1985年第3期,第91页。

建工作的又一重要原因。

二、留学生与中央研究院的初期发展

　　一个卓有成效的团体往往与其领导人的努力是分不开的。中央研究院从1928年6月第一次院务会议的召开,到1937年7月抗战爆发后西迁川滇,其组织规模不断扩大,在科学研究上也取得了丰硕的成果,这与院长蔡元培、总干事杨铨、丁文江等人的杰出贡献是密不可分的。

(一) 院长蔡元培不拘一格延揽各种专业人才

　　根据中央研究院组织条例:"全院除院长由国民政府特任外,其余行政及研究人员均由院长聘任。"①从1928至1940年,蔡元培一直担任中央研究院院长。"蔡先生主持中央研究院的主要办法,是挑选纯正有为的学者做各所的所长,用有科学知识并有领导能力的人做总干事,延聘科学人才,推进研究工作。他自身则因德望素孚,人心悦服,天然成为全院的中心……对于学术研究,蔡先生更能充分尊重各学者的意见,便其自行发扬,以寻求真理。因此种种,所以中央研究院虽经费并不甚多,却能于短时期内,得到若干引起世界注目的成绩。"②为延揽各种专业人才,蔡元培始终坚持北京大学时期倡导的学术自由、民主管理、发掘和放手使用人才的方针。在他任职期间,全国学界的一些精英陆续被聘到中央研究院各研究所任职,这些学者大多数都有多年留学经历,并获得了硕士或博士学位(见表8-3)。

表8-3　中央研究院各研究所所长任期及最高学历情况

所　别	所长姓名	最高学历	任　期
物理所	丁燮林	英国伯明翰大学理科硕士	1928.1—1947.7
化学所	王琎	美国理海大学毕业及科兴学院毕业	1928.1—1934.8
	庄长恭	美国芝加哥大学化学博士	1934.7—1938.4
	任鸿隽	美国哥伦比亚大学化学硕士	1938.12—1940.10

---

　　①　中国第二历史档案馆编:《中华民国史档案资料汇编》(第五辑)第一编教育(二),江苏古籍出版社,1994年版,第1332页。
　　②　翁文灏:《追念蔡孑民先生》,载《中央日报》,1940年3月24日。

（续表）

所　别	所长姓名	最高学历	任　期
工程所	周　仁	美国康奈尔大学机械工程学硕士	1929.1—1949
地质所	李四光	英国伯明翰大学科学博士	1928.1—1949
天文所	高　鲁	比利时布鲁塞尔大学工科肄业	1927.6—1929.2
	余青松	美国加州大学哲学博士	1929.7—1949
气象所	竺可桢	美国哈佛大学哲学博士	1928.1—1946.12
语言所	傅斯年	英国伦敦大学及德国柏林大学研究员	1928.4—1950
心理研究所	唐　钺	美国哈佛大学哲学博士	1929.2—1933
	汪敬熙	美国霍普金斯大学哲学博士	1934—1947
社会科学所	杨端六	英国伦敦大学肄业	1928.10—1929*
	陶孟和	英国伦敦大学经济学学士	1934.4—1949
动植物所	王家辑※	美国宾州大学哲学博士	1934.7—1944

资料来源：夷声、歆名的《中央研究院的组织与管理(1928—1949)》，载《科学学研究》，1985年第2期，第97—98页；刘国铭主编：《中华民国国民政府军政职官人物志》，春秋出版社，1989年版，第98页。

* 自1929年起蔡元培、杨铨、傅斯年曾分别兼代所长。

※ 1934年7月自然历史博物馆改组为动植物所，自然历史博物馆主任原为钱天鹤。

被聘而来的各研究所所长在任职期间兢兢业业，无论在管理本所工作还是在科学研究方面都作出了重要贡献，取得了优异的成绩，这应该说与蔡元培的惠眼识人与知人善任有着重要的关系。

（二）总干事杨铨在中研院初期发展中贡献突出

从1928至1949年，中央研究院共聘任了10位总干事，这些总干事都曾留学海外多年（见表8-4）。

表8-4　国立中央研究院总干事任期及留学背景

姓　名	任　期	留学国家	姓　名	任　期	留学国家
杨　铨	1928.11—1933.6	美国	任鸿隽	1938.12—1940.10	日本、美国
丁燮林*	1933.7—1934.5	英国	傅斯年	1940.10—1941.9	英国、德国

（续表）

姓　名	任　期	留学国家	姓　名	任　期	留学国家
丁文江	1934.5—1936.1	日本、英国	叶企孙	1941.9—1943.9	美国
丁燮林*	1936.2—1936.5	英国	李书华	1943.9—1945.9	法国
朱家骅	1936.6—1938.12	德国、瑞士	萨本栋	1945.9—1949.4	美国

资料来源：夷声、歆名的《中央研究院的组织与管理（1928—1949）》，载《科学学研究》，1985 年第 2 期，第 92 页，* 为代理。

在中研院发展初期，第一任总干事杨铨①是一位不可或缺的关键人物。根据中研院的组织条例，总干事"受院长之指导，执行全院行政事宜"②，总干事这个职务如此重要，其人员的任用是否合适，意味着全院的工作能否顺利开展。蔡元培之所以聘他为总干事，是因为看到他具有科学管理的能力。作为中国科学社的社刊主编，杨铨经常在《科学》等月刊上发表一些关于科学管理的文章，如《人事之效率》、《效率之分类》、《科学的管理法在中国之应用》、《增进个人效率的原理与方法》、《科学的办事方法》③等。他对科学管理的效率观以及他在美国时组织中国科学社的能力，都受到了蔡元培的赏识。杨铨任总干事后，与蔡元培配合默契。蔡元培说："我素来宽容而迂缓，杨君精悍而机警，正可以他之长补我之短。"④杨铨作为蔡元培的主要助手，亲自参与了中研院创建的六年规划的制定和实施。作为中研院的总管家，他不仅精心组织规划蓝图的实施，而且处处精打细算，为筹措和分配资金、征地造房等事务而到处奔波。中央研究院能够在短短几年就初具规模，应该说总干事杨铨劳苦功高。杨铨遇难后，中研院的报告中对其评价说："君为院事竭智尽忠，备尝艰辛，研究院之得有今日者，蔡先生之功亦君之力也。"⑤

---

① 杨铨（1893—1933），谱名宏甫，名铨，字杏佛，江西玉山人，1912 年赴美留学，入康奈尔大学机械工程专业学习，参与创办《科学》杂志，毕业后再入哈佛大学攻读工商管理、经济学和统计学。
② 罗家伦主编：《革命文献》（第五十三辑），台北兴台印刷厂，1971 年版，第 358 页。
③ 许康、陈晓辉：《我国科学管理先驱者杨杏佛的效率观》，载《科学决策》，2005 年第 11 期，第 59 页。
④ 蔡元培：《我在教育界的经验》，见《蔡元培选集》，中华书局，1959 年版，第 335 页。
⑤ 许为民：《杨杏佛：中国现代杰出的科学事业组织者和社会活动家》，载《自然辩证法通讯》，1990 年第 5 期，第 79 页。

（三）总干事丁文江对评议会的建立功不可没

在抗战前，为中央研究院作出突出贡献的是一位总干事当数丁文江。虽然他任期不长，但他在任职期间为中央研究院做了许多工作。蔡元培说："丁先生到本院任总干事，虽为时不及二年，而对于本院的贡献，均有重大关系：评议会的组织，基金保管委员会的成立，各所预算案的示范，均为本院立坚定不拔的基础。院内各所的改进与扩充，也有不可磨灭的劳绩。又若中央博物院的计划，棉纺织染实验馆的建设，为本院与其他文化机关合作的事业，虽完成有待，而规模粗具，也不外乎丁先生努力的结果。"①

在丁文江为中央研究院所做的诸多贡献中，又以建立评议会最为突出。根据中央研究院组织法规定，国立中央研究院之任务为："一、实行科学研究；二、指导联络奖励学术之研究。"②对于科学研究，中央研究院已经着手进行并取得了一定的成绩，但对于第二项任务，中央研究院在成立之初并没有把它落实在体制上。丁文江看到中研院的研究工作与外界隔绝，这与组织法上的"指导联络奖励学术研究"的条文不相符合，他在任总干事后，竭力主张加强中央研究院与国内各大学及各研究机构的联系与合作。他认为，只有设立一个足以代表全国学术界的评议机构，才可以使国立中央研究院趋于稳定并走上科学管理的正轨。丁文江首先向政府建议修改《组织法》，在首届评议员的选举与聘任、评议员的学科分配、评议会的职权等方面，提出了许多合理的建议，这些有益的建议都被国民政府采纳。③后经与各方面反复磋商，最终制定了《国立中央研究评议会条例》。该《条例》规定了第一届评议员的产生办法，先由国内各国立大学有关院系的教授从全国学术机关中推选出候选人，继由各学术机关负责人与国立大学校长投票选举30人，经国民政府聘任为评议员。再加上中央研究院各所所长为当然评议员，两部分组成评议会。1935年6月19日，在南京中央研究院总办事处进行了首届评议员选举，当场选定聘任评议员30人。1935年9月7日召开评

---

① 高平叔编：《蔡元培全集》（第7卷），中华书局，1989年出版，第6页。
② 中国第二历史档案馆编：《中华民国史档案资料汇编》（第五辑）第一编教育（二），江苏古籍出版社，1994年版，第1342页。
③ 张剑：《中国学术评议空间的开创——以中央研究院评议会为中心》，载《史林》，2005年第6期，第89—90页。

议会第一次年会,标志着国立中央研究院评议会的正式成立。"此评议会之性质与欧美各国之全国研究会议相等,其职务在联络国内研究机关,讨论一切研究问题,谋国内外研究事业之合作。"①评议会的建立,扩大了国立中央研究院与其他研究机构的联络渠道,从而加强了国立中央研究院作为国家级学院的地位和作用,在国内也属一项创举。丁文江对此创举的促成之力当然功不可没。胡适曾说,丁文江只做了一年半的总干事,"就把这个全国最大的科学研究机构重新建立在一个合理而持久的基础之上"②。丁文江不幸逝世后,竺可桢对其评价说:"单就院中立论,则在君(丁文江字)之死较杏佛之死关系尤大也。"③

(四) 中研院第一届评议员多为归国留学生

评议会将全国各学科之顶尖学者聚集在一起,使中研院真正具有了全国最高学术评议机构之学术权威。评议会所选举出来的 30 位聘任评议员再加上 11 位当然评议员,他们不仅具有广泛的代表性,而且具有学术上的权威性。蔡元培说:"凡国内重要的研究机关⋯⋯设有研究所的著名大学⋯⋯以及与科学研究有直接关系的教育部,无不网罗在内,本院和各院研究机关因之而得到更进一步的联络,这是本院历史可以'特笔大书'的一件事,兄弟敢说评议会运用得好,他们就找到了中国学术合作的枢纽。"④这说明具有广泛代表性的评议员,将使评议会发挥出学术合作的枢纽作用。学术上的权威性主要体现在这些评议员具有高学历和高资格。从这些专家学者的留学背景来看,除了陈垣(历史学家)和张其昀(地理、历史学家)没有留学经历以外,其他人都有留学经历,留学者占到 95.7%,而且几乎全部留学欧美发达国家,并多数获得了硕士或博士学位(见表 8—5)。

---

① 中国第二历史档案馆编:《中华民国史档案资料汇编》(第五辑)第一编教育(二),江苏古籍出版社,1994 年版,第 1333 页。
② 胡适:《丁文江这个人》,载《独立评论》第 188 期,转引自张剑的《中国学术评议空间的开创——以中央研究院评议会为中心》,载《史林》,2005 年第 6 期,第 91 页。
③ 竺可桢:《竺可桢日记》(第 1 册),人民出版社,1984 年版,第 5 页。
④ 蔡元培:《中央研究院与中国科学研究之概况》,见《中华民国史档案资料汇编》(第五辑)第一编教育(二),江苏古籍出版社,1994 年版,第 1353—1354 页。

表 8 - 5 第一届评议员的留学背景及学位

职务	人名	留学背景	学位	人名	留学背景	学历
聘任评议员	李书华	法国	博士	陈焕镛	美国	硕士
	姜立夫	美国、德国	博士	翁文灏	比利时	博士
	叶企孙	美国	博士	朱家骅	德国、瑞士	博士
	吴宪	美国	博士	丁文江	日本、英国	
	侯德榜	美国	博士	张云	法国	博士
	赵承嘏	英国、瑞士	博士	张其昀	无	
	李协	德国		郭任远	美国	博士
	凌鸿勋	美国		胡适	美国	博士
	唐炳源	美国	硕士	陈恒	无	
	王世杰	英国、法国	博士	陈寅恪	日、德、法、美、瑞士	
	秉志	美国	博士	赵元任	美国	博士
	林可胜	英国、美国	博士	李济	美国	博士
	胡经甫	美国	博士	吴定良	英国	博士
	谢家荣	美国	硕士	茅以升①	美国	博士
	胡先骕	美国	博士	叶良辅②	美国	硕士
	周鲠生	日、英、法	博士	何廉	美国	博士
当然评议员	蔡元培	德国、法国		竺可桢	美国	博士
	丁燮林	英国	硕士	傅斯年	英国、德国	
	庄长恭	美国、德国	博士	汪敬熙	美国	博士
	周仁	美国	硕士	陶孟和	日本、英国	学士
	李四光	日本、英国	博士	王家楫	美国	博士
	余青松	美国	博士	任鸿隽	日本、美国	硕士

资料来源:中国第二历史档案馆编《中华民国史档案资料汇编》(第五辑)第一编教育(二),江苏古籍出版社,1994 年版,第 1344 页。

———————————

① 评议员李协病故,改选茅以升任评议员。
② 评议员丁文江病故,改选叶良辅任评议员。

这么多在中国学术界负有声望的"海归"人才被聘为中央研究院的评议员,使中央研究院一时成为人才荟萃之地,这也是中央研究院能够取得丰硕成果的重要原因。

三、留学生与抗战时期的中央研究院

抗战全面爆发以后,如何安全保存中央研究院多年珍藏的重要设备成为全院的头等大事。以归国留学生为代表的总干事及中央研究院各所所长竭尽全力保护全院的图书、仪器等设备,使之免遭重大损失。中央研究院西迁后,在经费、资料、设备严重不足的困难情况下,仍然因陋就简地开展了各项研究工作,取得了一定的成果。其中引人注目的就是评议会第五次年会的召开,并选举出第二任院长候选人及第二届评议员。

(一) 留学生在抗战期间对中央研究院仪器设备的保护

中央研究院自成立以来,力求充实设备,以利于进行科学研究。"在抗战发生以前,各研究所之图书、仪器、标本等之丰富,与国内学术机关比较而言,已属首屈一指。尤以古物善本等项之搜集收藏,甚为丰富,不独为国内所仅有,亦为世界学者所珍视。"①因此,为防止这些珍贵的设备免遭摧毁,1937 年秋,中研院奉命西迁。除一部分公物寄存汉口、香港等地外,其余设备均设法启运,这个艰巨的任务就落在院长、总干事及各研究所所长的肩上。为中央研究院西迁工作作出突出贡献的是代理总干事傅斯年。全面抗战爆发后,院长蔡元培因年老体衰去香港养病,而当时总干事朱家骅又奉命兼任浙江省政府主席,因而中央研究院的重担就落在了代理总干事傅斯年身上。战后中央研究院之所以能够迅速得以恢复,有人认为"初迁之工作完善,至可志念,此实出于当时代理总干事职务傅斯年所长及各所所长与同人从容准备、爱物尽力之所致也。"②

以天文研究所的迁移工作为例,"八一三"事变后,中央研究院即命各所将图书及仪器装箱。代理总干事傅斯年指示一定要把古代天文仪器运往后方,至少也要运至安全地点。但是天文研究所无力顾及,他们最后决定将小

---

① 钱建明选编:《抗战时期迁都重庆之中央研究院》,载《民国档案》,1998 年第 2 期,第 4 页。
② 周宁辑:《国立中央研究院概况(1928—1948)》,载《民国档案》,1990 年第 4 期,第 56 页。

件仪器全部搬走;笨重仪器拆卸装箱;天文典籍和整套杂志则全部装箱运走。再以地质研究所为例,1937年8月,地质研究所的房屋因日军侵略上海而被国民党军队征用,当时大部分人员在野外工作,在极其紧迫、仓促的情况下,所长李四光为了使地质研究所苦心经营所积累的图书、地质陈列室的珍贵标本和仪器设备不致毁于一旦,带领所内人员,不顾飞机轰炸,把所里的书籍标本、仪器等装好箱,租了几只帆船,派人负责将重要图书、仪器等四十几大箱暂从南京运往江西九江,再转运到庐山东麓鄱阳湖边的姑塘镇存放。后又因交通等原因,将一些必用之物转运到广西桂林,其余图书和标本则寄存在当地。①

除各研究所所长外,保护研究所的仪器设备也是各所归国留学生义不容辞的责任。以物理研究所来说,在上海沦陷期间,物理研究所附属工厂留下了一些大型仪器,其中有些是从美国买来的,如标准频率仪,还有一些其他的标准仪器。留美硕士杨肇燫与物理仪器工场主任王书庄等人通过各种关系,将这些仪器分散藏在一些单位。抗战胜利后,中央研究院电示杨肇燫等在沪照料中央研究院的财产,杨肇燫、王书庄、朱振钧、张本茂组成"四人照料委员会",他们认真负责地主持清点并接收了日军在上海设立的"自然科学研究所"的全部财产,避免了日本侵略军撤离时对国家财产造成损失与破坏。当时委员会还邀请了研究院在沪的有关高级研究人员和著名科学家参加接收,如留学生出身的生物学家秉志、化学家曹惠群与王志稼等。他们将这些仪器完整无损地交还给研究所,为保护大批仪器设备作出了重要贡献。②

(二)留学生与抗战期间第二届评议员的选举

1940年3月5日,蔡元培先生在香港逝世。按照评议会条例,"国立中央研究院院长辞职或出缺时,选举院长候选人三人,呈请国民政府遴任"③。再加上首届评议员任期也将于当年7月届满,照章应即改选,于是1940年3月22—23日,中央研究院在重庆举行评议会第五次年会。这次大会经多

---

① 马胜云:《李四光与地质研究所——中央研究院时期地质研究所简史(1928—1950)》,见《中国地质学会地质学史专业委员会第23届学术年会论文汇编》,第111页。
② 杨先钰:《杨肇燫先生事略》,载《物理》,1988年第8期,第509页。
③ 罗家伦主编:《革命文献》(第五十九辑),台北兴台印刷厂,1972年版,第214页。

次投票,最终选出翁文灏、朱家骅、胡适三人为院长候选人,并呈请国民政府遴任。后经国民政府决定,由朱家骅任代理院长。

在第五次年会上还推选出第二届评议员,其当然评议员由代院长朱家骅与 10 个研究所所长组成。10 个研究所所长分别为:物理所丁燮林,化学所吴学周,工程所周仁,地质所李四光,天文所张钰哲,气象所竺可桢,史语所傅斯年,心理所汪敬熙,社科所陶孟和,动植物所王家楫。经选举产生的 30 名聘任评议员分别为:物理、数学学科:姜立夫、吴有训、李书华;化学学科:侯德榜、曾昭抡、庄长恭;工程学科:凌鸿勋、茅以升、王宠佑;动物学科:秉志、林可胜、陈桢;植物学科:戴芳澜、陈焕镛、胡先骕;地质学科:翁文灏、朱家骅、谢家荣;天文学科:张云;气象学科:吕炯;心理学科:唐钺;社会科学学科:王世杰、何廉、周鲠生;历史学科:胡适、陈垣、陈寅恪;语言学科:赵元任;考古学科:李济;人类学科:吴定良。[1] 由于评议员可以"连选连任",因而第二届评议员中有许多人本身就是第一届评议员被连选而连任的,只有 10 人是换届新选上的。如果从留学背景来考察,这 10 人都曾留学发达国家,而且基本上都获得了硕士或博士学位,如吴学周、张钰哲、吴有训、唐钺、曾昭抡都是留美博士;王宠佑、戴芳澜、陈桢都是留美硕士;凌鸿勋留学美国;吕炯留学德国。以留学生为主体的第二届评议员分别于 1941 年 3 月和 1944 年 3 月召开了两次年会,提出了若干议案,有些重要建议得到了国民政府的重视并付诸实施,对推进全国学术研究发展及国际学术交流意义甚大。[2]

四、留学生与战后第一届院士选举

抗战胜利以后,中研院的一项重大举措就是举行第一届院士选举。选举院士在中国是一项创举,在中央研究院以及中国学术史上都具有划时代的意义,而留学生在第一届院士选举过程中发挥了重要作用。

(一) 留学生对第一届院士选举有促成之功

首先从名称上来说,"院士"这个名称最初是由傅斯年提出的。当时代

① 中央研究院档案《第一、二、三届评议会名单》,转引自孙宅巍:《抗战中的中央研究院》,载《抗日战争研究》1993 年第 1 期,第 147 页。

② 左玉河:《中央研究院评议会及其学术指导功能》,载《史学月刊》,2008 年第 5 期,第 74 页。

理院长朱家骅认为,中央研究院"在体制上不如英国皇家学会、法国科学院等之完备"①,因而在他任代理院长期间,评议会曾多次议论选举"会员"一事。英国皇家学会的组成人员称"会员"(fellow),中央研究院的《组织法》中原来也规定过设"名誉会员"②,但是大家觉得"会员"一词似乎太俗,傅斯年提议改称"院士"③,得到评议员们的认可。

其次,以留学生为主体的评议员召开的第三次年会加速了院士的选举进程。1946年10月22日,第二届评议会的第三次年会在南京召开。为了促进国内学术进步和加强国际合作,这次会议决定以"院士"作为中央研究院的组成人员,从而完成国家学院的体制,并议决呈请国民政府修正公布《国立中央研究院组织法》及《评议会条例》,其理由是:"本院成立二十年来只做到第一项自身从事研究工作的任务,没有做到第二项指导、辅助、联系、奖励全国研究事业的任务,第二项任务的目的,是要组合全国重要学术人士成为一个团体。"④因此评议员们希望将评议会的事务重心全面转移到首届院士的选举上。他们在10月23日的会议上讨论了中央研究院组织法与评议会规程,拟定第一届院士的产生办法及名额。应评议会的要求,1947年3月13日,国民政府修正公布了《国立中央研究院组织法》。此后,首届院士选举进入程序状态。1947年3月15日召开评议会,商讨院士选举法草案,留学生萨本栋与傅斯年各拟一份草案。3月17日又召开第二次评议会,会议集中讨论了傅斯年所拟的第二草案。据说胡适对傅案评价很高,故被用作讨论的基础。⑤10月13日召开院士选举筹备会,10月15日,又召开第二届评议会第四次年会,最后确定了150名的候选人名单。1948年3月25日,第二届评议会第五次年会在南京召开,依照《院士选举规程》,以无记名投票方式进行了首届院士选举,直到3月28日,经5次投票后最终产生了81名院士。

---

① 转引自樊洪业:《前中央研究院的创立及其首届院士选举》,载《近代史研究》,1990年第3期,第220页。

② 中国第二历史档案馆编:《中华民国史档案资料汇编》(第五辑)第一编教育(二),江苏古籍出版社,1994年版,第1343页。

③ 转引自樊洪业:《前中央研究院的创立及其首届院士选举》,载《近代史研究》,1990年第3期,第220页。

④ 罗家伦主编:《革命文献》(第五十九辑),台北兴台印刷厂,1972年版,第226页。

⑤ 曹伯言整理:《胡适日记全编》(第7册),安徽教育出版社,2001年版,第648页。

第一届院士的选举之所以能够顺利进行,主要归功于评议员们所做的努力。而这些评议员都是归国留学生,因而可以说,第一届院士的顺利选举应归功于归国留学生。

(二) 第一届院士的留学背景分析

中央研究院第一届院士的选举,酝酿和筹备的时间较长,曾动员"各大学、各独立学院、各学术团体、各研究院所"推荐候选人,"各学科都有,并有名额的规定,选举手续是十分周密公正的"[①]。从选举的整个过程来看,应该说是相当慎重的,所选出来的院士足以代表当时中国学术界的最高水平。

选举出的 81 名院士的具体名单如下:

> 数理组:姜立夫、许宝騄、陈省身、华罗庚、苏步青、吴大猷、吴有训、李书华、叶企孙、赵忠尧、严济慈、饶毓泰、吴宪、吴学周、庄长恭、曾昭抡、朱家骅、李四光、翁文灏、杨钟建、谢家荣、竺可桢、周仁、侯德榜、茅以升、凌鸿勋、萨本栋。
>
> 生物组:王家楫、伍献文、贝时璋、秉志、陈桢、童第周、胡先骕、段宏章、张景钺、钱崇澍、戴芳澜、罗宗洛、李宗恩、袁贻瑾、张孝骞、陈克恢、吴定良、汪敬熙、林可胜、汤佩松、冯德培、蔡翘、李先闻、俞大绂、邓叔群。
>
> 人文组:吴敬恒、金岳霖、汤用彤、冯友兰、余嘉锡、胡适、张元济、杨树达、柳诒徵、陈垣、陈寅恪、傅斯年、顾颉刚、李方桂、赵元任、李济、梁思永、郭沫若、董作宾、梁思成、王世杰、王宠惠、周鲠生、钱端升、萧公权、马寅初、陈达、陶孟和。[②]

通过对这 81 位院士的学历分析,可以发现,除了人文组中有 6 位未曾到过外国接爱西式教育以外,其余都曾出国留学(见表 8-6)。

---

① 罗家伦主编:《革命文献》(第五十九辑),台北兴台印刷厂,1972 年版,第 226 页。
② 罗丰:《夏鼐与中央研究院第一届院士选举》,载《考古与文物》,2004 年第 4 期,第 87 页。

表 8 - 6　第一届院士留学情况①

国　别	数理组	生物组	人文组	合计
美　国	17	17	15	49
英　国	3	4	2	9
德　国	3	1	2	6*
法　国	2	1	2	5
比利时	1	1		2
瑞　士	1			1
日　本	1	1	3	5
总　计	28	25	24	77

＊其中人文组 2 人先留学他国后又在德国学习。

从表8 - 6 中可见,留美者最多,占 60％以上,如果加上欧洲,则高达
85％以上。而且留学欧美者绝大部分都获得博士学位,少数则获得硕士学
位。在国内大学没有得到长足发展的情况下,"西洋一等、东洋二等"的思想
促使留学海外多年并学有所成的归国留学生成为院士选举有意识的目标,
这也是第一届院士中大多数是归国留学生的原因之一。此外,归国留学生
在国内所取得的有目共睹的学术成就,则成为他们当选的主要原因。

从这些院士的就职情况来看,81 名院士中有 21 人就职于中央研究院,
占院士总数的 26％。由于中央研究院每个研究所基本上都是聘请该学科
的最高学术权威为所长,因而在 13 位所长中有 11 人当选。从第一届院士
所从事的职业来看,绝大多数院士仍然从事学术研究工作,占比例最大的则
是大学教授,其中有 6 人是大学校长,他们都是著名的学者。在 81 名院士
中只有 4 位是学者官僚:朱家骅、王世杰、翁文灏、王宠惠,但他们凭的不是
官职而是在学术上的贡献。其中王世杰和王宠惠在法学上、翁文灏在地质
学上都起到过奠基作用。王世杰(1891—1981),湖北崇阳人,1913 年考入
英国伦敦大学政治经济学院,1917 年入法国巴黎大学研究国际公法,1920
年获法学博士学位。回国后,他任北京大学教授,后兼法律系主任。从政
前,作为北京大学的宪法学教授,王世杰著述颇丰。他与钱端升合著的《比

①　罗丰:《夏鼐与中央研究院第一届院士选举》,载《考古与文物》,2004 年第 4 期,第 88 页。

较宪法》一书,用比较方法介绍资产阶级国家制度、政治制度和宪法理论,已成一代法学名著,至今仍被学界广泛引用。王宠惠(1881—1958),广东东莞人,1900年从北洋大学堂法律系毕业,1901年赴日继续研读法学,1902年转赴美留学,在耶鲁大学获法学博士学位,后赴英国继续研究法学,取得英国律师资格证书。回国后,1912年他任民国首届唐绍仪内阁的司法总长,1917年任法律编纂会会长,1923年被国际联盟选为海牙常设国际法庭正法官,1927年6月出任南京国民政府司法部部长,1928年8月任国民政府第一任司法院院长。作为法学家,他著有《宪法评议》、《宪法危言》、《比较宪法》等。他是第一个将《德国民法典》翻译成英文的人,其译本一直到20世纪70年代都被公认为是最好的英译本,在很多美国大学被当作教科书。翁文灏(1889—1971),浙江鄞县(今宁波)人,1906年考入比利时鲁汶大学,专攻地质学,获理学博士学位。他是中国第一位地质学博士、中国第一本《地质学》讲义的编写者、中国矿物学第一本专著《中国矿产志略》的作者、中国第一张彩色中国地质测量图的编制者、中国第一位考查地震灾害并出版专著的作者、中国第一部《中国矿业纪要》的创办者之一,也是中国科学社、中国工程师学会、中国地质学会等学术团体的主要负责人之一。可以说,翁文灏早年是一位很有成就的学者,是中国地质学的奠基人。朱家骅虽然在地质学上影响不大,但他曾任教育部长、中央研究院院长、评议会议长等领导职务,对于推动中国科技事业的发展也有杰出的贡献,他的条件正好符合院士选举资格的第二条,因而他被选为院士也是无可争议的。从院士当选资格来看,这一院士群体确实是当时中国各门学科的代表人物,政治意识形态并没有成为选举的先决条件,学术成就及其对学术发展的影响成为选举的唯一标准。第一届院士是由评议会组成成员选举出来的,而评议会成员大多是归国留学生,他们不仅拥有高学历,而且在其专业方面都取得了一定的学术成就,因而不可否认,院士选举的学术性保证,是与评议会组成成员的学术性密不可分的。

(三)中央研究院迁台未果

1948年9月第一次院士会议在南京召开,并同时纪念中央研究院成立20周年。这次院士会议还选举了第三届评议会评议员32人,这是首次由院士选举产生的评议会。由此,"本院主持人为院长,构成之主体则为院士,学术评议之责属于评议会,而从事学术研究者,则为各研究所,国家学院之体制,于本院成立二十年之今日,乃告完成。"①但 7 个月之后,国民政府南迁广州,中央研究院奉命迁台的研究所,主要有数学和历史语言研究所。这两个研究所的珍贵图书、仪器、设备,"是因为故宫古物适有兵舰运输,所以能附运二千多箱来台,两所大部分人员,因此亦得随同迁台。其他各所人员、文物,都留在上海"②。在第一届院士中有很大一部分人留在大陆,"其中有 46 人成为中国科学院学部委员,当初的 150 名院士候选人中,有 70 人成为学部委员。中国科学院初期的的领导成员中,除副院长陈伯达外,院长郭沫若和副院长李四光、陶孟和、竺可桢、吴有训都是当年的院士。他们为新中国科学事业的奠基和发展立下了大功"③。这些卓尔不群、享有盛誉的科学家成为新中国发展科学文化事业的中坚力量。

中央研究院是近代中国最高的学术科研机构,是代表国家从事学术研究活动及行使学术管理权力的机关。从其成立到解体,20 余年间其丰硕的科研成果(由于文章篇幅有限,在此不加赘述)为新中国的科学发展奠定了坚实的基础,所形成的一套比较完整的组织、管理体系又为新中国科学事业的发展提供了非常宝贵的经验。中国近代的科学研究成果应该说主要是从移植西方科学后而逐步取得的,而把西方科学甚至西方科学研究的机构、体制移植到国内的则主要是归国留学生。中央研究院的核心成员是归国留学生,因而无论从科研成果还是从管理模式上看,归国留学生们都为近代中国的科学事业的发展立下了汗马功劳。他们不仅取得了许多出色的科研成果,开拓了一些重要的科学研究领域,而且还培养了一大批优秀的科研人才。在民国时期那样恶劣的科研环境中,科学界还能孕育出一大批学术上的精英,与归国留学生们忠于职守、兢兢业业的努力是分不开的。

① 《国立中央研究院概况》,转引自张剑:《中国学术评议空间的开创——以中央研究院评议会为中心》,载《史林》,2005 年第 6 期,第 96 页。
② 罗家伦主编:《革命文献》(第五十九辑),台北兴台印刷厂,1972 年版,第 227、220 页。
③ 樊洪业:《前中央研究院的创立及其首届院士选举》,载《近代史研究》,1990 年第 3 期。

第三辑
留学生与中外文化交流论

第九章
留学生与早期西方文论在中国的传播

鸦片战争后,西学东渐之风劲吹,包括多种文艺理论的西方科学文化、民主思想通过各种渠道潮水般地涌入华夏大地,其中对中国文艺界影响最大的是现实主义文艺理论和马克思主义文艺理论,传播主体则是到西方学习过的归国留学生。

一、留学生与现实主义文艺理论在中国的传播

20世纪上半叶,中西文化交流空前发展,其中现实主义、浪漫主义、现代主义等西方文艺理论在中国得到了广泛的传播。留学生作为一个特殊的文化群体,成为西方文艺理论在中国传播的重要媒介。在现实主义的传播过程中,留学生作出了巨大贡献,是传播现实主义理论的主要代表者:在"五四"时期,陈独秀、周作人、鲁迅等留学生捷足先登,最先介绍了欧洲的现实主义理论和作品;"左联"时期,周扬、萧三、胡风等介绍了苏联的社会主义现实主义理论和作品,并展开了争论。在此期间,茅盾、郑振铎等非留学生出身的作家、理论家也宣传现实主义理论并创作。虽然如此,但留学生理论家、作家与非留学生理论家、作家在传播现实主义理论方面还是有所区别的。贡献大小不一,时间先后不一;理论宣传和创作的侧重点不同。由于现实主义理论在中国的广泛传播,现实主义文学成为中国现代文学的主流。

(一) 西方现实主义理论发展概述

现实主义是文学批评和文学研究中最常见的理论之一。

"西方现实主义文论大致在19世纪二三十年代开始出现,世纪中期达

到鼎盛且一直持续到后期,并延续及 20 世纪。"①一般认为,现实主义理论可以追溯到古希腊亚里士多德的"模仿说"。以后文艺复兴时期的人文主义文艺家如阿尔贝蒂、达·芬奇、卡斯特尔韦特罗等,坚持并发展了"艺术模仿自然"和"镜子说"。这一时期的现实主义表现了人性的崇高和人物性格的完整。"17 世纪的新古典主义以希腊、罗马古典为典范,其中也包含认识人生、刻画性格的内容,就是说具有现实主义的原则成分。"②18 世纪启蒙运动的杰出代表狄德罗和莱辛坚持文艺的现实基础,肯定美与真的统一,强调艺术既要依据自然又要超越自然的辩证关系。明确划分现实主义和浪漫主义这两个对立的概念和提出这两个名词的,是德国"狂飙突进"运动的代表作家席勒。他首次在文学领域使用"现实主义"这一影响深远的概念,确定了它作为"理想主义"的对立面的概念,并指出它与自然主义的区别。

关于现实主义传播发展的情形,著名文学理论家 R. 韦勒克在《文学研究中现实主义的概念》中认为,它在文学领域的具体运用始于 1826 年。在西欧,现实主义是从文艺复兴到 19 世纪这一特定历史时期形成的一种文艺思潮和创作方法,它首先出现于法国文坛。1850 年,法国小说家商弗洛利在《艺术中的现实主义》一文中,初次用这个术语作为批判现实主义文学艺术的标志。在此前后,法国画家库尔贝和小说家尚弗勒里等人用"现实主义"这一名词来标明当时的新型文艺,并由杜朗蒂等人创办了一种名为《现实主义》的刊物(1856—1857,共出 6 期),发表了库尔贝的文艺宣言,主张作家要"研究现实",如实描写普通人的日常生活。这派作家还明确提出要用现实主义这个新"标记"来代替旧"标记"浪漫主义,奉狄德罗、斯丹达尔、巴尔扎克为楷模,主张现实主义的任务在于创造为人民的文学。从此,"现实主义"不仅是一种文学创作的方法和文艺思潮,也开始成为一种流派。

一般说来,19 世纪 30 年代,最早在法国、英国等地出现了现实主义文学思潮,以后波及俄国、北欧和美国等地。后来,现实主义在欧洲文学艺术中取代浪漫主义而占主导地位,成为一种主要的文艺思潮和运动,特别在西欧,现实主义成为文学艺术的主流,并使近代欧美文学达到了新的高峰。

由于现实主义文学具有强烈的批判性,因此,高尔基称之为"批判现实

---

① 孟庆枢、杨守森主编:《西方文论》,高等教育出版社,2007 年,第 162 页。
② 孟庆枢、杨守森主编:《西方文论》,高等教育出版社,2007 年,第 163 页。

主义"。19世纪的现实主义文学以揭露和批判社会的黑暗为主要特征,在法国和俄国取得的成就也最高。首开现实主义文艺理论先河的是法国作家斯丹达尔,他的《拉辛与莎士比亚》被认为是批判现实主义的第一部理论文献;其小说《红与黑》奠定了他在世界现实主义文学史上的地位。批判现实主义大师巴尔扎克的《人间喜剧》不仅代表了当时现实主义创作的辉煌成就,而且在创作过程中发展了现实主义理论。随后,法国小说家福楼拜把现实主义和实证主义、自然主义结合起来,突出了客观的真实性。

19世纪俄国的现实主义文学取得了非常优异的成就:作家多、作品多,时间长,影响深远。俄国的现实主义作家们,运用现实主义的创作方法,在作品中抨击沙皇的暴政,揭露农奴制的黑暗,反映重大的社会问题,把现实主义文学推向了新的高潮。其中代表性的作家有别林斯基、车尔尼雪夫斯基、托尔斯泰等。别林斯基对现实主义理论最主要的贡献是强调"典型"的作用。他认为,只有通过典型化,生活真实才能转化成艺术真实。他还明确地提出了形象思维的观点,认为文学创作必须坚持历史的、审美的批评原则。车尔尼雪夫斯基是继别林斯基之后的又一位现实主义大师,作为忠实的唯物主义者,他的现实主义观是从唯物主义哲学出发的,其不朽的名作《艺术与现实的审美关系》就强调文学创作要再现现实,批判生活。其《俄国文学的果戈理时期概观》表现了更为广阔的现实主义观,强调文学不仅要介入生活,而且要成为时代精神的载体。

进入20世纪30年代以后,现实主义理论的政治色彩被空前强化,特别是在苏联,现实主义理论和文学被冠之以"社会主义现实主义理论"和"社会主义现实主义文学",这不仅影响了20世纪30年代及以后的中国文学的创作,更影响了中国的现实主义理论,其余波一直到20世纪80年代初期。

在世界现实主义的文学长廊中,留下了一系列流芳百世的名作,代表性的有法国斯丹达尔的《红与黑》,巴尔扎克的《人间喜剧》、《欧也妮·葛朗台》,莫泊桑的《俊友》、《羊脂球》、《项链》;英国狄更斯的《双城记》、《大卫·科波菲尔》;俄国普希金的《叶甫盖尼·奥涅金》、《上尉的女儿》,果戈理的《死魂灵》、《外套》、《钦差大臣》,托尔斯泰的《战争与和平》、《安娜·卡列尼娜》、《复活》,契诃夫的《套中人》、《变色龙》;美国欧·亨利《麦琪的礼物》、《警察和赞美诗》,马克·吐温的《汤姆·索耶历险记》、《竞选州长》等。

（二）留学生与西方现实主义理论在中国的传播

现实主义文艺理论从其诞生到成熟经历了漫长的过程，并且从西欧和俄国不断地向世界其他国家和地区传播开来。进入 20 世纪后，各国各民族的交流空前加强，人类社会生活更加多姿多彩，文学出现了百花齐放的局面，多种文学思潮开始涌入中国。这时，中国文学在晚清开始的社会变革中，也逐步走出自我封闭的格局，以开放的姿态顺应文学潮流。在此过程中，作为中外文化交流的主要中介，留学生成为传播西方现实主义文艺理论和作品的主力，为现实主义在中国生根发芽作出了特殊的贡献。

从现实主义传入中国的历史来看，主要集中在"五四"时期和 20 世纪 30 年代，在这两个阶段，留学生们都成为传播现实主义的弄潮儿。

1. "五四"时期留学生们关于现实主义的介绍

现实主义思潮在我国"五四"前出现。清末民初特别是在"五四"时期，现实主义文艺理论及其作品越过千山万水，传播到遥远的东方古国。中国留学生作为一个特殊的文化群体，承担起了传播西方现实主义等理论的重任。其中陈独秀、周作人、鲁迅等留学生率先把西方现实主义引进中国。

（1）陈独秀关于现实主义的介绍

"五四"前，我国文学家对现实主义的理解还是比较零散的、幼稚的、模糊的。到"五四"时期，情况就发生了根本的变化。"五四"时期是中国历史上一个振奋人心的时代，反封建文化、反封建思想、反封建道德，对科学与民主的呼声，一浪高过一浪。百花齐放，百家争鸣，西方各种社会思潮和书籍以前所未有的规模、速度涌入中国。西方现实主义文艺理论及其作品也于此时正式登上了中国文学的大舞台。后来成为中国共产党主要创始人的陈独秀，最早提出了"现实主义"（当时称为"写实主义"）的口号。陈独秀（1879—1942），安徽怀宁（今安庆）人。1900 年留学日本，入东京高等师范学校速成科学习，1903 年因激进的政治言行被遣送回国。1906 年又赴日本早稻田大学学习，参加同盟会，1907 年回国。1915 年 10 月，陈独秀在《青年杂志》一卷二号上发表了《今日之教育方针》一文，第一次宣传现实主义理论：

唯其遵现实也，则人治兴焉，迷信斩焉；此近世欧洲之时代精神也。此精神磅礴无所不至；见之伦理道德者，为乐利主义；见之政治者，为最多数幸福主义；见之哲学者，曰经验论，曰唯物论；见之宗教者，曰无神论；见之文学美术者，曰写实主义，曰自然主义。一切思想行为，莫不植基于现实生活之上。古之所谓理想的道德的黄金时代，已无价值之可言。现实主义，诚今世贫弱国民教育之第一方针矣。①

同年 11 月，他又在《新青年》第一卷第三号上发表了《现代欧洲文艺谭》一文，进一步论述现实主义文学思潮："欧洲文艺思想之变迁，由古典主义（Classicalism）一变而为理想主义（Romantilism），此在十八、十九世纪之交"，"十九世纪之末，科学大兴，宇宙人生之真相，日益暴露，所谓赤裸时代，所谓揭开假面时代，宣传欧土，自古相传之旧道德、旧思想、旧制度，一切破坏。文学艺术，亦顺此潮流，由理想主义，再变而为写实主义（Realism），更进而为自然主义（Naturalism）"②。陈独秀此文的材料和观点都源于法国文学史家乔治·贝利西埃的《当代文学运动》一书。在此，他套用欧洲文学的发展模式来解释中国文学的发展，虽然不完全符合实际，但是，他认为中国在古典主义和浪漫主义的传统文学之后，应进入现实主义阶段。这不但肯定了西方现实主义的重要性，也对中国未来文学的发展表明了自己的远见。

1917 年，陈独秀在他语惊四座的《文学革命论》里，把"写实主义"与"国民文学"一并提倡，用来反对中国旧文学，疾呼建立新文学，这就是后来成为"五四"文学革命号角的"三大主义"："曰推倒雕琢阿谀的贵族文学，建设平易的抒情的国民文学；曰推倒陈腐的铺张的古典文学，建设新鲜的立诚的写实文学；曰推倒迂晦的艰涩的山林文学，建设明了的通俗的社会文学。"虽然陈独秀此文的重点不在建设新文学，而是现代政治启蒙，但却被后来的历史证明是中国"五四"文学革命的先声，是现实主义理论在中国立下的第一块基石。

从中国新文学的发展历程来看，上述陈独秀的几篇文章，传播了现实主义理论，拉开了中国向西方现实主义文学学习的序幕。

---

① 陈独秀：《陈独秀著作选》（第 1 卷），上海人民出版社，1984 年版，第 143 页。
② 陈独秀：《陈独秀著作选》（第 1 卷），上海人民出版社，1984 年版，第 156 页。

（2）周作人关于现实主义的介绍

周作人(1885—1968)，浙江绍兴人，鲁迅之弟，1906 年赴日本留学，初入东京法政大学预科，后改入东京立教大学学习海军技术，不久又改学外国语，并与鲁迅合译《域外小说集》，参与新文艺运动，1911 年夏回国。

这位颇多争议的新文学家，对现实主义文学理论在中国的传播有特殊的贡献。"五四"时期的周作人，曾任新潮社主任编辑，参加《新青年》的编辑工作，1921 年参与发起成立文学研究会，是一个既有创作成就，又有理论建树的现实主义作家、理论家。作为理论家，他译介了许多西方现实主义文学理论及作品。由于留学国外多年，译介外国文学成为他当初学习、借鉴和传播外国文学的直接途径。他尤其重视现实主义，在"1918 年到 1921 年短短的 4 年间，他便译了 54 篇。大多是俄国、日本以及波兰、匈牙利、瑞典、丹麦、南非、西班牙、以色列等东北欧弱小民族的现实主义作家作品"①。这一时期，周作人的译作大都是呼吁人性解放，提倡人道主义关怀为主题的欧洲现实主义小说。这些作品为改变中国陈腐的旧文学，建立一种新型的具有人道主义色彩的现实主义文学打下了基础。那时的周作人，在欧洲现实主义文学观的影响下，关注现实主义的人生，提出了著名的"人的文学"的主张。在 1918 年底、1919 年初，他发表了《人的文学》和《平民文学》两篇著名文章。前者系统地介绍了欧洲 19 世纪"人道主义为本"②的现实主义思潮，作者试图以西方文艺复兴后的人道主义精神去革新传统的文学观念，倡导以人道关怀为核心的现实主义文学。这切中了中国封建文学的弊端，给"五四"时期的文学创作以极大的影响。在《平民文学》一文中，周作人鲜明地提出了"平民文学"和"贵族文学"两种对立的文学观，这明显地受到了列夫·托尔斯泰"基督教国家的平民的艺术与贵族的艺术"的启发，其意义是非常积极的。因为在等级森严的阶级社会中，宣扬平民意识和平民文学，无疑是对封建的等级制度和贵族文学的否定。平民文学要求用通俗的白话语体，描写普通人的思想和生活，真实地反映世间普通男女的悲欢离合，而不必像传统文学那样强调英雄豪杰的事业、才子佳人的幸福。周作人的"平民文学"观，可以说是"人的文学"的具体阐释。这种以人道主义为出发点的现实

---

① 郭延礼：《中国近代翻译文学概论》，湖北教育出版社，1998 年版，第 442 页。
② 周作人：《人的文学》，载《新青年》，1918 年第 5 卷第 6 号。

主义,是与 19 世纪欧洲现实主义精神相吻合的,从而在社会上产生了很大影响。

由于《人的文学》和《平民文学》这两篇以现实主义命名的文章,引发了"文学为人生"的思考。1921 年,沈雁冰、周作人、朱希祖、郑振铎等 12 人发起成立了文学研究会,周作人起草了文学研究会的《宣言》,强调"为人生"的艺术,主张把文学看作"是一种工作,而且又是于人生很切要的一种工作",反对"将文艺当作高兴时的游戏或失意时的消遣"①。这标志着"五四"时期"为人生"的文学思潮正在形成,也树立了文学研究会的写实主义目标,并对整个新文学产生了很大的影响。

这一时期,文学研究会成员受俄罗斯和北欧的现实主义影响比较深。俄罗斯的许多文学理论被译介到中国来,影响较大的有周作人译的《文学上的俄国与中国》、张闻天译的《托尔斯泰的艺术观》、耿济之译的《艺术论》等。其中大多都是"人生派"的作家和批评家。这就使"写实主义的文学革命旗帜"被树立起来了。在实践上,文学研究会特别强调创作的真实性和观察描写的客观性,热烈地讨论社会、人生问题,例如国难、教育、妇女、爱情、劳工等,强调从这些现实的社会生活中寻找素材,关注人生的走向问题,因而,冰心、叶绍钧、王统照、许地山、庐隐等大批"人生派"作家涌现,一批所谓的"问题小说"也应运而生,不仅为我国当时的现实主义文坛增添了生机,也使现实主义发展成为中国现代文学史上占主流地位的文学思潮。

（3）鲁迅关于现实主义的介绍

鲁迅(1881—1936),浙江绍兴人,是中国新文学的"盗火者",他积极参与了西方文艺理论的翻译和传播,通过吸收与发展西方现实主义文艺理论,为中国的现实主义文学拓展了新路。1902 年,鲁迅"别求新声于异邦",去日本留学,不久,他弃医从文,广泛涉猎东西方文学,并且开始形成早期的社会思想和文艺思想。早年的鲁迅倾向于浪漫主义、象征主义,但随着社会的急剧变化,特别是五四运动的鼓舞,他成为一个执着的、反对"瞒和骗"的现实主义者。

"从大量介绍东欧、北欧、俄国现实主义作品开始,鲁迅真正坚实地选择

①　《文学研究会宣言》,载《小说月报》,1921 年第 12 卷第 2 号。

了现实主义。"①鲁迅是从对阿尔志跋绥夫、安特莱夫、果戈理、陀思妥耶夫斯基这些现实主义大师的倾慕而开始译介其理论及作品的。从 1924 年开始,他比较系统地翻译、介绍了外国文学思潮和方法,特别是译介日本文学理论家厨川白村的《苦闷的象征》等著作。其中重点译介过陀思妥耶夫斯基、安特莱夫等俄国作家为代表的现实主义的创作方法。鲁迅关于现实主义的思考,"集中体现在他为译作所写的许多序、跋中,重要的有《〈出了象牙塔〉后记》、《〈苦闷的象征〉引言》以及《诗歌之敌》等篇"②。如 1926 年鲁迅在所写的《〈穷人〉小引》中,引用了陀思妥耶夫斯基《作家手记》中的一段话:"以完全的写实主义在人中间发现人……人称我为心理学家(Pyschologist)。这不得当。但我是在高的意义上的写实主义者,即我是将人的灵魂的深,显示于人的。"鲁迅并对此加以说明:"在这'在高的意义上的写实主义者'的实验室里,所处理的乃是人的全灵魂。"可见,陀氏强调的是要写出灵魂的"深",而鲁迅在此基础上又强调要反映灵魂的"全"。这样,写(现)实主义的主旨就在于把人的灵魂深处的全部奥秘刻画出来,换言之,就是把人的心灵底蕴忠实地描绘出来。因此,现实主义在中国就有了新的发展。鲁迅与陀思妥耶夫斯基都是以描写深刻著称的现实主义大师,他们都善于剖析和拷问自我,把个人的罪孽感和痛苦感融入群体当中,并肩负起对国家、民族和人类社会发展的重任。通过译介域外的现实主义理论和作品,鲁迅不仅吸取了丰富的外国现实主义理论,而且在这过程中形成了他独特的现实主义观;他把现实主义理论的介绍、阐发和创作放在同等重要的位置,一边向中国文坛介绍域外现实主义理论和作品,一边创作了许多不朽的名著,如《呐喊》、《彷徨》中的一些名篇。所以,鲁迅现实主义创作的艺术风格极其深刻、圆熟。

简言之,作为新文学的奠基人,鲁迅不仅译介了富有特色的西方现实主义理论和文学作品,还依据现实主义的原则,创造出一批现实主义的杰作,把现实主义思潮推向了高潮。就其理论来源,这应该归功于他在日本接触了大量的现实主义文学。

---

① 王嘉良:《中国新文学现实主义形态论》,文化艺术出版社,2002 年版,第 74 页。
② 温儒敏:《新文学现实主义的流变》,北京大学出版社,2007 年版,第 49 页。

2. 20 世纪 30 年代"左联"留学生作家、理论家关于现实主义理论的介绍

1927 年国共两党分裂,文学界的政治对立异常明显,文学理论和文学创作"政治化"的倾向也日趋严重。此时,以"革命的罗曼蒂克"为特征的浪漫主义创作热潮开始盛行,占据了文坛的主导地位,现实主义在中国的传播则受到了严重的挑战。直到 1933 年,苏联的社会主义现实主义传入中国,"左倾"机械论影响才被逐步清除,现实主义重新扬帆起航,对现实主义多种风格、方法的探索也同时进行。在这一过程中,"左联"中留学生出身的作家、理论家,如鲁迅、萧三、周扬、胡风以及洪深、蒲风等发挥了重要的作用。他们不仅是"左联"的中坚,也是现实主义理论的传播者、深化者和实践者。下面扼要评述萧三、周扬、胡风对现实主义理论的贡献。

萧三(1896—1983),湖南湘乡人,1920 年夏赴法国勤工俭学,1923 年到莫斯科东方大学学习,1927 年去苏联养病,随后任"左联"驻苏代表,并参加国际革命作家联盟工作。他翻译了《列宁论文化与艺术》以及俄国和苏联的一些文学作品。

周扬(1908—1989),湖南益阳人,1928 年赴日留学,1931 年回国,参加"左翼"戏剧家联盟。1932 年,他转入"左联",主编其机关刊物《文学月报》,长期担任过"左联"党团书记,负责"左翼"文化总同盟的工作。

胡风(1902—1985),湖北蕲春人,1929 年到日本留学,进庆应大学英文科,曾参加日本普罗科学研究所艺术研究会,从事普罗文学活动,任"左联"东京分盟负责人之一。1933 年,他因在留日学生中组织抗日文化团体被驱逐出境;回到上海后,任"左联"宣传部长、行政书记。

20 世纪 30 年代,现实主义理论在中国的传播,主要源于苏联的社会主义现实主义理论。1930 年 11 月,国际革命作家联盟在苏联哈尔科夫召开代表大会,正式认可并推行"拉普"提出的"唯物辩证法创作方法"。当时,萧三作为"左联"的代表参加了会议,并向国内写了长篇报告,其中特别提到要实行"唯物辩证法创作方法",最先把这一"现实主义"理论介绍到国内。根据萧三的来信,"左联"于 1931 年 11 月通过了《中国无产阶级革命文学的任务》的决议,其中有专门一节谈"普罗"文学的创作方法。其中写道:"在方法上,作家必须从无产阶级的观点,从无产阶级的世界观,来观察,来描写。作家必须成为一个唯物的辩证法论者。中国无产阶级革命文学的作家,指导者及批评家,必须现在就开始这方面的艰苦勤奋的学习。必须研究马克思列宁主义,研究一切伟大的文学遗产,研究苏联及其他国家的无产阶级的文学作品及理论和批评。同时要和到现在为止的那些观念论,机械论,主观浪漫主义,粉饰主义,假的客观主义,标语口号主义的方法及文学批评斗争。"①实际上,所谓"唯物辩证法的创作方法",是把作家的世界观和创作方法等同起来,把作家认识世界的哲学观点和反映世界的形象思维等同起来,这明显地违反了文艺创作中形象思维的原则,不可避免地导致了"左倾"机械论。然而,当时它在促进作家重视现实题材,注意社会分析,克服"革命的罗曼蒂克"等不良风气方面,也还是起到了一些积极的作用,对后来现实主义的发展也不无益处。

1932 年,苏联开始探讨社会主义现实主义创作方法,后来在 1934 年全苏第一次作家代表大会上得到确立,并直接影响了中国对现实主义的理解。1933 年 10 月 1 日,作为"左联"负责人的周扬在《现代》第 4 卷第 1 期上发表了《关于"社会主义的现实主义与革命的浪漫主义"——"唯物辩证法的创作方法"之否定》的文章,最早而且比较详细地介绍了苏联提出社会主义现实主义口号的背景,并进行了评论。他认为,苏联提出这个创作方法的主要目的是为了否定"唯物辩证法的创作方法",因为"唯物辩证法的创作方法"是"拉普"组织上的宗派主义在文艺批评上的反映。在转引了当时苏联文艺理论家的批评意见之后,周扬还指出,这个口号的根本的理论错误就是"忽视文学的特殊的性质",把创作方法的问题直线地还原为全部世界观的问题。关于社会主义现实主义这一创作方法的现实基础,该文首先介绍了苏联文学理论家的论述,然后指出,这不是谁凭空想出来的,而是苏联已经有了这样的文学。周扬还把社会主义现实主义归纳为三个主要特点:① 在发展中、运动中去认识和反映现实;② 不在表面的琐事中,而在本质的、典型的姿态中去描写客观的现实;③ 大众性、单纯性。此文在国内产生了广泛而深远的影响,自此,社会主义现实主义逐渐成为评价中国新文学的主要标准。周扬还针对当时"左翼"文学创作中的不足,强调了艺术创作需要形象思维的观点。随后,周扬在与胡风就文学创作的典型问题展开的论争中,发表了《现实主义试论》和《典型与个性》的文章等。

---

① 《文学导报》,1931 年 11 月,第 1 卷第 8 期。

"左联"时期,胡风发表了大量的文艺理论批评文章,结集出版了《文艺笔谈》和《密云期风习小记》,还出版了一些包括介绍现实主义理论的译作。胡风的理论文章涉及多种文体及中外作家作品和"五四"新文学运动中出现的理论问题等,其中心是围绕现实主义的原则、实践及其发展而展开的。1935 年 5 月,胡风在其论文《论张天翼》中提出:"如果只是带着朴素的唯物主义观点在表面的社会现象中间随意地遨游","认识就很难深化"。他认为:"艺术活动的最高目标是把捉人的真实,创造综合的典型。这需要作家本人和现实生活的肉搏过程中才可以达到,需要作家本人用真实的爱憎去接近生活底层才可以达到。"胡风提倡"主观战斗精神"的现实主义,提出创作是作家的"自我扩张"的过程,强调作家在创作过程中要充分发挥主观能动作用,反对革命文学运动中长期存在的"公式主义"、"客观主义"的概念化、公式化和庸俗社会学的倾向;他坚持对人民大众启蒙的思想,主张在现代化的进程中建立文艺的民族形式。虽然胡风提出的这一观点在当时没有得到应有的重视,但引起了文艺理论工作者的思考,促进了现实主义理论的进一步发展、深化。

这一时期,其他留学生出身的作家、理论家对现实主义的传播也作出了贡献,如鲁迅编辑了《科学的艺术论丛书》(与冯雪峰合编);郭沫若(留日)译介了《文艺论丛书》;陈望道(留日)译介了《文艺理论小丛书》,其中很多内容都是关于现实主义的。还要指出的是,长期在苏联工作的瞿秋白译著的《现实主义——马克思主义文艺论文集》等,为包括现实主义在内的马克思主义文艺理论在中国的传播也作出了重要贡献。

(三) 留学生与非留学生学者在传播现实主义方面之区别

前面论述了留学生作为文化传播的媒介和桥梁,传播现实主义理论的主要情况。同时,我们也要指出,在留学生们把西方现实主义理论引入中国的过程中,不断受到欧风美雨洗礼的非留学出身的先进的中国人,也为它的枝繁叶茂辛勤劳作,建功立业。但因学历背景不同,留学生出身与非留学生出身的作家、理论家在传播现实主义的过程中还是有所不同的。

下面,我们先看一下非留学生出身的茅盾、郑振铎的有关情况。

茅盾(1896—1981),原名沈德鸿,又名雁冰,1896 年诞生于浙江乌镇。他是中国现实主义文学理论的重要倡导者,系统地阐述了有关现实主义的理论观点,明确提出了"文学为人生"的口号。茅盾在介绍、引进西方 19 世纪现实主义文学理论和作品时,根据中国的实际情况,形成了他具有个性色彩的现实主义理论。其主要贡献是:把西方现实主义理论与中国新文学运动的实际加以结合,推动了我国现实主义文学思潮的健康发展。

1919 年 8 月,茅盾用白话翻译了契诃夫的《在家里》,这是他的第一篇用白话文翻译的小说。在此后几个月里,他又译了契诃夫的《他的仆》、《夜》、《日落》、《万卡》;高尔基的《情人》;莫泊桑的《一段弦线》等短篇小说及其他一些作品、评论,从而开始了他在中国传播现实主义理论和作品的征程。1920 年,茅盾发表了第一篇文学论文《现在文学家的责任是什么》,初步地表达了"为人生"的现实主义文学主张。1921 年他与郑振铎、叶绍钧、周作人等发起成立了文学研究会,主编并革新《小说月报》,积极倡导创作"为人生"的现实主义文学。此后,他还翻译了许多外国文学作品,特别是弱小国家、弱小民族的作品,撰写了《欧洲大战与文学》等几篇介绍外国文学和作家的文章,还连续发表了《论无产阶级艺术》、《告有志研究问学者》、《问学者的新使命》等文章,比较系统地提出了建设无产阶级艺术的主张。1930 年,他最终完成的《蚀》,初步显示了其现实主义创作的基本特色。茅盾还提出了现实主义创作的原则,即文学应该尽可能真实、客观、准确地反映现实生活的原貌,不掺杂主观倾向,让读者自己通过作品得到启发,寻找答案。这对整个中国现代文学的发展产生了重要而深远的影响。1931 年到 1937 年,是茅盾创作最旺盛的、最丰富的时期。这个时期他创作的《子夜》,被瞿秋白评价为中国第一部写实主义的成功的长篇小说。抗战爆发后,以长篇小说《腐蚀》为代表,显示了其现实主义创作的深入。

郑振铎(1898—1958),原籍福建长乐,著名作家、文学评论家、文学史家和翻译家。五四运动时开始发表作品,后与茅盾等人发起成立文学研究会。1923 年,他接替茅盾主编《小说月报》,在《文学旬刊》、《小说月报》等刊物上发表了大量的文学评论,宣扬现实主义理论,批评了"为艺术而艺术"的观点,成为当时文学研究会重要的理论批评家。这一时期,郑振铎在介绍世界文学方面,尤其对印度和俄罗斯文学贡献甚大(而且译介外国作品与创作新文学是同时进行的),仅 1920 年一年,他就发表了《〈俄罗斯名家短篇小说集〉序》、《俄罗斯文学的特质与其史略》、《写实主义时代之俄罗斯文学》《〈艺术论〉序言》、《俄国文学发达的原因和影响》等。他还撰写了一些重要的学术著作,其中 1924 年的《俄国文学史略》是中国出版的第一本俄国文学史,其中还专章评述了别林斯基、车尔尼雪夫斯基、杜勃罗留波夫等人的文学理论,高度评价了高尔基的创作及其文学思想。1925 年的《泰戈尔传》也是中国第一本介绍、评述印度著名诗人泰戈尔的专著;1927 年的《文学大纲》,洋洋 80 万言,把中外文学史及其名著合在一起叙述,产生了较大的影响。1927 年,郑振铎旅居欧洲。1935 年春,郑振铎任暨南大学文学院院长。此后,他主编了大型文学丛刊《世界文库》,组织许多著名作家、翻译家、学者,系统地介绍了中外古典文学名著。在此前后,他还参加《中国新文学大系》的编选工作等。郑振铎的贡献不仅在于参与成立文学研究会,译介域外的现实主义作品,为现实主义文学主潮推波助澜,而且在于他有自己的现实主义文学主张,成为文学研究会中的激进派。他在《血和泪的文学》一文中说:"我们现在需要血的文学和泪的文学似乎要比'雍容尔雅','吟风啸月'的作品甚些吧。"这一主张不仅含有理性、现实的批判精神,而且蕴含真实的情感。"血和泪文学"的倡导,大大缩短了中国文学与 19 世纪西方批判现实主义文学的距离,使中国文学开始接近世界文学"主潮"。

由上可见,非留学生出身的作家、理论家也为现实主义理论在中国的传播作出了贡献,那么,留学生出身与非留学生出身的作家、理论家在传播现实主义的过程中的区别是什么呢?

1. 传播的时间先后不一,贡献大小不等

根据文化传播理论,一种文化是否能够被新的人群、民族所接受,首先要取决于它的内容是否能够被接受。在东西方文艺理论交流史上,一国接受另一国的文艺理论,不是单纯地随便引进,而要受到一些客观需要的制约。这就决定了传播者要对传播内容进行辨析、吸收、加工和改造。在 20 世纪初各种涌向中国的文艺思潮中,留学生们之所以首选现实主义,是因为现实主义注重客观描写,深入剖析社会。正如叶圣陶所说,现实主义是要"写出全民族的普遍的深潜的黑暗,使酣睡不愿醒的大众也会跳将起来"[①]。而留学生们在国外生活多年,近水楼台先得月,较早较多地接触了西方现实主义理论和作品,因此留学生们早于非留学生们在中国举起了现实主义的大旗,开现实主义风气之先河。例如,陈独秀最早用进化论看待欧洲现实主

---

① 叶绍钧:《创作的要素》,载《小说月报》,1921 年第 12 卷 17 号。

义思潮,认为现实主义是中国新文学的必经阶段。1915 年,他就在《现代欧洲文艺史谭》一文中,首先提出了现实主义问题。之后,李大钊、胡适、周作人等也纷纷提倡现实主义,都早于非留学生出身的理论家。特别是周作人在 1918 年底、1919 年初,在《新青年》发表了《人的文学》与《平民文学》两篇文章,较为具体系统地阐释了现实主义理论,对新文学的现实主义"主潮"产生了很大的影响,其成绩也大于非留学生出身的作家、理论家。

2. 传播的阵地不同

相比较而言,留学生与非留学生作家、理论家在传播文化现实主义的过程中,不仅成绩有大小,时间有先后,而且他们的阵地也不同。西方现实主义文艺理论在中国传播的初期,介绍现实主义文艺论及作品的文章,大多都是由留学生发表在《新青年》上的。其主要代表人物陈独秀、胡适、李大钊、鲁迅、周作人等,他们大都是《新青年》的编委、编辑。他们顺应时代潮流,认为现实主义是新文学的必经阶段,不断翻译外国现实主义作品,介绍现实主义作家及其理论,以《新青年》为主要阵地,掀起了一股"现实主义"热。1918年 5 月,《新青年》还出版了《易卜生专号》,挑战传统,提倡易卜生的写实主义,在当时引起了很大的反响,使"问题小说"成为作家们普遍的写作取向。

茅盾、郑振铎等非留学生是在 1921 年文学研究会成立以后,开始形成他们的"为人生"的现实主义写作观,他们以文学研究会的中心刊物《小说月报》作为宣传西方现实主义文艺理论的工具。茅盾和郑振铎等翻译的西方大量的现实主义的作品,就是在《小说月报》上发表的。还有,他们围绕文学研究会形成了现实主义的创作流派,在总体上保持并发展了中国文学现实主义的"主潮"。

这种现象说明了一个简单的道理:人以群分。由于不同的教育背景,留学生比非留学生在组织社团、编辑刊物等方面,有一定的群体性。

3. 理论建树与创作的侧重点有区别

文艺界的留学生与非留学生们都有创作的作品和理论文章,他们在两方面都有不同程度的贡献,但他们还是有区别的。例如,留学生出身的鲁迅和周作人,在"五四"时期不仅有理论译介,且有理论建树,还有代表了那个时期的现实主义创作。周作人不仅发表了《人的文学》、《平民文学》、《思想革命》等重要理论文章,还从事散文、新诗的创作和译介外国文学作品,从而成为新文化运动的代表人物之一。"五四"以后,作为《语丝》周刊的主编和主要撰稿人之一,他创作了大量的散文。在其影响下,20 世纪 20 年代形成了包括俞平伯、废名等作家在内的散文创作流派,一个被阿英称作"很有权威的流派"。

从时间的过程来看,特别是相对于非留学生出身的作家、理论家,他们更集中于理论传播。无论是鲁迅还是周作人,到 20 世纪 30 年代他们的创作之数量和影响,都难敌茅盾、叶圣陶、郑振铎等持续进行现实主义创作的作家。虽然,茅盾、郑振铎等也有理论文章,但无论是相对于鲁迅、周作人,还是相对于他们自己的创作时间,关于现实主义理论的建树都要稍逊一筹。又如周扬、胡风,更以理论见长。

综上所述,现实主义文艺理论在 20 世纪前期传入中国,留学生对其在中国的传播和实践都有特殊的贡献,时间最早、成绩最大、影响最广,是传播现实主义理论的主要的代表者和重要的实践者。

二、留学生与马克思主义文艺理论在中国的传播

伴随中国历史乃至人类历史上这种极其罕见的文化交流大潮,马克思主义从 20 世纪初开始传入中国,并从"五四"时期开始对中国的社会发展产生了深远的影响。其中马克思主义文艺理论也在传入中国不久,成为中国共产党指导文艺工作的主导思想并一直延续至今。因此,以往对此问题的研究多从中共党史的视角展开,这很有意义,但视野难免有所局限。若从整个近代中国历史发展的背景来考察,从中西文化的交流与 20 世纪初的文学变革的现象来看,马克思主义文艺理论在中国的传播,实际上又是近代西学东渐和中国人学习西方科学民主大潮的一部分,而且与近代以来中国的留学运动与留学生有着密切的联系。为此,下面仅从传播主体留学生的角度,对 20 世纪初至 1949 年间马克思主义文艺理论在中国的传播及其相关问题加以探讨。

(一) 留学生传播马克思文艺理论的历史进程

从传播过程和趋势上来看,留学生传播马克思主义文艺理论呈现出先慢后快的态势,经历了一个不自觉的选择、主动传播与最终接受和中国化的历程,可分为四个阶段。

1. 留学生传播马克思主义的萌芽阶段(1898—1917)

在近代中国,1894 至 1895 年的甲午战争是一个重要标志:昔日强大的中华帝国惨败于日本,这不仅是一种耻辱,更是史无前例的警醒。从此,人类历史上一个空前的留学大潮在中华大地上涌起,万千学子抱着求医寻药的急切愿望,纷纷留学于异邦,探求救国救民的真理,包括马克思主义在内的西方各种学说也开始以空前的速度传入中国,而留学生则自然地成为西学东渐的桥梁。

传播过程　从传播学的意义上讲,马克思主义在中国的传播始于留日学生在日本创办杂志并翻译日本学者研究马克思主义的论著,其他说法还有待更深入的考证。①

1900 年,中国留日学生戢翼翚、杨廷栋、杨荫杭和雷奋等在东京创办了《译书汇编》。在 12 月 6 日的创刊号上,刊登了署名"坂崎斌"(真实姓名待考,但为留日学生当无疑)译的日本著名学者有贺长雄(1860—1921)之《近世政治史》,接着在第 2、3、6、8 各期连载。该书是一本介绍欧洲 19 世纪政治斗争史的著作,"其中第三章第一节第一部分《万国工人总会及德意志支部》,介绍了马克思流亡伦敦,召集各国工人之首领,创立万国工人总会(第一国际)的情况,以及第一国际的宗旨、规约、组织机构和斗争纲领"②。1903 年 2 月,广西留日学生马君武(后来留德)在《译书汇编》上发表《社会主义与进化论比较》一文:"马克司(即马克思)者,以唯物论解释历史学之人也。马氏尝谓阶级竞争为历史之钥。"③此外,国外留学生出版的刊物如《新世纪学报》、《民报》、《浙江潮》、《天义报》等十几种刊物,也都介绍过马克思、恩格斯及其学说。

这个时候,孙中山领导的资产阶级民主主义革命运动正如火如荼地开展,也推动了马克思主义在中国的传播。1905 年成立的中国同盟会,其主要成员大都介绍过西欧的社会主义思想。如 1906 年初,广东具有留日经历的朱执信在同盟会机关报《民报》第 2 号上发表的《德意志社会革命家小传》

---

① 关于马克思主义最早是 1898 年或 1899 年在中国开始传播的说法虽然流传很广,但争议很大,基本上被否定,见唐宝林:《马克思主义何时传入中国》,载《光明日报》,1998 年 4 月 3 日。

② 秀麟、武岩:《我国最早介绍马克思主义的译著小考》,载《求索》,1983 年第 1 期。

③ 马君武:《社会主义与进化论比较》,载《译书汇编》,1903 年 2 月第 11 期。

中,扼要介绍了马克思、恩格斯的生平活动并节译了《共产党宣言》的部分内容。[①] 辛亥革命前后,社会主义几乎成了一种时代思潮。朱执信在《社会主义大家马儿克之学说》(马儿克即马克思)[②]一文中,认为社会主义学说之所以能风行于全世界,主要应归功于马克思。当时,具有留学经历的孙中山、刘师培等人也偶尔介绍过马克思主义。资产阶级改良派的代表人物梁启超,虽然不是留学生,但也关注马克思主义学说。1902 年 9 月 15 日,他在其创办的《新民丛报》第 18 号上发表了《进化论革命者颉德之学说》一文,说:"麦咯士(即马克思)日耳曼人,社会主义之泰斗也。"

传播特点　从传播主体来看,最初介绍马克思主义的为留日学生。这是因为,当时由于路近费省,留日学生的数量远远超过留学欧美的学生。而且由于中日一衣带水,日本的侵略行径和国内的政治风雨,更不时刺激他们的敏感神经,其政治兴趣和爱国热情相应地也高于其他地区的留学生,从而对马克思主义学说产生兴趣。又因大批留日学生经常回国,因此,他们运用的传播媒介虽然仍是报刊,但传播地域却从日本转移到了国内,这比在日本更容易产生影响。但这一阶段传入中国的并不是马克思主义文艺理论,而是其社会政治和经济学说。这表明,对于当时的中国而言,能够对社会现实产生直接作用的马克思主义的社会政治学说和经济学说,更容易被传播主体和受众所关心。但由于传播主体和传播手段的限制等,它在中国的传播是缓慢的,其影响也微乎其微。而且,留学生和其他人士对马克思主义的介绍,还是不自觉的、零散的,其中甚至还包含一些曲解和误解。这正如毛泽东所说:"在十月革命以前,中国人不但不知道列宁、斯大林,也不知道马克思、恩格斯。"[③]但这种传播却为以后马克思主义在中国的传播打下了基础。

2. 留学生传播马克思主义文艺理论的初期(1917—1927)

十月革命以后,特别是从五四运动开始到 1927 年左右,由于国内外形势的变化,传播主体对马克思主义的认识有了新的飞跃,马克思主义在中国的传播也进入了一个新的自觉的历史阶段。

(1) 早期具有留学经历的共产党人与马克思主义文艺理论的传播

---

① 复旦大学中文系编:《马克思主义文艺理论发展史》,中国文联出版公司,1995 年版,第 387 页。

② 朱执信:《社会主义大家马儿克(马克思)之学说》,载《新世界》,1912 年第 2 期。

③ 《毛泽东选集》,人民出版社,1964 年版,第 1360 页。

1917 年,十月革命的胜利极大地影响了中国的知识分子,其中的一部分人开始把东盼西顾的目光转向了北方;五四运动的爆发,更推动了各种西方社会文化思潮在中国的传播,引发了中国历史上最为壮观的西学东渐大潮。钟情于西方文化的知识分子们如鱼得水,大量翻译包括马克思主义在内的西方文化,其中具有留学经历的早期共产党人李大钊、陈独秀、李汉俊、李达、陈望道等对传播马克思主义最为努力。

李大钊关于马克思主义文艺理论传播 李大钊(1889—1927),河北乐亭人,1913 年赴日,考入早稻田大学政治本科,1916 年回国,1918 年任北京大学图书馆馆长,1919 年领导五四运动。在"五四"前后的两年中,他先后发表了《法俄革命之比较观》、《庶民的胜利》、《布尔什维主义的胜利》、《新纪元》、《我的马克思主义观》、《物质变动与道德变动》、《马克思的历史哲学》、《由经济上解释中国近代思想变动的原因》、《唯物史观在现代史学上的价值》等文章。其中在《我的马克思主义观》一文中,有从日文转译的马克思关于唯物史观的概述,包括文艺作为社会意识形态之一的观点,这可视为马克思主义文艺理论在中国最早的介绍。李大钊还在其主持的北京《晨报》副刊上开辟了《马克思研究》专栏,1920 年在北京大学组织了马克思学说研究会,从而对马克思主义经典学说和文艺理论在中国的传播作出了重要贡献。

陈独秀关于马克思主义文艺理论的传播 陈独秀于 1915 年在上海创办《青年》杂志(后更名《新青年》)。1918 年,他创办了"五四"时期最有影响的报纸之一《每周评论》,与《新青年》相互配合,共同"输入新思想","提倡新文学"。如 1919 年 4 月 6 日,《每周评论》第 16 号上发表了《共产党宣言》第二章"无产者和共产党人"的最后几段译文,称"宣言"是"新时代的文书",突出地强调了马克思、恩格斯的阶级斗争学说。1920 年在上海发起组织第一个共产主义小组。1920—1921 年,在《新青年》开辟《俄罗斯研究会》专栏,发表 35 篇文章,如郑振铎译高尔基的《文学与现在的俄罗斯》①、震瀛(即袁振英)的译文《列宁》②、《文艺与布尔塞维克》③和卢那察尔斯基的《苏维埃政府的

---

① [苏联]高尔基著:《文学与现在的俄罗斯》,郑振铎译,载《新青年》,1920 年第 8 卷第 2 期。
② [苏联]马雅可夫斯基著:《列宁》,袁振英(笔名震瀛)译,载《新青年》,1920 年第 8 卷第 3 期。
③ [美]*Soviet Russia* 周报之《文艺与布尔塞维克》,袁振英(笔名震瀛)译,载《新青年》,1920 年第 8 卷第 4 期。

保存艺术》①等，介绍了十月革命后苏联的文艺政策、文艺现状和文艺理论。

李汉俊、李达、陈望道对马克思主义文艺理论的介绍　当时，热心宣传马克思主义的代表人物，还有李汉俊、李达和陈望道等。由于他们具有更多的学者因素，且社会活动较少，因此，他们有更多的时间注重马克思主义经典著作的翻译。也正是在他们参与的传播大潮中，马克思主义文艺理论随之传入中国。

李汉俊（1890—1927），湖北潜江人，1902留学日本，毕业于东京帝国大学，获工科学士学位。在日期间，他结识了日本著名马克思主义经济学家河上肇，开始接受马克思主义。1918年，他回国后主要从事著述和翻译工作，以多个笔名在《民国日报》、《新青年》、《建设》、《劳动界》、《共产党》、《小说月刊》等报刊上，发表了译作《〈资本论〉入门》等60多篇译文和文章。1920年，他与陈独秀、李达等发起组织上海共产主义小组，创办《劳动界》周刊；代理中共上海党支部书记，并主编《新青年》，1921年出席中共一大。

李达（1890—1966），湖南零陵人，1913年赴日留学，后因病回国。1917年，他再次赴日，考入日本第一高等学校即东京帝国大学学习，开始接触马克思主义，翻译了《唯物史观解说》、《社会问题总览》、《马克思经济学说》等，并在国内出版，1920年春回国，参与组织上海共产主义小组，并代理小组书记，任《共产党》月刊主编，1921年出席中共一大，当选为中央局宣传主任。

陈望道（1890—1977），浙江省义乌人，1915年赴日留学，先后在东洋大学、早稻田大学、中央大学等校学习文学、哲学、法学等，并阅读马克思主义著作，1919年回国，任浙江第一师范学校语文教员。1920年，他翻译出版了中国第一本《共产党宣言》（中文全译本）；同年12月起，负责《新青年》的编辑工作。此外，还翻译了《近代俄罗斯文学底（的）主潮》②等。

其他留学生关于马克思主义文艺理论的传播　这一时期马克思主义学说的传播非常广泛，很多留学生都有不同程度地介入。其中有范寿康（留日）及其所译河上肇的《马克思的唯物史观》③；郑超麟（署名超麟，留法、留

---

① ［苏联］卢那察尔斯基著：《苏维埃政府的保存艺术》，袁振英（笔名震瀛）译，载《新青年》，1921年第8卷第5期。

② ［日］升曙梦著：《近代俄罗斯文学底（的）主潮》，陈望道译，载《小说月报》，1921年12卷《俄国文学研究》专号。

③ ［日］河上肇著：《马克思的唯物史观》，范寿康译，载《东方杂志》，1921年第18卷第1期。

苏)及其所译列宁的《托尔斯泰和当代工人运动》①;鲁迅(留日)及其所译藏原外村的《苏俄文艺政策》②、托洛茨基的《文学与革命》的第三章"亚历山大·勃罗克"③;冯乃超(署名"一声",留日)及其所译列宁的《论党的出版物与文学》(今通译为《党的组织和党的出版物》)④;韦漱园(留苏)等翻译的《无产阶级的文化与无产阶级的艺术》、《未来主义》、《〈文学与革命〉引言》⑤等。

此外,其他非留学生出身的早期中国共产党人,如瞿秋白、沈雁冰、邓中夏、恽代英、萧楚女等,也作出了很大贡献,在此略。

(2)留学生传播马克思主义及其文艺理论的特点

在这一阶段,以上提到的留学生可谓是马克思主义文艺理论在中国的真正传播者。这不仅是指他们实现了从国外传播马克思主义理论到国内的转移,更重要的是他们开始从自发地介绍转向自觉地阅读并翻译马克思、恩格斯的经典著作,如《每周评论》发表了《共产党宣言》的部分译文,最典型的是陈望道对《共产党宣言》全文的翻译。因此,这一阶段留学生们对马克思主义的传播有了新的特点,即不再像上一时期仅仅靠翻译或介绍日本学者研究马克思主义的成果,而是主动、自觉地翻译,还有专门的研究,如李大钊在《晨报》副刊开辟了《马克思研究》专栏,蒋光慈(留苏)发表了《无产阶级革命与文化》⑥,沈泽民(留日)发表了《文学与革命的文学》⑦等。所以,十月革命与五四运动是马克思主义在中国传播的分水岭。

不过,这个时期传入中国的马克思主义文艺理论,并不是马克思主义理论的主流,仅仅是其中的一小部分,而且马克思、恩格斯关于文艺理论的经典著作介绍进来的还很少,大多是他们对文艺相关基本问题的论述,而且相当一部分并非是马克思、恩格斯自己的著作,而是苏联的马克思主义者的著作。

(3)马克思主义文艺理论在中国传播的影响

---

① [苏联]列宁著:《托尔斯泰和当代工人运动》,超麟译,上海《民国日报·觉悟》,1925年2月13日。

② [日]藏原外村著:《苏俄文艺政策》,鲁迅译,载《奔流》,1925年6月连载。

③ [苏联]托洛茨基著:《文学与革命》第三章"亚力山大·勃罗克",鲁迅译,北新书局,1926年版。

④ [苏联]列宁著:《论党的出版物与文学》,一声译,载《中国青年》,1926年第144期。

⑤ [苏联]托洛茨基著:《〈文学与革命〉引言》,韦漱园等译,未名出版社,1928年版。

⑥ 蒋光慈:《无产阶级革命与文化》,载《新青年》,1924年第3期。

⑦ 沈泽民:《文学与革命的文学》,载《民国日报·觉悟》,1924年11月6日。

　　首先,留学生们传播马克思主义文艺理论,直接与当时的新文化运动所主张的"为人生"的诉求相呼应。现代文学史告诉我们,从"五四"新文化运动期间"为人生"的文学,到之后的"革命文学"再到"左联"时期的文学,文学界所争论的话题,诸如文艺与生活、文学的阶级性、文艺与政治等,无不与其基本问题相关。因此,马克思主义文艺理论在此期间的传播,不仅有坚实的现实基础,还有明显的指导作用。如上述列宁的两篇文艺论著的传播,是这一时期马克思主义文艺论著译介中的突出成果,产生了深远的影响。

　　其次,这一时期马克思主义文艺理论的传播及其引发的争论,使得一批年轻的文学理论家和作家投入了马克思主义的怀抱,其中具有留学经历的有李初梨、冯乃超、彭康、朱镜我、沈端先等。例如,李初梨(1900—1994),四川江津人,1915 年留学日本,先在东京高等工业学校攻读电气专业,1919 年受国内五四运动的影响,弃工从文。1925 年,他考入京都帝国大学文学部学习,接触了马克思主义。1927 年 10 月,他回国参加创造社,成为其后期的重要成员,并创办了《文化批判》,1928 年加入共产党,参与创办上海艺术大学。

　　由于这一批"洋秀才"的加入,导致了 20 世纪 30 年代"左联"时期马克思主义文艺理论传播的高潮,包括鲁迅在内的一些新文学家接受了马克思主义文艺理论。总的说来,这一时期马克思主义文艺理论在中国的传播,较之上一时期有着显著的变化,作为传播主体的留学生们已把握并开始传播马克思主义文艺理论的基本概念。

3. 留学生传播马克思主义文艺理论的中期(1927—1937)

　　在 1927 至 1937 年的 10 年间,是留学生在中国传播马克思主义文艺理论的高潮期。这 10 年之所以为一个时期,主要是因为在中国现代文学史上,这是"左翼"文学运动蓬勃发展的 10 年,而留学生又在其中发挥了领导和中坚作用,马克思主义文艺理论在此期间得到了进一步的传播。

　　(1)传播主体阵容扩大,专门传播媒介或研究机构众多

　　这一时期传播马克思主义文艺理论的主体依然是留日学生,而且主要是"左翼"文学家,其形成高潮的原因除了当时国内的政治形势外,还与日本侵略中国所导致的留日学生大批回国有关。如沈端先(即夏衍,留日,1927)、冯乃超(留日,1927)、李初梨(留日,1927)、彭康(留日,1927)、朱镜我(留日,1927)、楼适夷(留日,1929—1931)、胡风(留日,1929—1933)、周扬

（留日，1931）等，均在这一时期回国。由于他们在日期间，就受到马克思主义的熏陶，所以一回国便很快加入"左联"，积极从事"左翼"文学活动，翻译与撰文介绍马克思主义文艺理论，从而成为"左联"的中坚和传播马克思主义文艺理论的主力军。

"左翼"文学运动发端于1928年无产阶级革命文学口号的提出，其发起人主要是以留日学生为主体的创造社，并由此展开了近三年的文学与革命关系的争论。这场争论，历时三年，最终双方消除了一些隔阂，于1930年在上海成立"'左翼'作家联盟"，沈端先（留日）、冯乃超（留日）、钱杏邨、鲁迅（留日）、田汉（留日）、郑伯奇、洪灵菲7人为执行委员；中共在"左联"设立党团，冯乃超、阳翰笙、冯雪峰、钱杏邨、耶林（即张眺）、丁玲、周扬（留日）历任党团书记。其中冯乃超、周扬、鲁迅在其中的作用最大。鲁迅、周扬前面都有介绍，此处不再赘述。

冯乃超（1901—1983），原籍广东南海，生于日本横滨华侨家庭，1923年毕业于日本第八高等学校理科，就读于东京帝国大学哲学系社会学科，后改学美学与美术史。在此期间他参加了创造社，还参加了日本学生组织的马克思主义读书会和艺术研究会，接受苏联和日本的左派文艺理论。1927年，他回国后，编辑、主编《文化批判》和《创造月刊》，成为创造社后期的中坚。后与鲁迅等筹组"左联"，任"左联"首任党团书记兼宣传部部长、中共上海中央局文化工作委员会书记兼文化总同盟书记。

周扬在日本时就受到了马克思主义的影响，并与日本"左翼"文化人士来往，阅读马克思主义著作，还研读了俄苏文学等。当时周扬受日本"普罗"文学的影响，曾因参加有关活动而被捕。1930年，他回到上海，先后加入"左翼"戏剧家联盟和"左联"。1931至1932年，在对"自由人"和"第三种人"的批判中，他先后发表了《自由人文学理论检讨》和《文学的真实性》两篇文章，坚持马克思主义文艺理论的立场。1932年9月，他接任"左联"机关刊物《文学月报》主编。在"左联"组织的文艺大众化讨论中，他发表了《关于文学大众化》一文，体现了其办刊宗旨和文学观。1933年，他任"左联"党团书记，1935年春，升任中共上海中央局文委书记，兼任文化总同盟书记。从1933至1936年底，他一直领导"左联"直到"左联"解散。

当时，"左联"大会通过了冯乃超起草的"左联"纲领，宣称："我们的艺术是反封建阶级的，反资产阶级的，又反对'稳固社会地位'的小资产阶级的倾向。我们不能不援助而且从事无产阶级艺术的产生。"会上,鲁迅作了《对于"左翼"作家联盟的意见》的著名演讲。大会还通过了成立马克思主义研究会、创办联盟机关杂志《世界文化》等17项提案;开展"外国马克思主义文艺理论研究"、"中国非马克思主义文艺理论的检讨"等研究课题。此后,"左联"及"左翼"作家还创办了《萌芽月刊》、《文学月报》、《文艺研究》、《译文》等,发表了许多关于马克思主义文艺理论的论文;出版了从国外翻译的马克思主义文艺论著和文艺论著丛书,如《马克思主义文艺论丛书》等。因此,以留学生为主要领导和中坚的"左翼"文学运动,掀起了马克思主义文艺理论的传播高潮。

(2) 传播内容丰富

这一时期,由于经过"五四"新文化运动的洗礼,众多文学工作者接受了马克思主义,因此传播队伍明显壮大,传播的内容也更加丰富,这可以分为两部分。

第一部分:马克思、恩格斯、列宁的经典文艺论著与论文。首先,要指出的是,我国第一个翻译马克思文论的人并非留学生,而是冯雪峰,其译文《艺术形成之社会的前提条件》发表在1930年1月的《萌芽月刊》。此后,马克思、恩格斯、列宁关于文艺的一些经典论著陆续被留学生翻译成中文,如:陆侃如(留法)译的恩格斯的《致哈克奈斯女士书》[①];鲁迅(留日)译的恩格斯的《恩格斯致敏娜·考茨基信摘》[②];胡风(留日)译的恩格斯的《与敏娜·考茨基论倾向文学》[③]和列宁的《托尔斯泰像俄国革命的一面镜子》[④];郭沫若(留日)译的马克思、恩格斯的《艺术作品之真实性》[⑤];陈北鸥(留日)译的恩格斯的《作家论》[⑥]等。

第二部分:苏联马克思文艺理论家的文艺论著。主要是卢那察尔斯基、普列汉诺夫、高尔基等人的论文与著作,且数量甚多。下面笔者根据目前收

---

① 〔德〕恩格斯著:《致哈克奈斯女士书》,陆侃如译,载《读书杂志》,1933年6月第3卷第6期。

② 〔德〕恩格斯著:《恩格斯致敏娜·考茨基信摘》,鲁迅译(1933年8月据日译转译),载《南腔北调集·关于翻译》。

③ 〔德〕恩格斯著:《与敏娜·考茨基论倾向文学》,胡风译,载《译文》,1934年第1卷第4期。

④ 〔苏联〕列宁著:《托尔斯泰像俄国革命的一面镜子》,胡风译,载《译文》,1934年第1卷第4期。

⑤ 〔德〕马克思、恩格斯著:《艺术作品之真实性》,郭沫若译,群益出版社,1936年版。

⑥ 〔德〕恩格斯著:《作家论》,陈北鸥译,上海光明书局,1936年版。

集到的有关材料,依照发表时间列成表9-1。

表 9-1 传播苏联与马克思文艺理论家的文艺论著一览表

作品名称	著者姓名	编译者姓名及留学国家	发表刊物、时间
文学与革命	特洛斯基	韦漱园,留苏,李霁野	未名社出版,1928年2月
关于马克思主义文艺批评底任务之大纲	卢那察尔斯基	朱镜我,留日	《创造月刊》,1929年1月
托尔斯泰之死与少年欧罗巴	卢那察尔斯基	鲁迅,留日	《春潮》,1929年1月15日第1卷第3期
苏俄十年间的文学论研究	冈泽秀虎	陈雪帆,即陈望道,留日	《小说月报》,1929年3月10日第20卷第3期连载
文艺与批评	卢那察尔斯基	鲁迅,留日	水沫书店,1929年10月
新兴文学论	倍·柯根	沈端先,即夏衍,留日	上海南强书店,1929年11月
小说与唯物史观	Lchowicz	戴望舒,留法	《小说月报》,1929年12月
现代新兴文学的诸问题	片上伸	鲁迅,留日	大江书铺,1929年
俄罗斯文学观	罗莎罗森堡	沈端先,即夏衍,留日	《拓荒者》,1930年1月10日1卷1期
苏俄文艺概论	凡伊斯白罗特	洛生,即刘呐鸥,留日	《小说月报》,1930年1—2月第21卷第1—2期
伊里几的艺术观	列裘耐夫	沈端先,即夏衍,留日	《拓荒者》,1930年2月10日第1卷第2期
车勒芮绥夫司基的文学观	普列汉诺夫	鲁迅,留日	《文艺研究》,1930年2月15日
艺术论	卢那察尔斯基	鲁迅,留日	大江书铺,1930年2月
艺术之社会的意义	弗里契	洛生,即刘呐鸥,留日	《新文艺》,1930年3月15日
艺术风格之社会学的实际	弗里契	洛生,即刘呐鸥,留日	《新文艺》,1930年4月15日第2卷第2期
普希金论	卢那察尔斯基	江思,即戴望舒,留法	《新文艺》,1930年4月15日第2卷第2期
艺术是怎样产生的	卢那察尔斯基	钱歌川,留日、留英	《北新》,1930年5月1日

（续表）

作品名称	著者姓名	编译者姓名及留学国家	发表刊物、时间
文艺政策	藏原惟人、外村史郎辑	鲁迅,留日	水沫书店,1930 年 6 月
艺术论	普列汉诺夫	鲁迅,留日	上海光华书局,1930 年 7 月
无产阶级革命文学说	AndonGabor	鲁迅,留日	《世界文化》创刊号,1930 年 9 月
艺术社会学	弗里契	刘呐鸥,留日	神州国光社,1930 年 10 月
苏俄的文学理论	冈泽秀虎	陈雪帆,即陈望道,留日	大江书铺,1930 年 12 月
唯物史观的艺术论	伊可维支	戴望舒,留法	上海光华书局,1930 年
文学方法论者普列汉诺夫	耶考芜莱夫	何畏,即何思敬,留日	上海春秋书店,1931 年 5 月
高尔基创作四十年纪念论文集	卢那察尔斯基等着	周起应,即周扬,留日,编译	良友图书公司,1932 年 10 月
社会主义的现实主义论	华希里可夫斯基	森堡,即任钧,留日	《现代》,1933 年 10 月 1 日
L. N. 托尔斯泰与他的时代	乌里扬诺夫	何思敬,留日	《文艺》,1933 年 12 月 15 日
现实与典型	洛森达尔	张香山,留日	东京质文社,1936 年 1 月
小说家本质	卢卡契	胡风,留日	《小说家》创刊号,1936 年 10 月
文学论	高尔基	林林,留日	东京质文社,1936 年 11 月
唯物史观的文学论	伊科维兹	廖芯光,留日	上海杂志公司,1936 年 11 月
论社会主义的现实主义	罗森达尔	胡风,留日	夜哨丛书出版社,1937 年 8 月
实证美学的基础	卢那察尔斯基	齐明,即陈望道,留日	世界书局,1937 年 7 月
论自然派	别林斯基	周扬,留日	《译文》,1935 年第 2 卷第 2 期
批评家杜勃洛柳蒲夫	沙可夫	周扬,留日	《译文》,1936 年新 1 卷 2 期

资料来源:根据中国艺术研究院外国文艺研究所主编《马克思主义文艺理论研究》(第 1 卷),文化艺术出版社,1982 年版以及李衍柱主编《马克思主义文艺理论在中国》,山东文艺出版社,1990 年版等资料综合编制。

据上面不完全统计:① 原作共 36 部;② 原作者共 25 人;③ 译者包括编译者共 17 人。其中被翻译的原文作者作品的部数见表 9‐2。

表 9‐2　翻译马克思文艺理论家作品统计表

原文作者	被翻译成中文的部数	原文作者	被翻译成中文的部数
卢那察尔斯基	7	普列汉诺夫	2
Lchowicz	1	凡伊斯白罗特	1
Andon Gabor	1	华希里可夫斯基	1
卢卡契	1	别林斯基	1
弗里契	3	特洛斯基	1
片上伸	1	列裘耐夫	1
伊可维支	1	乌里扬诺夫	1
高尔基	1	沙可夫	1
冈译秀虎	2	倍·阿根	1
罗莎罗森堡	1	藏原惟人、外村史郎	1
耶考芜莱夫	1	洛森达尔	2
伊科维兹	1	文集	1

可以看出,卢那察尔斯基被翻译的著作最多,达 7 部;译者个人译作的部数见表 9‐3。

表 9‐3　翻译马克思文艺理论家个人译作数统计表

姓名	译作数	姓名	译作数
鲁迅(留日)	8	周起应(留日)	1
刘呐鸥(留日)	4	任钧(留日)	1
陈望道(留日)	3	张香山(留日)	1
夏衍(留日)	3	林林(留日)	1
戴望舒(留法)	3	廖芯光(留日)	1
何思敬(留日)	2	钱歌川(留日、英)	1
胡风(留日)	2	韦素园(留苏)	1
朱镜我(留日)	1	周扬(留日)	2

　　其中留日学生(包括留日、留英的钱歌川在内)译著 32 篇,占译作总量的 89%,可见留日学生翻译马克思主义文艺理论著作之勤。其中,鲁迅的贡献尤为突出。他不仅翻译马克思、恩格斯、普列汉诺夫、卢那察尔斯基等马克思主义经典作家的文艺论著,而且写下了诸如《文艺与政治的歧途》、《文学与革命》、《文学的阶级性》、《"硬译"与"文学的阶级性"》、《关于翻译》等理论文章。自 1929 年 6 月起,鲁迅还主持编印了一套《科学的艺术论丛书》(即《马克思主义文艺论丛》),共计 8 本。其中他自己翻译的就有 4 本,即普列汉诺夫的《艺术论》,卢那察尔斯基的《艺术论》、《文艺与批评》与《文艺政策》。

　　此外,成就、影响较大的还有周扬和胡风。他们比其他译者更重视马克思主义文艺理论与中国实际相结合。这个阶段,周扬对苏联无产阶级文学作品和马克思主义文论尤为重视,除撰有论文《十五年来的苏联文学》、编译《高尔基创作四十年纪念论文集》外,还写了《夏里宾与高尔基》、《高尔基的文学用语》、《高尔基的浪漫主义》等文章。对于别林斯基和杜勃罗留波夫,周扬也有很大的热情,他翻译的别林斯基的《论自然派》[①],是别林斯基文学论文最早的中译本。他还以列斯为笔名,写过关于别林斯基的专论《纪念别林斯基的 125 周年诞辰》[②]。他还译过沙可夫的《批评家杜勃洛柳蒲夫》[③]。这期间,他在 1933 年 4 月号《现代》杂志上发表的《关于社会主义现实主义和革命浪漫主义》,是国内第一篇介绍苏联社会主义现实主义创作方法的文章。随后他还发表了《现实主义试论》和《典型与个性》等文章,根据马克思主义文艺观,阐述了典型与个性的关系。胡风也根据自己的理解,提出了"主观战斗精神"等主张,并与周扬展开了争论,深化、促进了文艺界对马克思主义文艺理论的理解。

　　1936 年,根据日寇侵华的严峻现实和中共党内斗争策略的转变,周扬等"左翼"文艺运动领导人认为,应克服文艺界的宗派主义,建立文艺界的抗日民族统一战线,解散"左联",提倡"国防文学"。为此,胡风在 1936 年夏发

---

　　①　[苏联]别林斯基著:《论自然派》,周扬译(《1847 年俄国文学一瞥》的节译),载《译文》,1935 年第 2 卷第 2 期。

　　②　周扬:《纪念别林斯基的一百二十五周年诞辰》,载《光明》,1936 年 7 月第 1 卷 4 号。

　　③　沙可夫著:《批评家杜勃洛柳蒲夫》,周扬译,载《译文》,1936 年第 1 卷第 2 期。

表了重要文艺论文《人民大众向文艺要求什么》①,于是,有了"民族革命战争的大众文学"与"国防文学"两个口号的论争。不过,最终促成了《文艺界同人为团结御侮与言论自由宣言》的发表。这不仅标志着"左翼"文艺界经过论争达成了共识,也开启了 20 世纪 40 年代马克思主义文艺理论中国化之先声。

还要指出的是,瞿秋白与冯雪峰虽然不是留学生,但在这一时期也有巨大贡献。作为北京《晨报》驻莫斯科特派记者,瞿秋白在回国前后,翻译了许多苏联马克思主义文艺理论作品。其突出贡献是:1932 年他根据苏联共产主义学院《文学遗产》第 1、2 期公布的新发现的文献资料,翻译了恩格斯给玛·哈克奈斯和保·恩斯特的两封信,以及普列汉诺夫的《易卜生的成功》、《别林斯基的百年纪念》、《法国的戏剧文学和法国的图画》、《唯物史观的艺术论》、拉法格论佐拉的《金钱》,并编译了一本《"现实"——马克思主义文艺论文集》。该书是中国第一本马克思主义文艺论著选。此外,他还从俄文翻译了列宁的《列甫·托尔斯泰像一面俄国革命队伍的镜子》、《L. N. 托尔斯泰和他的时代》,摘译了《党的组织和党的出版物》的重要部分,并编译了《高尔基论文选集》等。此前我国多是从日文、英文转译马克思、恩格斯、列宁、斯大林的著作,而瞿秋白则是从俄文直译,这在中国马克思主义文艺理论传播史上是个重要的转折。

冯雪峰也翻译了一些马克思主义文艺理论著作。本文不作详细介绍,从略。

4. 留学生与马克思主义文艺理论传播的高潮与中国化(1937— 1949)

在这一阶段,内忧外患极其深重,起初,大批国土沦陷,中华民族面临严重的存亡危机;其后,内战的烽火漫天狂烧,人民仍然不能休养生息。但是,由于共产党人在陕北建立了根据地,一些文学家、翻译家在延安得以利用这种有利的政治环境,集中翻译马克思主义文艺理论;在国统区的翻译家,也利用抗日民族统一战线建立的有利时机,翻译出版了一批马克思、恩格斯的文艺论著。由于抗战结束后的内战时期很短,因此,其成果也主要集中于 1937 至 1945 年间。

---

① 胡风:《人民大众向文艺要求什么》,载《文学丛报》,1936 年 6 月第 3 期。

(1)留学生更为自觉系统地译介马克思主义文艺论著

其主要成果有 6 个：

第一个成果为 1939 年欧阳凡海（留日，1933—1935）译的《马恩科学的文学论》①。这是一本马克思、恩格斯论文艺的书信集，选取了《马克思致拉萨尔》、《恩格斯致拉萨尔》、《恩格斯致玛·哈克奈斯》、《恩格斯致保·恩斯特》的四封信。此书信集是马克思、恩格斯的文艺观第一次在中国传播的集中体现。

第二个成果为 1940 年楼适夷（留日，1929—1931）译的《科学的艺术论》②，是译自苏联共产主义学院文艺研究所的编本。该书分别从社会生活中艺术的地位、文学的遗产与观念形态的艺术三部分，摘录了马克思、恩格斯著作中有关的论述，以反映马克思、恩格斯文艺观的基本面貌。

第三个成果为周扬主持编译并校对，曹葆华、天兰译的《马克思恩格斯列宁论艺术》③。该书收入了马克思、恩格斯 5 封著名的文艺书信，列宁论托尔斯泰的 4 篇文章，还有苏联学者写的两篇关于马列艺术研究的论文。

第四个成果为周扬选编的《马克思主义与文艺》④。该书不仅收入了马克思、恩格斯、列宁、斯大林、毛泽东、普列汉诺夫、高尔基以及鲁迅的有关论著，还结合具体内容分为五个部分编排，即意识的文艺、文艺的特质、文艺与阶级、无产阶级文艺与作家和批评家。因此，该书在内容与体系上超越了以往任何一本有关的译本与选本，由此可见周扬对马克思主义文艺理论的熟悉程度。正是在此基础上，周扬在该书的序言中，结合《在延安文艺座谈会上的讲话》，对马克思主义文艺理论和毛泽东文艺思想首次作了集中的阐释，对马克思主义文艺理论中国化作了进一步的发挥，这对后来中国文艺的发展产生了长期的影响，也由此奠定了他的马克思主义文艺理论权威的地位。

第五个成果为博古（留苏）全文翻译的列宁的《党的组织和党的文学》⑤。这篇译文是这篇文章在我国的第一个全译本。

---

① ［德］马克思、恩格斯等著：《马恩科学的文学论》，欧阳凡海译，上海读书生活出版社，1939 年版。

② 苏联共产主义学院文艺研究所编：《科学的艺术论》，楼适夷译，上海读书生活出版社，1940 年版。

③ 《马克思恩格斯列宁论艺术》，曹葆华、天兰译，周扬编校，鲁迅艺术学院，1940 年版。

④ 周扬选编：《马克思主义与文艺》，延安解放社，1944 年版。

⑤ ［苏联］列宁著：《党的组织与党的文学》，博古（P·K）译，载《解放日报》，1942 年 5 月 14 日。

第六个成果为 1944 年萧三选译的苏联选本《列宁论文化与艺术》(上册)①。这是一本列宁关于文艺问题言论的选辑,也是作为诗人萧三的重要翻译成果。

苏联一些马克思主义文艺理论家的著作也被译介过来,主要有:卢那察尔斯基著、齐明(即陈望道,留日)译的《实证美学的基础》②;加里宁著、肖三(即萧三,留法)译的《谈艺术工作者应学习马列主义》③;M. 魏丹松著、沙可夫(留法、苏)译的《列宁与文学遗产问题》④;卢那察尔斯基著、杜宣(留日)译的《批评论》⑤;聂奇金纳著、郑易里(留日)译的《资本论的文学构造》⑥,等等。

此外,一些非留学生还译介了马克思主义经典著作与马克思主义文艺理论家的文艺论著。⑦

(2) 马克思主义文艺理论的中国化加速了其传播的影响

马克思主义文艺理论的中国化是一种历史的必然。如上所述,在此过程中,周扬有特殊的贡献,此外,还必须提及胡风。在这一时期,胡风以他对马克思主义文艺理论的感悟,形成了其"主观精神与客观真理化合或融合"的现实主义观。与周扬所代表的具有主流意识形态色彩的马克思主义文艺理论不同,胡风所张扬的"主观战斗精神",极富个性特色,成为试图以马克思主义文艺理论指导中国文艺实践的另一种代表。如文艺评论集《密云期风习小集》(1935—1938)、《民族革命战争——文艺性格》(1939)、《论民族形式问题》(1940)、《论现实主义的路》(1948)、《人与文学》(编辑译文集,1941)等,都表现了他对马克思主义文艺理论的理解和运用。

(3) 马克思主义文艺理论传播的特点

---

① 〔苏联〕列宁著:《列宁论文化与艺术》(上册),萧三选译,重庆读者出版社,1944 年版。
② 〔苏联〕卢那察尔斯基著:《实证美学的基础》,齐明译,世界书局,1937 年版。
③ 〔苏联〕加里宁著:《谈艺术工作者应学习马列主义》,萧三译,载《中国文化》,1940 年 8 月。
④ 〔苏联〕M. 魏丹松著:《列宁与文学遗产问题》,沙可夫译,载《五十年代》,1941 年 5 月(创刊号)。
⑤ 〔苏联〕卢那察尔斯基著:《批评论》,杜宣译,载《人世间》,1943 年 4 月第 1 卷第 4 期。
⑥ 〔苏联〕聂奇金纳著:《资本论的文学构造》,郑易里译,上海读书生活出版社,197 年版。
⑦ 如 1938 年何芜译自日文本的《列宁给高尔基的信》;有关列宁的重要论文如《列宁论作家》、《党的组织和党的文学》,斯大林的文艺论著也开始被译介到中国,翻译家戈宝权是其主要的传播者。1940 年他编了《斯大林论民族文化》,之后又相继翻译或编译了《斯大林论作家》、《斯大林论苏联文化革命》、《见于斯大林论著中的文学形象》、《列宁与斯大林论电影》、《列宁和斯大林论高尔基》等。

这一时期留学生传播马克思主义文艺理论的显著特点有两点：

一是呈现出译著与论著的系列化。不再像以前那样多是零散的、单篇的文章，而多以译著或论著的形式出现，如上面所列出的重要译著，从而实现了从以往论文的传播向以翻译与编译论著为主的转变。这反映了留学生传播马克思主义文艺理论的高度自觉和研究水平的提高，并突出地表现出中国化的倾向。同时，这也更有利于受众对于马克思主义文艺理论的系统性理解与把握。

二是传播内容与现实的紧密结合。1937年全面爆发的抗日战争把近现代爱国主义运动推向了高潮，自"五四"开始的"为人生的文学"、"革命文学"的现实主义传统，得以更紧密地联系并反映社会现实，救亡图存的当务之急要求文艺更直接地为现实服务，这为马克思主义文艺理论在中国的深入传播提供了更充分的理由。如博古的译文由于发表在延安整风运动，特别是延安文艺座谈会召开期间，因此它对中共指导文艺问题发挥了重要的作用。而1942年《在延安文艺座谈会上的讲话》的发表，不仅是马克思主义文艺理论中国化的集中体现，也促进了它在中国的传播。而随着共产党的壮大，马克思、恩格斯、列宁、斯大林等的文艺论著与苏联文艺理论家论著的翻译与出版，更为中国共产党所重视。

（二）留学生传播马克思主义文艺理论的意义

回顾现代中国文化传播史，可以看出，马克思主义文艺理论对中国产生了深远的影响。这不仅表现在对中国现代文论的影响，而且对中国现代历史的发展也产生了明显的影响。

1. 对中国现代历史的发展产生了影响

马克思主义文艺理论是伴随近代西学东渐的大潮，伴随着近现代中华民族的爱国热潮，伴随着马克思主义传入中国的热潮而传入中国的。从留学生发现了马克思主义开始，其传播的初衷就是希望借助这种理论以救国救民。鸦片战争后，由于中华民族备受列强的欺凌与反动官府以及地主豪绅的压迫，追求民族独立与国家富强成为所有中国人的心声，而马克思主义关于科学社会主义的理论让当时处于黑暗之中的中国人看到了光明。因此，一些人在留学期间较早地发现了马克思主义并积极宣传，从而催生了中国共产党。而无论是马克思主义文艺理论本身还是夺取政权的共产党人，都强调文学的阶级性、实践性和武器的作用，所以，作为马克思主义学说一部分的文艺理论，在共产党的组建、发展和夺取政权、建立新中国的过程中，无疑起到了重要的作用，从而对 20 世纪以来，特别是五四运动以来中国社会的发展产生了重要影响。

2. 马克思主义文艺理论的传播对新文学的发展产生了重大影响

这一影响主要是由共产党的文艺方针和地位所决定的，并具体表现在共产党所特别推崇的马克思主义关于文艺与社会的基本论述等原则对中国现代文学的影响方面。自"五四"新文化运动发端以后，新文学便开始关注人生和社会现实，使文学的内容与人生的命运紧密地结合在一起，形成了政治色彩很强的现实主义文学传统。所以，虽然新文学流派众多，但是"为人生"的文学始终是文学发展的主流，关注中国的社会现实已成为其主要特色。从文学革命到革命文学，再到"左翼"文学和解放区文学乃至 1949 年前整个 30 年的现代文学，可谓一步一步地把现实主义文学推向了高潮。中国现代文学大量的优秀作品可以证明，尤其是在 20 世纪 30 年代产生了许多已经成为中国现代文学的经典著作，著名的就有《子夜》、《骆驼祥子》、《家》等。因此，十月革命之后马克思主义文艺理论在中国的传播途径与范围渐行渐阔、渐行渐大，乃至在 1949 年新中国成立后，在文艺界定于一尊，中国的文艺理论、文学批评与文学创作，无不受其影响。实际上，就共产党的影响而言，从抗日战争的延安时期开始，马克思主义文艺理论就已成为其文艺运动的指导思想。这种影响在近现代中国文化传播史上和思想传播史上是独一无二，无与伦比的。

三、传播过程中的不足和教训

由于历史、时代、传播主体等方面的原因，留学生在中国传播现实主义理论与马克思主义文艺理论的过程中，也存在着一些不足①，至少表现在如下两方面。

第一，传播的间接性导致经典文本本身与阐释文本的混杂，甚至误读。

---

① 关于马克思主义文艺理论在中国的传播所造成的不足，可参见：李衍柱的《马克思主义文艺理论在中国》，山东文艺出版社，1990 年版；季水河的《百年反思：20 世纪马克思主义文艺理论在中国的传播、发展与问题》，载《湖南师大学报》，2005 年第 1 期等等。

当时,留学生们很少有从马克思、恩格斯的母语德语原文本直接翻译的,不仅大多依据英、日、俄等文本所转译,而且多从日、俄两国出版的著作中翻译,因此,其中必然带有日、俄民族的文化特色。更重要的是,在传播的初期与中期,留学生大部分都是转译日本与苏联的马克思主义文艺理论研究成果,其中主要是考茨基、普列汉诺夫、卢那察尔斯基以及一批日本理论家的著作,而直译的经典原著很少。因此,在传播过程中难免夹杂进庸俗的论述,导致原著精髓的变形与变味,从而使受众有可能因为接受了阐释者的误导,难以完整地把握马克思主义文艺理论的本质。

第二,对现实主义文艺理论与马克思主义文艺理论的学理重视不够,偏重于政治功利的实用性而忽略其关于文艺自身与审美特性的论述。由于中国特定的国情,马克思主义文艺思想在中国的传播,一开始就与政治思想、意识形态领域尖锐复杂的斗争结合在一起。这在 1942 年把马克思主义文艺理论定于一尊之后,特别是在 1949 年中国共产党成为执政党以后,其中关于文艺与现实、文艺的意识形态等内容更被不适当地加以强调,而忽视了有关文艺自身与审美特性等部分的内容;其学理性的一面常常被上级对下级的指令性的要求所淡化,对其学理性的研究更因"极左"路线的影响而受到严重的干扰,从而导致文艺本身性质、特点的弱化和淡化。因此,马克思主义文艺理论在中国的传播及中国化过程中,不由自主地被增添了明显的政治主导性和强烈的功利性。文艺为政治服务的理念就是典型的居于指导地位的官方的意识。这种观点无论对文学批评还是文学创作,都产生了巨大的消极影响,使得文艺的工具性得以畸形张扬,扭曲了中国文艺的正常发展,在"文化大革命"中更达到了登峰造极的地步。这种违背学理的国外源头,就是苏联文论中不科学的一面。这在周扬的文艺思想和实践中有明显的体现。因此,从中国实践出发,正本清源,从马克思主义经典原著中汲取营养,并以发展的眼光,挣脱教条的束缚,把马克思主义文艺理论作为一门科学,一种关于文艺的学说来运用、研究和发展,才能有利于中国的文艺发展。

综上所述,留学生是现实主义文艺理论与马克思主义文艺理论在中国最早与最主要的传播者。其中现实主义创作方法成为 20 世纪中国文学创作的主流,尤其在 1949 年以后,成为中国官方认可的主流的创作方法;现实主义也大多被所谓革命的现实主义所取代,在一段时间内甚至成为排斥除了所谓革命的浪漫主义以外的创作方法的一种"革命理论"。因此,现实主义在传播到中国以后长期被扭曲,一直到改革开放以后才逐渐得以恢复本来面目;而马克思主义文艺理论从其在20世纪初的传播萌芽,经由十月革命和五四运动后的初期传播,再到20年代末至30年代中期的传播高潮,最后到40年代形成的传播高峰,这一传播过程也是马克思主义文艺理论中国化的过程。这种传播和中国化不仅影响了中国现代文学的发展,也对20世纪中国社会的发展产生了影响,其中有很多经验教训值得总结与反思。其中最主要的是:从传播主体的角度认识留学生这个特殊的知识分子群体在传播马克思主义文艺理论过程中的作用和局限,历史地辨析这种传播效应对中国现代社会发展尤其是文学发展的多重影响。

第十章
留学生与赫尔巴特教育理论在中国的传播

　　西方教育理论在中国的传播,始于明末。当时的欧洲来华传教士在传播基督教教义的同时,也将一些西方教育理论知识介绍到中国。其中意大利传教士高一志(PAlphonsusVagnoni)和艾儒略(JulioAleni)在介绍西方教育的著作中含有零星的教育理论的内容。① 甲午战争之后,西学大规模地传入中国,严复、梁启超等学人对国外的教育理论有所介绍,特别是从1901年王国维翻译日本文学士立花铣三郎讲述的《教育学》开始,形成了引进西方教育理论的第一次高潮,对中国的教育发展产生了深远的影响。在这过程中,留学生尤其是留日学生发挥了重要的作用。

一、赫尔巴特教育理论的主要内容

　　甲午之役,中国惨败于向来被国人轻视的日本,这极大地刺激了国人。但与此同时,日本的近代化成就也为中国提供了学习的榜样,朝野上下迅速掀起了一股向日本求师问道的思潮。以日本为中介转口输入西学,当时被认为是比较适合国情的一大捷径,于是乎"日本每一新书出,译者动辄数家,新思想之输入如火如荼"②,而教育理论作为当时通过日本输入西学的重要组成部分,对清末的教育改革产生了巨大影响。当时世界教育界正风行赫尔巴特教育理论,日本教育界更是由一批赫氏影响下的教育家所主持。恰在此时,众多的中国留学生在日本学习师范,因此,赫尔巴特教育理论也就

---

　　① 高一志的教育类代表作有《幼童教育》等;艾儒略的代表作有《西学凡》、《职方外纪》等。参见:金林祥主编《20世纪中国教育学科的发展与反思》,上海教育出版社,2000年版,第9、10页;田正平主编:《中国教育史研究》(近代分卷),华东师范大学出版社,2001年版,第305、306页。
　　② 梁启超:《清代学术概论·儒家哲学》,天津古籍出版社,2003年版,第86页。

成为中国留学生引进的主要内容。

赫尔巴特(Johann Friedrich Herbart,1776—1841),德国著名教育家、心理学家和哲学家。在长期的教育实践和理论探讨的基础上,赫尔巴特明确提出了把教育学建成一门独立学科的设想,并为此作出了巨大的努力,建立了一个较为完整的教育思想体系。1806年,他出版的《普通教育学》一书,为现代教育学学科的建立奠定了基础,被国际教育界视为科学教育学产生的里程碑。该书以伦理学和心理学为基础,建立了一套完整的教育理论体系;后又经其学生齐勒尔(T. Ziller 又译戚勒)、莱茵(W. Rein)、斯托伊(K. Von Stoy)等人的宣传、修改,使之更加完备,并由此形成了赫尔巴特教育学派。赫氏教育理论的产生使教育学作为一门独立的学科跻身于科学的殿堂,以至于"在很长的时期里,人们把'赫尔巴特教育理论'和'科学教育理论'作为同义词"①。

在体系结构上,赫尔巴特教育学派把教育分为两部分:第一部分为教育的目的,第二部分为教育的方法(又分为:教授、训育及养护三部分),即"目的-方法"的体系结构。该学派认为,教育的本质就是要把学生培养成具有完美道德品格的人。因此,道德教育是教育最根本、最首要的任务,是教育的最高目的。"教育的唯一的工作与全部的工作可以总结在这一概念之中——道德。"②为了实现这一目标,赫尔巴特理论突出了教师的权威地位,主张以严格的管理和教学作为保证,认为教学就是严格的管理与训育,但该学派同时也反对过分的体罚。在教学方法上,赫尔巴特倡导将教学过程分为明了、联络、系统、方法四个阶段,即著名的形式阶段理论。后来,其弟子齐勒尔又将"明了"分为"分析与综合"两个阶段,于是,形成了"五段教学法";其后,齐勒尔的弟子莱茵又将其改为:预备、提示、联络、概括和应用五段,后来成为很快风行世界的"五段教学法"。

赫尔巴尔特教育理论在其生前并未引起教育界足够的重视,直到1861年,齐勒尔首次提出"赫尔巴特学派"的名称,并于1865年出版了《教育性教学原理的基础》一书,才标志着赫尔巴特学派的诞生。1868年,在齐勒尔的倡导下成立了科学教育学会(赫尔巴特教育学会),并出版会刊《科学教育学

① [德]鲍尔生:《德国教育史》,腾大春等译,人民教育出版社,1986年版,第165页。
② 赵祥麟主编:《外国教育家评传》(2),上海教育出版社,1992年版,第99页。

会年鉴》。在该会的宣传、推动下,赫尔巴特教育理论开始在德国风行并取得主导地位。1885 年,赫尔巴特教育理论的集大成者莱茵在德国耶拿大学主持教育学工作。在其努力下,耶拿大学成为当时赫尔巴特教育理论的世界中心,美国、英国、罗马尼亚、芬兰、瑞典、希腊、日本、澳大利亚、南非、智利等国的专家、学者纷纷来此研习教育。因此,从 19 世纪后期开始,赫尔巴特的教育理论得到了广泛传播,风行全世界,对 19 世纪末、20 世纪初许多国家教育的发展,产生了广泛的影响。

中国接受赫尔巴特的影响是通过日本借道产生的。1887 年,东京帝国大学聘请赫司可纳特(Emil Hausknecht)教授教育学,赫尔巴特教育理论自此开始在日本传播。后来,日本政府派遣大量留学生前往德国学习教育,这些留学生归国后致力于赫尔巴特教育理论的宣传与实践,并使之在日本教育界占据统治地位。如谷本富(1867—1946)从 1892 年开始,曾先后在东京高等师范学校、京都帝国大学任教,并以赫尔巴特之传人自居,积极倡导和宣传赫尔巴特教育理论,成为日本最早的赫尔巴特教育理论的传播者之一。又如,大濑甚太郎(1865—1944)曾于 1893 至 1897 年间先后在柏林大学、莱比锡大学、巴黎大学研习教育学、心理学,其教育思想深受赫尔巴特教育理论的影响,回国后在东京高等师范学校、东京大学等校任教,著有《教育学》、《教授法教科书》《实用教育学》等。此外,汤原元一、汤本武比古、波多野贞之助、泽柳政太郎等人,也都是当时日本著名的赫尔巴特教育学家。

由此不难想象,清末留学日本学习师范的中国学生受到赫尔巴特教育理论影响之广、之深,他们引进赫尔巴特教育理论也就完全在情理之中。

二、赫尔巴特教育理论在中国的传播

(一) 留学生传播赫尔巴特教育理论的主要方式

甲午战争后,中国大批莘莘学子负笈东瀛,他们在日本接受了近代化的教育,逐步形成了迥异于中国传统的思维方式和价值观念,成为近代中国新知识群体和中外文化交流的桥梁。他们通过自己的留学经历,深切体会和认识到西方及日本强大的重要原因之一就是重视教育,民智发达。"国之所立者,国民也,造国民者,教育也"①;"教育者,保国之物也"②。因此,他们自觉担负起拯救危亡中国的历史重任,不遗余力地宣传、引进西方教育理论,并身体力行,开启民智,促进中国教育的现代化。由于受当时日本教育界的影响,赫尔巴特教育理论也就成为他们宣传引进的主要内容。

1. 通过创办杂志,介绍赫尔巴特教育理论

留学生创办或主持的一些杂志成为当时传播赫尔巴特教育理论的主要载体。这些杂志大致可以分为两类:一是专业教育杂志,如《教育世界》、《教育杂志》、《直隶教育杂志》、《学部官报》等。其中尤以王国维主持的《教育世界》影响最大。该杂志创刊于1901年,是清末最早的教育专业杂志,也是引进西方教育理论尤其是赫尔巴特教育理论的一个重要窗口。曾经留学日本的王国维非常重视西方教育理论和教育制度的宣传与介绍,《教育世界》上的文章大多是译自日文中关于各国学制、教育法规、教科书、教学法及教育史、教学管理等教育理论的内容。《教育世界》还首开介绍赫尔巴特及其学派之先河,除译介日本赫尔巴特教育家牧濑五一郎的《教育学教科书》③,汤本武比古的《教授学》④,大濑甚太郎、中川延治的《教授法沿革史》⑤等著作外,还发表或转载了《费尔巴尔图派之教育》(费尔巴尔即赫尔巴特——笔者注)⑥、《德国大教育家海尔巴脱传》(海尔巴脱即赫尔巴特——笔者注)⑦、《秩耳列耳氏之品性陶冶论》(秩耳列耳即齐勒尔——笔者注)⑧、《兰因氏之教育学》(兰因即莱茵——笔者注)⑨及《德国海尔巴脱派教育学会纪事》(译

---

① 不难子:《教育学》,载《浙江潮》(影印本),留日浙江同乡会编辑发行,第2期,第49页。
② 霖苍:《铁血主义之教育》,载《浙江潮》(影印本),留日浙江同乡会编辑发行,第10期,第67页。
③ 〔日〕牧濑五一郎著:《教育学教科书》,王国维译,载《教育世界》,1902年7月,第29、30号。
④ 〔日〕汤本武比古著:《教授学》,译者不详,载《教育世界》,1901年10—11月,第12、13、14号。
⑤ 〔日〕大濑甚太郎、中川延治著:《教授法沿革史》,译者不详,载《教育世界》,1902年5—6月,第25、26、27、28号。
⑥ 《费尔巴尔图派之教育》,译者不详,载《教育世界》,1903年10—12月,第61—64号。
⑦ 〔德〕附司脱伊、秩耳列耳:《德国大教育家海尔巴脱传》,译者不详,载《教育世界》,1904年8月第80号。
⑧ 《秩耳列耳氏之品性陶冶论》,译者不详,载《教育世界》,1905年4月,第96号。
⑨ 《兰因氏之教育学》,译者不详,载《教育世界》,1906年10月,第134—138、140、141、142号。

自德国贝达葛格杂志)①等文章及著作,比较全面地介绍了赫尔巴特的生平及其学说的内容。

留日学生还通过在日本创办、编辑的其他综合性杂志以传播赫尔巴特教育理论,如《江苏》杂志第 1 期发表了吴治恭的《泰西教育家语录》,第 3、4、6、9 期发表了云窝的《教育通论》,第 5 期发表了沼胡的《教育私议》;又如《云南》第 2 号发表了观于海者的《教育浅论》,第 3、4 号发表了易水的《教师论》(译自日本泽柳政太郎的讲述),第 3、7 号发表了炎裔的《普通教育学科说略》,第 14 号发表了《论教授法之批评》(云南杂志社社员译自日本中泽忠太郎的讲稿)等;再如,《游学译编》第 1 期发表了陈润霖译的《教育论》,第 2、3 期发表了黄轸译的《学校行政法论》(山田邦彦著)、第 8 期发表了中岛半次郎原著的《论学校对家庭与社会之关系》(未完,译者待考)等。

除发表文章外,这些杂志还刊登了许多留学生关于教育的译著及编著的广告,从而扩大了西方教育理论的影响。如在《游学译编》第 4 期上刊登的教育学书籍广告就有:张肇熊译自吉村寅太郎的《日本教育论》和张肇熊自己编写的《教育新论教育新史合刻》,张肇桐译自越智直、安东辰次郎的《实用教育学》及张肇桐、秦毓鎏合编的《中外教育史》等。

2. 翻译或自编教育理论著作

中国人翻译西方教育理论著作,最早是从留美学生、中国基督教圣公会早期华人牧师之一的颜永京开始的。颜永京(1838—1898),祖籍山东,后移居福建、上海,1848 年入文惠廉主教在上海南市创办的学堂读书。1854 年,他被圣公会送往美国留学,1861 年毕业于俄亥俄州建阳学院(Keyens College)。翌年回国,任上海英国领事馆翻译、工部局通事。1886 年,他转入教会工作,协助传教士韦廉臣前往湖北武昌传教,1870 年为牧师,成为美国圣公会鄂湘教区和武昌文华书院(The Boone Memorial School,华中师范大学的前身)的开创者之一。1878 年,颜永京回到上海,协助施约瑟主教创办圣约翰书院,1881 年任院长。1886 年,他任圣公会虹口救主堂牧师。1894 年,他受中国禁烟总会派遣出国宣传,1898 年 6 月在美国病逝。在圣约翰任职期间,1882 年颜永京把英国学者赫伯特·斯宾塞的教育学著作《教育论》(On Education)一书的第一章"什么是最有价值的知识"译成中文,取名

---

① 《德国海尔巴脱派教育学会纪事》,译者不详,载《教育世界》,1906 年 3 月,第 120 号。

为《肄业要览》，由上海美华书馆出版。1889 年，他又将美国学者海文（Jo-seph Haven）的心理学著作《心灵学》（*Mental Philosophy：Including the Intellect，Sensibilities，and Will*）译成中文，开国人翻译西方教育理论的先声，从而成为介绍西方心理学到中国的第一人。此后，到清末新政时期，翻译日本书籍成为一条学习的捷径。于是乎以留日学生为主，各地掀起了翻译日文书的热潮。据实藤惠秀监修、谭如谦主编的《中国译日本书综合目录》统计，从 1896 至 1911 年，中国共译日本教育类书 76 种，创历史的最高峰。① 另据统计，1901—1914 年，我国引进的国外教育学著作共 119 本②，其中大多译自日本。

我们仍以《教育世界》为例，曾在该刊上发表过的，由留学生署名翻译的教育理论著作有：田中敬一编、周家树译的《学校管理法》（1901 年 5—8 月，第 1—7 号连载），三岛通良著、汪有龄译的《学校卫生学》（1901 年 5—9 月，第 1—8 号连载），藤泽利喜太郎著、王国维译的《算术条目及其教授法》（1901 年 12 月—1902 年 2 月，第 14、15、16、17、18 号连载），清水直义著、沈纮译的《简便国民教育法》（1902 年 6 月，第 28、29 号连载），日本文学士牧濑五一郎著、王国维译的《教育学教科书》（1902 年 7 月，第 29、30 号连载），日本东基吉著、沈纮译的《小学教授法》（1902 年 8 月，第 35、36 号连载），永江正直著、单士厘译的《女子教育论》（1902 年 12—1903 年 1 月，第 40、41、42 号连载）等。③

与此同时，各出版机构也纷纷出版留学生翻译的教育理论著作。例如，上海文明印书局 1902 年出版了天眼铃木力著、张肇熊译的《教育新论》；1904 年出版了越智直、安东辰次郎著，张肇桐译的《实用教育学》；同年出版的还有季新益译自中岛半次郎、尺秀三郎的《教育学原理》（东京教科书辑译社）和周焕文译自小泉又一的《教育学教科书》（北京新华书局）等。再如，商务印书馆在 1909、1910、1913、1915、1918 年多次出版了蒋维乔译自吉田雄

---

① 转引自吴氏颖、阎国华：《中外教育比较史纲》（近代卷），山东教育出版社，1997 年版，第 218 页。

② 侯怀银：《中国教育学发展问题研究——以 20 世纪上半叶为中心》，山西教育出版社，2008 年版，第 37 页。

③ 参见上海图书馆编：《中国近代期刊编目汇录》（第 2 卷上）"教育世界"部分，上海人民出版社，1979 年版，第 134—179 页。

次的《新教育学》,中华书局在 1913 年出版了宋嘉钊译自大濑甚太郎的《中华教育学教科书》。

在翻译赫尔巴特教育理论等西方教育理论著作的同时,留学生还根据西方教育理论自编教育学著作,开始了教育学中国化的尝试。如在浙江留日学生主持的《浙江潮》第 2、3、6 期上,发表了署名不难子的《教育学》,包括绪论、教育之界限、教育学之为科学何也、教育者、被教育者、教育之目的、教育之方法、教育之制度、现今教育学之研究法、结论等部分①,其内容带有赫尔巴特教育理论的明显痕迹。此外,留学生自著的教育学著作还有:王国维的《教育学》②;云窝的《教育通论》(《江苏》第 3、4、6、9、10 期刊载);秦毓钧的《教育学》③;蒋维乔的《教育学》④;张毓骢的《教育学》⑤等。

可以说,日书的翻译及国人自编的教育学著作,使当时日本流行的教育学理论迅速地传入中国,这大大缩短了我国教育理论近代化的历程,对清末的教育改革起到了巨大的推动作用。

3. 编写教材

在翻译日文书的同时,留学生还根据留学期间所学的内容自己编写教材,大致可分两类:一是整理日本讲师的讲义。如湖北留日师范生和直隶留日速成师范生根据波多野贞之助的讲课内容,各自集体编写的《教育学讲义》,其中湖北留学生编的讲义于 1905 年由湖北学务处出版,直隶留日生编的讲义发表在《直隶教育杂志》第 1—4 期上。虽然两省留学生编写教材的侧重点有所不同,但两部书都留有赫尔巴特学派的深深的烙印。此类讲义还有韩定生根据中岛半次郎的讲述编辑的《新编教育学讲义》⑥,蒋维乔根据长尾槙太郎的讲述编辑的《教育学讲义》(师范讲习社讲义)等;二是留学生自己编著的教材,这是留学生在学习国外教育学著作的基础上编成的。如王国维为江苏师范学堂学生讲授的《教育学》⑦、缪文功的《最新教育学教

---

① 不难子:《教育学》,载《浙江潮》(影印本),留日浙江同乡会编辑发行,第 2、3、6 期。
② 王国维:《教育学》,教育世界社,1905 年版。
③ 秦毓钧:《教育学》,中国图书公司,1908 年版。
④ 蒋维乔:《教育学》,商务印书馆,1909 年版。
⑤ 张毓骢:《教育学》,商务印书馆,1914 年版。
⑥ 韩定生编:《新编教育学讲义》,东京富山房出版所,1911 年版。
⑦ 王国维:《教育学》,教育世界社,1905 年版。

科书》①、张继煦的《教育学》②、季新益的《教育学教科书》③、蒋维乔的《教育学(初级师范课本)》④、杨昌济的《教育学讲义》(1914年油印本)。其中尤以张子和编写的《大教育学》⑤影响最大,该书是当时流行最广的教育学教科书,先后印有8版。留学生对教育学教材的编写,加速了西方教育理论中国化的历程。

4. 回国后作为师范学堂师资的主要来源和教育部门的主管,宣传从日本学来的教育理论

大凡一种学说的发展及传播,必须有一个合适的传播场所。近代以来,新式学校成为传播新思想和理论的重要基地。1897年,盛宣怀创办了南洋大学,其中包括师范学院等,开师范教育之先河。1902年,清政府颁布了《奏定学堂章程》,其中《钦定高等学堂章程》规定了高等学堂应附设师范学堂,1902年前后全国各地相继设立了一批师范学堂,除京师大学堂师范馆外,还有如武昌师范学堂、保定师范学堂、成都府师范学堂、贵州师范学堂、全闽师范学堂、三江师范学堂、湖南全省师范学堂、山东师范学堂、龙门师范学堂。此外,还有如民立通州师范学堂这样的私立师范学堂,而教育学则是师范学堂的必开科目之一。留学生对赫尔巴特教育理论的传播与我国新式学校尤其师范学校的发展是紧密联系的。

留日学生是师范学堂师资的重要来源。“新政”时期,由于国内师资紧缺,新式学堂的教师主要是日本教习和归国留学生。随着留学生大量回国,逐渐成为新式学堂教师的主力。我国第一批教育学科的教师大都有留日的经历,譬如京师大学堂的范源濂、两江师范学堂的张子和、江西省城初级师范学堂的兰仁熙等。再如山西师范学堂,其监督罗襄为日本宏文师范毕业生,其余12位教员有8位是留日师范生。⑥留日学生尤其是习师范者把当时日本流行的赫尔巴特教育理论和方法带回国内,直接传授给新式学堂的学生,从而扩大了赫尔巴特教育理论在中国的影响。如杨保恒、俞子夷、周

---

① 缪文功:《最新教育学教科书》,文明书局,1906年版。
② 张继煦:《教育学》,昌明公司,1910年版。
③ 季新益:《教育学教科书》,上海广智书局,1907年版。
④ 蒋维乔:《教育学(初级师范读本)》,商务印书馆,1909年版。
⑤ 张子和:《大教育学》,商务印书馆,1914年版。
⑥ 《山西学务调查报告》,见《教育丛书》(第6集上),转引自吴氏颖、阎国华:《中外教育比较史纲》(近代卷),山东教育出版社,1997年版,第225页。

维城等人归国后即开始主持江苏教育会,于 1908 年 8 月设立的单级教授练习所,传播赫尔巴特教学方法,培养了一大批小学或初级师范学校的教员。

此外,留学生还通过组织、参与政府或民间的教育团体来促进赫尔巴特教育理论及其他西方教育理论在中国的传播。甲午战争后,随着教育救国思潮的兴起,一些教育团体也相继成立。这些教育团体大都以促进新教育为宗旨,大力发展新式学堂教育。而留学生是这些教育团体的重要组织者和倡导者。如 1905 年早稻田大学留学生雷奋、早稻田专门法政学校留学生杨廷栋以及蒋维乔等,参与发起了江苏教育会,明治大学的吴荣萃以及林可培、顾泳葵、陈定求、姚文南等留日学生先后入会。又如,在 1906 年成立的福建教育总会中,留日学生也成为该会的重要骨干,如钟麟祥(明治大学毕业、教育会重要发起人之一)、李世新(师范教育、发起人之一)、王修(东京高等师范,后任会长)、邓萃英(发起人之一)、王振先(师范教育)、陆君萨(师范教育)、刘崇佑(早稻田大学)、刘崇杰(早稻田大学)、陈祖烈(法政大学)。[①]留日学生通过组织、参与各地的教育会及其他教育团体,将在日本学到的赫尔巴特教育理论及思想传播到中国教育界的各个角落,大大促进了赫尔巴特教育理论的普及。

(二) 留学生传播赫尔巴特教育理论的主要内容

赫尔巴特教育理论是一个完整的教育实践与理论体系,它涉及教育学的各个方面。当时中国引进的赫尔巴特学派学说就已涉及教育通论、教育法规、教科书、教授法、教育史、教育管理、学校卫生学等内容。由于篇幅所限,在此我们仅以教育通论和教育管理为例,扼要介绍留学生对赫尔巴特教育理论传播的内容。

1. 教育通论

教育通论是教育理论的核心与主干,也是留学生着重引进的一项内容。当时翻译日本的重要教育通论著作主要有:立花铣三郎的《教育学》(王国维译,载《教育世界》,1901 年,第 9—11 号)、牧濑五一郎的《教育学教科书》、天眼铃木力的《教育新论》(张肇熊译,上海文明印书局 1902 年版)、熊谷五

---

① 陈清辉:《清末民初福建教育会社研究》,福建师范大学 2007 届硕士毕业论文,第 33—35 页。

郎的《教育学》(范迪吉译,上海会文学社 1903 年版)、吉田雄次的《新教育学》(蒋维乔译,商务印书馆 1909 年版)①等。

　　立花铣三郎的《教育学》,是我国引进的第一本教育学通论著作,由此拉开了中国引进西方教育理论的序幕。该书共分四部分:总论,下分 7 个专题。教育者何、教育得以人力成就之、教育之界限、教育之必要、教育之权利及义务、教育术、教育学;第一编教育之精神,下分三章:教育之宗旨、方法各论(养育、训练、教授)、教育之方法;第二编教育之原质,下分三章:体育、智育、实际教育;第三编教育之组织,下分三章:教育、训练(模范之训练、言语训练、赏罚之训练、普通之法则之训练)、教授(教授之课程、教授之形式、教授之情形)。②《教育学》在中国的引进,标志着赫尔巴特教育学派的教育概念、教育理念、教育方法开始在中国传播、发展。

　　2. 教育管理学

　　作为教育理论的一个分支,教育管理也引起留学生的关注,并转译到中国。当时翻译成中文的比较重要的教育管理的著作有:田中敬一著、周家树译的《学校管理法》(《教育世界》1901 年 5—8 月,第 1—7 号),大久保介寿的《学校管理法》(直隶速成师范生编,《直隶教育杂志》1906 年 11 月—1907 年 5 月,第 17—22 期)等。其中《学校管理法》是我国引进的第一本教育管理学著作。该书共分 10 章:总论、校舍(介绍校地、校舍及组成部分、教室、运动场)、校具(包括教授用具、教室器具、儿童用桌椅等)、教科(包括概论、修业年限、教授日数及时数、教学科目、教授实践及调查学业成绩)、学级(讲述学级的意义、学段编制法、教员的配置、男女的区分、全校儿童的区分、儿童数等)、教员(概论、教员的资格及任免进退)、管理、卫生、经济、应用表簿等。③该书的翻译出版,为 20 世纪初的中国依据赫尔巴特教育理论办学提供了一本非常详细的操作指南。

三、赫尔巴特教育理论的影响

　　经过留学生不遗余力地传播,赫尔巴特教育理论的内容比较系统地传

　　① 侯怀银:《中国教育学发展问题研究——以 20 世纪上半叶为中心》,山西教育出版社,2008 年版,第 232—236 页。
　　② 〔日〕立花铣三郎讲述:《教育学》,王国维译,载《教育世界》,1901 年 9—10 月,第 9—11 号。
　　③ 〔日〕田中敬一著:《学校管理法》,周家树译,载《教育世界》,1901 年 5—8 月,第 1—7 号。

入中国，对我国 20 世纪初的教育理论和新式学校的建立、管理产生了巨大的影响，我国从而有了先进的教育理论指导并开始与世界教育接轨。

（一）对我国早期教育理论的影响

赫尔巴特教育理论对我国早期教育理论形成的影响，主要表现在对我国教育的体系结构上。如前所述，赫尔巴特教育学派的体系为"目的-方法"式结构。他们认为教育的目的是对学生道德品质的培养（目的论），而培养人的道德就需要一定的方法（方法论）。因此，该派的体系主要分为"目的"和"方法（包括养护、教授、训育）"两大部分。这种体系结构在我国早期教育理论的建构中留下了明显的痕迹，如张继煦编著的《教育学讲义》①，共 6 编：总论、目的论、教授论、训育论、养护论、附论，就明显地受到了其影响。即使是当时影响比较大的《大教育学》②，也难免受到其影响，从该书的编目就可见一斑。该书共分 7 编：前 3 编为绪论、教育者论、被教育者论；第 4 编目的论；第 5 编教授论；第 6 编为训育论；第 7 编为学校论。再如张毓骢编撰的《教育学》③，也是这样，全书分 6 编：第 1 编为绪论；第 2 编为目的论；第 3 编为方法论一（教授）；第 4 编为方法论二（训育）；第 5 编为方法论三（养护）；第 6 编为教育之种类及处所。一言以蔽之，我国早期的教育理论体系结构都留下了赫尔巴特学派的烙印。

（二）对我国教育实践的影响

赫尔巴特教育理论在影响我国教育理论体系结构的同时，还深深地影响了当时的教育实践，凡学制、课程、教材的编写等教育实践无不受到赫尔巴特教育理论的洗礼，其中又以课程影响最为明显。

在课程（或教育）内容上，赫尔巴特学派突出道德的培养，这一点深深地影响了当时中国的教育家，如前面提到的《大教育学》一书就强调，教育应以完善人类精神为主，主张培养完全之人格。这明显反映了赫尔巴特学派的观点。

---

① 张继煦编著：《教育学讲义》，昌明公司，1910 年版。
② 张子和编：《大教育学》，商务印书馆，1914 年版。
③ 张毓骢编：《教育学》，商务印书馆，1914 年版。

　　赫尔巴特教育理论对我国教育实践的影响,最为显著的莫过于形式阶段教授法的传播与应用。形式阶段教授法是赫尔巴特学派关于课堂教学阶段的一种理论与方法,经过赫尔巴特及其弟子与再传弟子齐勒尔、莱茵的阐发与实践,最终形成了"五段教授法",并在世界教育界风行一时。"五段教授法"注重讲解、重视老师在教学过程中的作用。金林祥、许国春认为,该法"具有程序性、实用性和可操作性强等特点,能够免除集体教授容易产生的混乱现象,使经验不多的教师能迅速掌握,按部就班地编制教案进行讲授,也利于学生掌握知识和技能。这些正好满足了中国教育转型时期大力发展新式学堂,推行班级授课的急迫需要"①,因此,该法一经留学生介绍就在各地学堂迅速流行,几乎被奉为宝典。正如陈宝泉所说:"曾忆初到日本,听教师讲授五段教学法时,以为用科学之法……所以当时官私编辑的小学教授用书,以及各小学实用的教学方法,殆无不是适用五段教学法原理的。"②当时各书局编写教科书,大都配备一套教师用的教授参考书以指导国内教师应用新式教学法,而这些参考书基本上都是依据赫尔巴特的形式阶段教授原理所编成的。如蒋维乔回忆,当时的商务印书馆就"因出版之教科书,内地教员多不知应用方法,于是每出一册,皆按照三段教授法(形式阶段教学方法的一种,笔者注)次序加入练习、回答、联字、造句等,编辑教授法"③。

　　综上所述,留学生们传播赫尔巴特教育理论,是我国第一次大规模地引进西方教育理论的开始,促进了我国教育理论的现代化,对我国的学制、教学方法、课程体系、教材编写等方面都产生了重要影响,缩短了我国从传统教育向现代教育转型的历程。但由于社会、历史等各种条件的限制,当时对赫尔巴特教育理论的传播也存在一些问题。如在传播过程中偏重其功利性,只是将其作为一种救国的工具与手段,注重赫尔巴特教育理论对现实教育发展的功效。相比之下,对基础教育理论的引进、传播就显得不足。再如,由于输入过程的间接性,当时赫尔巴特教育理论的引进大多是从日本开始的,是日本化了的赫尔巴特教育理论,其间的误传也就不可避免,这对完

　　① 金林祥主编:《20世纪中国教育学科的发展与反思》,上海教育出版社,2000年版,第57页。

　　② 转引自郑金洲、瞿葆奎:《中国教育学百年》,教育科学出版社,2002年版,第11页。

　　③ 蒋维乔:《编辑小学教科书之回忆》,参见李桂林、戚名琇、钱曼倩编《中国近代教育史资料汇编(普通教育卷)》,上海教育出版社,1995年版,第186页。

整、系统地理解赫尔巴特教育理论造成了一定的困难。虽然如此,赫尔巴特教育理论对于清末民初,我国新式教育的建立和发展还是发挥了重要的作用,留学生们传播赫尔巴特教育理论的历史功绩也应当予以充分肯定。

第十一章
留学生与中国美术教育的现代转型

中国是人类文明的主要发祥地之一。早在史前时代,我们的祖先在打制石器的过程中,即逐步培养起造型技能,萌发出原始的审美观念。以后在漫长的历史发展中,以"丹青"(中国画)为主要代表的中国美术日臻完善,达到了所能达到的高峰,但到清末已走向衰落。[①] 与中国传统的封建政治体制与文化教育体制相适应,中国传统的美术教育则以师徒相授的形式代代相传。但是,这种情况随着鸦片战争以后全方位的西学东渐而逐渐发生裂变,西方美术及其教育思想也以其不可阻挡之势传入中国。留学生作为一个特殊的群体,为西方现代美术教育思想在中国的传播和现代美术教育体制在中国的建立,促进中国传统美术教育向现代美术教育的根本转型,作出了特殊的贡献。

一、留学生登上中国美术教坛前西方美术在中国的传播

西方美术走进中国现代课堂,虽然还只是 20 世纪开始的事情,但传入中国却要早得多,在 1 400 年前即已开始,具体讲,是传教士输入的结果。

(一) 阿罗本携"经像"到大唐

唐太宗贞观九年(653),大秦(今罗马)基督教徒阿罗本历经千山万水,携带"经像"来到当时唐王朝的都城长安,雄视中外的唐太宗李世民派宰相房玄龄亲率仪仗队到西郊迎接。在贞观十二年(638)七月还下诏,并刻于

---

① 此论以康有为的看法最有代表性:"中国画学至国朝而衰弊极矣,岂止衰弊,至今群邑无闻画人者。其遗余二三名宿,摹写四王、二石之糟粕,枯笔如草,味同嚼蜡,岂复能传后,以与今欧美、日本竞胜哉?"见《万木草堂藏画目》,1917 年。

《大秦景教流行中国碑》之上："道无常名，圣无常体，随方设教，密济群生。大秦国大德阿罗本，远将经像，来献上京，详其教旨，玄妙无为，观其元宗，生成立要，词无繁说，理有忘筌，济物利人，宜行天下。所司即于京义宁坊造大秦寺一所，度僧廿一人。"①《唐会要》第四十九卷对此也有同样的记载，但个别字句略有增减，"大秦"与"波斯"也不相同，其余部分基本相同。李祖白在《天学传概》中写道："逮至有唐贞观九年，上溯天主降生六百三十五祀，大秦国修士阿罗本，远将经像重译来朝，尔及宰相郊迎，翻经内殿，命名景教，初敕造大秦寺于京，后又编敕诸州，各置景寺。开元以后，四朝宠赉弥渥，即郭汾阳王，亦复重庆法堂，依仁施利，修举哀矜，教行有唐盖二百载而近矣。"②

　　不过，当时阿罗本来华的目的是为了传教，唐太宗之所以欢迎也是以此"示存异方之教"，而并不是看重其画像。因此，西像虽于此时传入中国，但其面貌究竟如何，史无记载，也难说有什么影响。另需指出的是，当时的画像也不是现在的油画，因为当时在欧洲油画尚未出现，几百年以后才出现。在此后的 900 年间，西洋画是否传入中国，史无记载。即使有，也当在民间。

（二）明清之际欧洲传教士与西方美术在中国的传播

　　明清之际是中西文化交流的重要时期，近代西方美术随着天主教的东来而作为传教手段被带入中国。明万历七年（1579），意大利天主教士罗明坚进入广州时，被海关发现携有几张笔致精细的手绘圣像。万历十一年（1583）罗明坚在广东肇庆建立了一个叫作"圣母无染原罪小堂"的教堂，供有圣母像。此后西洋美术便不断传入中国。

　　万历二十三年（1595）意大利传教士利玛窦来华。万历二十八年（1600），利玛窦上表明神宗，并献天主像一幅、天主母像（圣母像）两幅、天主经一本等物③，罗明坚、利玛窦带来的油画现已看不到了，只可从日本保存

---

① 该碑发现后，被译成多种文字，可参考冯承钧的《景教碑考》、阳玛诺的《唐景教碑正诠》、佐伯好郎的《景教碑文研究》等。

② 李祖白：《天学传概》，见郑安德编《明末清初耶稣会思想文献汇编》（第四卷第三十九册），北京大学宗教研究所印刷，2003 年。

③ 有关记载及反应可见顾起元的《客座赘语》卷六《利玛窦》条："所画天主，乃一小儿；一妇人抱之，曰天母。画以铜板为巾登，而涂五采（彩）于上，其貌如生。身与臂手，俨然隐巾登上，脸之凸凹处正视与生人不殊。"又如姜绍书的《无声诗史》："利玛窦携来西域的天主像，乃女人抱一婴儿，眉目衣纹，如明镜涵影，踽踽欲动。其端严娟秀，中国画工，无由措手。"

的最初传入的基督教画《圣母玛利亚十五玄义图》看到这种宗教画的面貌。但我们可以见到其部分摹（模）刻品，这就是徽州的制墨名家程大约于万历三十四年收入《墨苑》的 4 幅版画《宝像图》。《墨苑》是程大约以向利玛窦索得的 4 幅西洋版画（《信而步海，疑而即沉》、《二徒闻实，即舍空虚》、《摇色秽气，自速天火》、《古代圣母图》）为原本复制而成的，在明天启五年（1625）出版，这也是中国现存最早输入的西洋绘画。

除利玛窦外，当时来华传教的耶稣会士都运用西画这种形式来传教布道。如龙华民、艾儒略、汤若望、南怀仁、格拉蒂尼、马国贤等。其中影响最大的是意大利著名画家郎世宁，他也是西洋画传入中国以来最有影响的传教士画家。康熙五十四年（1715）郎世宁来到北京，将西画技法引进到了清政府，以其别具一格的中西掺用画法闻名于清朝画坛。与他同时及以后服务于清政府的西洋画家还有：王致诚、艾启蒙、潘廷章、安德义等。清代内府档案中还有郎世宁在宫内向中国画家传授油画技法的记载：雍正元年有班达里沙等 6 个"画油画人"向他学画。宫廷画家受其影响的还有陈枚、冷枚、唐岱、冯宁、缪炳太、罗福等。

明清之间西洋美术的输入，是在当时封闭的历史条件和文化情境中发生的艺术现象。利玛窦、郎世宁等传教士和画家客观上为中国带来了欧洲文艺复兴以后的美术成果，其明暗画法与焦点透视丰富了中国绘画的表现方法，并且产生了曾鲸这样的肖像画派。但总的说来，对于中国传统美术的影响不够显著，当时很多画家，对西洋绘画也并无很高的评价，天主教被禁传后，这种影响逐渐式微，更重要的是这种输入还未上升到美术教育的层次。

（三）土山湾画馆与西方美术在中国的传授

鸦片战争以后，国门洞开，随着西方传教士来华传教、兴学，西方资产阶级美术教育方法开始传入我国，被徐悲鸿称为"中国西洋画之摇篮"[1]的上海"土山湾画馆"，在传播西方美术方面又开始了传教士为传教而传授西方美术的新的一页。

土山湾位于上海徐家汇南的肇家滨沿岸，当地人称之为"土山湾堂园"。

---

[1]　徐悲鸿：《中国新文艺运动回顾和前瞻》，见重庆《时事新报》，1942 年。

其沿革情况徐蔚南在《中国美术工艺》一书中曾这样介绍："土山湾有一育婴堂，为天主教士所设，其创始尚在前清道光二十九年(1849)，初堂在沪南，继而迁距徐家汇约十余里之蔡家湾，太平天国时，战氛四起，堂事中止，所留孩童亦星散，直至同治三年(1864)始再迁至土山湾而定居焉，……此育婴堂实即一美术之工场也。堂中工场有印刷、装订、绘图……"孤儿院里附设的美术工场，自同治初年开始，先后出现了雕刻间、图画间、皮作间、细木间、粗木间、布鞋间、翻砂间、铜匠间、印书间和照相制版间等，其中的图画间习称"土山湾画馆"。其形成首先与美术工场的创始者西班牙籍的耶稣会士范廷佐(Joannes Ferrer)有关。1874 年他到达上海，最初几年热衷于教堂的建筑设计，初期在董家渡教堂设立工作室，1851 年徐家汇天主教堂开始施工设计时，工作室搬到了徐家汇天主教堂院内的西南角。由于教堂的建设需要大量的绘画和雕塑作品，而中国又无这方面的人才，因此，在神父郎怀仁(后为江南主教)的支持下，范廷佐又将工作室加以扩展，兼作艺术课堂，收受中国教徒为学生，向他们传授雕塑、绘画以及版画方面的技艺，于是形成了土山湾画馆的雏形。范廷佐主要从事素描和雕塑教学，而油画则由一位意大利传教士马义谷(Nicolas Massa)来教授。因为当时从欧洲带入的绘画用品较少，许多颜色、画布和涂底材料，都需要在当地自制，所以马义谷的油画教学，便让学徒从自己研磨和调制颜色开始学起。1856 年范廷佐病逝，中国修士陆伯都成了土山湾美术工场的第一任"主持"。因其长期患病，自1869 年起，又由陆伯都的助手、中国修士刘德斋开始主持。陆伯都病逝后，刘德斋正式主持土山湾美术工场，长达 20 余年，直到 20 世纪初。

　　从土山湾画馆产生和发展的背景来看，它是在兴教的时代应运而生的。可以推定，当时许多教堂都可能与这个美术工场有过"业务"往来。因为教堂里急需的宗教用品，比如祭台、圣像画、雕刻，神父弥撒用的"圣爵"、"圣盘"等，而相关的工艺技术，在当时的中国还是独一无二的；范廷佐、马义谷、陆伯都、刘德斋等，从根本上说都是宗教的殉道者，他们的目的和土山湾之影响，皆是宗教传道所需，但客观上，它使西画方法在一定的范围内得到传播。

　　因此，土山湾画馆是否应该称为"中国西洋画之摇篮"，目前尚有争议，持异议者认为"有失中肯"①。理由是,虽然土山湾出身的个别画家,如徐咏青等,对拓荒时期的中国美术教育,如中小学图画课本的编写有过贡献,但"就有画家名字可查的人数而言,土山湾与活跃于其之前的18世纪中期至19世纪中后期的广东西洋画家群(有40余人有名可查)比较起来,相去甚远;而在土山湾学过艺的任伯年、徐咏青、周湘、丁悚、杭犀英、张充仁、徐宝庆等人当时的油画、水彩、素描,竟无一留存。即使有,我可以肯定其技能水平完全不能⋯⋯与广东肖像画家关乔昌,风景画家林呱、周呱等人相提并论,况且近代上海最早出现的油画,也是广东油画家移居上海所作"。"至于周湘,则应属于近代美术留学生的行列。因为清末他作为外交随员到过法国,通过与法国画家的交往学习,依靠天资和勤奋练就了油画和水彩的功力,而张充仁在1914年才入土山湾,1931年又留学比利时,应是地道的美术留学生。"②

据此,徐悲鸿在《西洋美术对中国美术之影响》中的另一论断可能更为客观:"远自郎世宁,中自上海土山湾西洋教士之画室,近至两江师范之艺术科,周湘、张聿光诸先生所设初期美术学校等等,皆有数十年之历史,但其影响终不显著。无它,因西洋美术实未尝到中国也!"因此,对土山湾画馆的作用与影响,我们还可作进一步的讨论,不一定以徐悲鸿的"摇篮"之语来论断。因为就徐悲鸿先生个性而论,爱憎分明,有时话语难免偏激,况且前后矛盾,这是一方面;另一方面,由于土山湾画馆属上海开埠后教堂附设的美术工场,其传播主体在传播宗旨、方式、内容和范围方面与传播对象的接受心理都属于宗教范畴,因此,从美术教育的角度而论,它与真正现代意义上的中国现代美术教育尚有大的差距。

(四) 师范美术教育的初创

中国近代教育史发展的主要趋势,是近代西方资产阶级教育逐渐取代中国传统的封建教育,而这又是与鸦片战争以后洋务学堂的开办,特别是与清末废科举、办学堂分不开的。相对于中国近现代美术教育而言,其开创与

---

① 胡光华:《美术留学生与中国近现代美术教育的发展》,见潘耀昌编《20世纪中国美术教育》,上海书画出版社,1999年版,第100页。

② 胡光华:《美术留学生与中国近现代美术教育的发展》,见潘耀昌编《20世纪中国美术教育》,上海书画出版社,1999年版,第101页。

清末民初的师范美术教育密切相关。

从 19 世纪 60 年代开始,随着洋务运动的发展,清政府先后在福州、上海、广州、北京等地开设的一些洋务学堂,如福建船政学堂、天津电报学堂、江南水师学堂、直隶武备学堂、上海江南制造局工艺学堂等,均开设了图画课、制图课或测绘课等。但这只是一种附设,而师范学堂美术课的开设则正式表明中国近代美术教育的肇始。

1902 年 8 月,清政府颁布的《钦定学堂章程》,明确规定小学堂、中学堂和高等学堂的部分学科要开设图画课。这个后来被称为"壬寅学制"的章程虽未施行,但被吸收到 1904 年 1 月颁布的《奏定学堂章程》(又称"癸卯学制")中并得到施行。于是一些师范学堂开始设立美术课程,其中著名的为两江优级师范学堂和浙江两级师范学堂。

两江优级师范学堂:1902 年创立于南京,初名三江师范传习所,李瑞清任总办(即校长,后称监督)。1906 年设图画手工专科,为我国近代最早的美术系科,以教育、图画、手工为主课,音乐、文化为副课。由日本教师盐见竞等授西画、手工,李瑞清、萧俊贤授中国画,1911 年停办,1915 年复校,改称南京高等师范学校,翌年恢复图画手工科,1918 年改称工艺专修科,1923 年并入东南大学,高师部分称教育学院。翌年工艺专修科改为江苏省立艺术专科学校,1927 年与第四师范艺术科并入第四中山大学,改称艺术教育专修科,1928 年改归中央大学,1949 年后,又从中央大学改称的南京大学分出,即今天的南京师范大学美术系和音乐系。

浙江两级师范学堂:1907 至 1908 年间创立于杭州,初无艺术性质专业,但文、理各科均有图画、手工课。1912 年,校长经亨颐与教师姜丹书倡导,创办高师图画、手工专修科,并于同年招生,李叔同教西画、音乐课,樊羲臣教国画课,姜丹书教图画手工课。1913 年,该校改称浙江省立第一师范学校。

"癸卯学制"虽然确立了中国师范美术教育和中小学美术教育的地位,但是由于体制初建,几千年师徒相授的传统一时还难以改变,再加上师范美术人才缺乏,真正能够办学堂又有美术师资的还很少见,同时,当时的师范美术教育还谈不上理论的建构,因此,新式美术教育的推行还仅处于起步阶段。于是,历史把开创和发展中国现代美术教育的重任降于留学生的身上。辛亥革命特别是"五四"以后,随着蔡元培等一大批留学生回国倡导美术教育,不仅师范美术教育,而且全国意义上的美术教育,更以前所未有的势头迅猛发展,使中国传统的美术教育开始发生真正的转型和空前的发展。

二、留学生与中国美术教育的现代转型

辛亥革命以后,特别是"五四"新文化运动以后,西方现代文化的输入、传播进入了一个全新的阶段,其重要原因之一是以归国留学生为代表的一批新人以不同于中国以往任何一个历史时期知识分子的形象,登上了中国思想、文化、教育、科学的大舞台,其中对中国现代美术教育卓有影响的人也先后回到了国内。据不完全统计:自清末到 1949 年,中国学习美术的留学生应当在 200 人以上[①],其中著名的有:蔡元培、刘海粟、林风眠、徐悲鸿、陈师曾、何香凝、周湘、李叔同、李毅士、高剑父、陈树人、高奇峰、吴法鼎、李超士、陈抱一、胡根天、汪亚尘、关良、陈之佛、张道藩、丁衍庸、丰子恺、潘玉良、梁思成、庞薰琴、倪贻德、许幸之、刘开渠、颜文梁、常书鸿、吴作人、唐一禾、滑田友、傅抱石、常任侠、吴冠中、张大千、江小鹣、滕固等,形成了一个特殊的传播现代美术和美育的群体,完成了从中国传统的美术教育向现代美术教育的转型。其标志主要表现在以下几方面。

(一) 留学生是中国现代美术思想的主要首倡者和推行者

在中国现代众多的留学生中,有很多既是学有专长的专家,又是专业教育家,有的则是纯粹的理论家、思想家、教育家。中国现代教育的开展就是由这些教育家、专业教育家、理论家、思想家所推动、引导的。留学生们关于美术教育的论述,对中国现代美术教育的兴起和发展具有直接的影响和指导作用,其中蔡元培的美育思想对中国现代美术教育的发展与其他人具有难以相比的促进作用。这不仅因为蔡元培有其个人特殊的中西合璧的文化学术背景和显赫的社会地位,而且因为他在清末民初中国的社会转型和文化转型的历史时期,特别是在"五四"新文化运动中,能够与时俱进,以其学识深厚的美育思想,影响了中国近代美术教育体制的形成,因此他不仅作为

---

① 参见周棉主编:《中国留学生大辞典》,南京大学出版社,1999 年版;阮荣春、胡光华主编:《中华民国文化史》,吉林文史出版社,1991 年版;王镛主编:《中外美术交流史》,湖南教育出版社,1998 年版,等等。

一个教育家,而且作为留学生的杰出代表,成为中国现代美术教育的主要奠基人。

　　蔡元培(1868—1940),字鹤卿,号子民,浙江绍兴人,清光绪进士,曾任翰林院编修,德国柏林大学和莱比锡大学留学生,我国近代史上著名的民主革命家、教育家、思想家和爱国主义者。辛亥革命后,他任南京临时政府第一位教育总长,1917—1926 年任北京大学校长,1927 年后任国民政府大学院院长、监察院院长,兼代司法部长,中央研究院院长。由于其深厚的中外文化基础,蔡元培对美育的认识相当充分。1912 年他上任伊始,即颁布了《普通教育暂行办法》、《普通教育暂行课程之标准》等一系列章程,在《对于教育方针之意见》一文中把美育作为国民教育的五项宗旨之一。此后,他则更多地把"体、智、德、美"之"四育"并列。1917 年任职北京大学以后,他先后作了题为《以美育代替宗教说》、《文化运动不要忘了美育》等演说和文章,提出"鉴刺戟感情之弊,而专尚陶养感情之术,则莫如舍宗教而易以纯粹之美育",主张以美育代替宗教,希望以纯粹之美育来陶养人们的感情,"使人我之见,利己损人之思念以渐消沮者也"①。他把美育视为自由进步的象征和人性的自我解放,这就确立了中国近现代美术教育在现代教育思想体系上的地位。"五四"前夕,蔡元培还提出了普及美术科学的观点,认为"文化进步的国民,既然实施科学教育,尤要普及美术教育"②,这对中国近现代美术教育的普及,无疑起到了强有力的推动作用,引起了强烈的反响。于是1920 年中华美育会便在《美育》创刊号上发表宣言称:"我们美育界的同志,就想趁这个时机,用'艺术教育'来建设一个'新人生观'","希望用美来代替神秘主义的宗教……'美育'是新时代必须尽力去做的一件事","无非想艺术教育有个大大的发展就是了"。③ 蔡元培的美育思想在当时给社会以很大的震动,李石岑主编的《教育杂志》也曾就此展开讨论。

　　1928 年,他更提出"行人道主义之教育,必有资于科学及美术"④,将美术教育提到了与科学同等重要的历史高度,认为"科学美术,同为新教育之要纲"。他提出:"美育为近代教育之骨干,美育之实施,直以艺术为教育,培

---

　　① 《蔡元培美学文选》,北京大学出版社,1984 年版。
　　② 蔡元培:《文化运动不要忘了美育》,载北京《晨报》副刊,1919 年 12 月 1 日。
　　③ 《本志宣言》见《美育》(第 1 期),上海国光书局,1920 年版。
　　④ 《华法教育会之意趣》,见《蔡元培美学文选》,北京大学出版社,1984 年版,第 9 页。

养美的创造及鉴赏知识,而普及于社会。"①为此,他还提出了"终身美育"和"全民美育"的口号,强调美育的社会作用。关于"终身美育",就是说,"美"对人而言,要"从未生前,说到既死以后可以休了";"全民美育"则包括"一家庭美育,二学校美育,三社会美育"②。可以说,美术教育与科学教育一样,是蔡元培教育思想的两大内容,都属于"教育救国"理念之下的内容。因此,蔡元培的美育思想也就带有文化启蒙的性质,不仅与辛亥革命、五四运动时期的时代大潮完全一致,而且更因其主动性、先导性、指导性和指令性而更引人关注。于是,美术教育开始在普通教育中占有重要地位;《新青年》等刊物掀起了讨论美育的新高潮;上海天马会、中华美育学会和北京大学画法研究会,一些专业美术团体纷纷建立;一批私立、公立美术学校不断出现,最典型的如在蔡元培的直接关怀下,中国第一所国立美术学校,即北京美术学校诞生;影响、促成和支持徐悲鸿、刘开渠等一大批青年出国留学;利用职权直接安排鲁迅在教育部任职,主管博物、美术等。因此,在蔡元培美育思想的影响和他的直接推动下,中国的美术教育在"五四"前后进入了一个全新的时代。(除了蔡元培外,刘海粟、林风眠、徐悲鸿、鲁迅等留学生的美术思想都不同程度地影响了中国现代美术教育的发展,在此略)

(二) 留学生是中国现代新型美术院校的主要创建者

在中国现代美术教育史上有一个引人注目的现象,那就是,几乎所有具有留学经历的美术家又都是从事美术教育的,他们的美术思想及其推行情况对中国现代美术教育的发展至关重要。自辛亥革命前李叔同回国开始,一大批从国外归来的留学生成为新型美术院校的创建者和主持人。下面就从 1911 至 1949 年间中国主要美术学校③之情况进行概述。

1911 年,我国近代第一所私立美术学校,即中华美术学校成立。该校系由图画传习所、布景传习所发展、改称而来。创办人周湘:1904 至 1905 年亡命留学日本;1908—1911 年又赴欧洲考察、留学,通过与法国画家的交

---

① 蔡元培:《筹备国立艺术大学提案》,载《大公报》,1928 年第 2 期。
② 《蔡元培美学文选》,北京大学出版社,1984 年版,第 154 页。
③ 此文所说的"主要美术学校"和"主要美术社团"的依据是艾中信主编的《中国大百科全书·美术》卷和沈柔坚主编的《中国美术辞典》。

往,"依靠天资和勤奋练就了油画和水彩的功力"①。他在沪办学10年,桃李满天下,虽然其教育方法还不正规,但对西方美术在中国的传播仍有拓荒之功。

1912年11月23日,上海图画美术院校成立,创办人为刘海粟等。当时,刘海粟还不是留学生,1917年被聘为教务长的江小鹣则是留学生,他于1912至1917年,在东京美术学校西洋画科学习。蔡元培、梁启超等在1917年被聘为该校董事。1920年该校更名为上海美术学校,翌年更名为上海美术专门学校,1930年改名为上海美术专科学校。该校在1952年全国院校调整时,并入华东艺专。需要补充的是,1919年刘海粟曾去日本考察艺术,举办个人画展;1928年在蔡元培的帮助下旅欧3年,广泛地与毕加索等大师交流、论艺,游历于比、德等国,因此,美术史家后来也把他列入留学生之列。旅欧归国后,他恢复主持校务。该校1914年首开人体写生课,引起轩然大波。作为中国近代美术和美术教育的主要拓荒者之一,刘海粟不仅以其杰出的艺术成就蜚声中外,还以其美学思想和美术史论影响了中国美术界。在出国之前,他关于人体模特儿是表现"生"②的美学观点,表现了对传统伦理观念的超越;他的《欧游随笔》对欧洲美术作品的介绍和分析,则为前人所未有;其表现主义美学观,在中国也是开先河之论;他的《国画苑》与《西画苑》堪称为有创见的中西方绘画史;他创办并长期主持的上海美专,不仅吸引了一批颇有建树的中西法画家,更培养了诸如王济远、倪贻德、阳太阳、潘玉良等著名画家。

1912年,李叔同任教于浙江两级师范。他把从日本带回的石膏像让学生进行写生练习,此为中国美术教育中的创举。李叔同1905年以官费赴日本东京上野国立美术专门学校学习西洋画,老师黑田清辉是当时日本著名的画家。因此,他的绘画受印象派艺术的影响,而又兼有写实派艺术之长。1910年,李叔同学成归国,先在天津直隶模范工业学堂任图画教员,民国元年在上海主编《太平洋画报》,并与柳亚子等人创办"文美会",刊行《文美杂志》。此后相继被聘任为浙江两级师范、南京高等师范学校的美术、音乐教师,他虽然不是中国最早出国学美术的,却是最先回国,并积极致力于美术

① 阮荣春、胡光华:《中华民国美术史》,四川美术出版社,1991年版,第14页。
② 刘海粟:《上海美专最初十年回顾》,载《南京艺术学院学报》,2006年第2期。

教育的,因此成为中国近代美术史上传播西洋美术的第一位启蒙者,对中国近代早期美术教育也有着卓越的贡献:民国美术史上一代名流丰子恺、吴梦非、潘天寿、李鸿梁等人都出其门下。

1912年,留日归来的经亨颐和在南京两江优级师范学堂毕业的姜丹书,在浙江两级师范学堂创办高师图画、手工专修科。1913年,浙江两级师范学堂改称浙江省立第一师范,经亨颐任校长,其图画手工科称"浙江高等师范图画手工专科"。

1915年,国立北京高等师范学校设立了三年制手工图画科,教师有李毅士、陈师曾、郑锦、丁荫(美国人)等。李毅士,1904至1918年留学英国格拉斯哥美术学院;陈师曾,又名陈衡恪,1902、1904年两次留学日本,先后在弘文学院、东京高等师范学校学习。

1915年,国立南京高等师范学校开设三年制图画手工科。

1918年4月15日,国立北平美术专门学校成立。该校为中国第一所国立美术院校,1925年8月改为艺术专门学校,刘百昭任校长,次年林风眠任校长。1927年秋,该校与其他七校合并为北平大学,美术专业改称美术专门部,1928年改称北平大学艺术学院,徐悲鸿任院长。次年由熊佛西等维持院务,1930年改为艺术专科学校,1933年停办。1934年春复校,改名为北平艺术专科学校,严智开任校长。1937年,该校迁至江西牯岭、湖南沅陵。1938年春,该校与杭州艺专合并为国立艺术专科学校,滕固为校长,1939年迁至昆明,1941年迁至四川璧山,吕凤子为校长,1943年迁至重庆,校长为陈之佛,1945年潘天寿任校长。1938年艺专南迁后,留在北平的该校部分师生仍沿用原校名办学。1946年8月艺专重建,徐悲鸿任校长,吴作人为教务主任。1950年初,该校与华北大学第三部美术科合并,建立中央美术学院。

该校的历任校长大多为留学生。首任校长郑锦,1908至1912年留学日本,在京都绘画专门学校学习。其他留学生任校长的有:刘百昭、熊佛西,留学日本;林风眠,留学法国;滕固是留学德国的著名美术史家;智严开,1912至1917年留学日本东京美术学校;陈之佛,1918年考取官费留学日本东京美术学校,是中国第一个到日本学习工艺美术的留学生,1923年回国。在此,要特别说一说徐悲鸿的贡献。

徐悲鸿(1895—1953),江苏宜兴人。幼从家学,17岁在宜兴女子师范等学校任图画教师。1916 年,他入上海震旦大学法文系半工半读,课余苦修素描,暑期应聘到明智大学作画,与康有为、王国维等结识。翌年 5 月,他赴日本学习美术,年底回国,被蔡元培聘为北京大学画法研究会导师。1919 年 3 月,他赴法国留学,入国立巴黎高等美术学校,曾访问柏林美术学院,并先后去英国、比利时、瑞士、意大利等国,参观各大博物馆、美术馆和美术遗址,悉心观摩和研究历代艺术杰作,并临摹诸多大师的作品。1927 年春,徐悲鸿回国,任上海南国艺术学院美术系主任,同时受聘为中央大学艺术系教授。1929 年,他由蔡元培推荐,受聘为北京大学艺术学院院长,提倡中国画的革新,反对保守主义。1946 年,徐悲鸿任国立北平艺术专科学校校长,1949 年,当选为全国文联常务委员、中华全国美术工作者协会主席,后被政务院任命为中央美术学院院长。徐悲鸿是中国现代美术史上卓有影响的艺术家、教育家。他的美术思想主要见之于 1920 年的《中国画改良论》,1929 年的《惑》《惑之不解》,1932 年的《画苑·序》,1942 年的《新艺术运动之回顾与前瞻》,1947 年的《新国画建立之步骤》《当前中国之艺术回顾》等。他"继承了中国古代画论中关于'师法造化'的优良传统,又强调了艺术家的追求真理、探究人生,见出艺术是真善美的传统,这是他对现实主义美术理论的贡献"①。徐悲鸿一生致力于美术教育,在中国现代美术教育史上自成体系。他强调"师造化",重视绘画基本技能的训练;他采取的办学体制是多种体制的结合体;他爱才若渴,培养了吴作人、吕斯百、傅抱石、艾中信、靳尚谊等一大批有名的画家。

1918 年秋,国立北京女子高等师范学校设立三年制图画专修科一班。教师有陈师曾、吕凤子、萧俊贤等。

1919 年,教育部批准国立北京美术学校升级为高等学校,准许本科设中国画、西洋画、图案三系。

1919 年,武昌美术函授学校创建,1924 年更名为武昌艺术专科学校。历任校长有蒋兰圃、唐义精、唐化夷、张肇铭等。

1920 年,济南山东省立第一师范学校设立图画手工专修科。

1920 年,吴梦非、丰子恺、刘质平创办的上海专科师范学校正式成立。该校为中国第一所高等美术师范学校。其中丰子恺 1921 年留学日本川端

---

① 王宏建:《中国大百科全书·美术》卷"徐悲鸿"条,中国大百科全书出版社,1991 年版。

绘画学校。

1922 年,由胡根天、冯钢百等创办的广州市立美术学校成立。胡根天,1914 年留学日本东京美术学校,1920 年回国;冯钢百,1906 年出国,在墨西哥皇城国立美术学院学习,1921 年回国。

1922 年,苏州美术学校创建。发起人为颜文梁、胡粹中等,颜文梁任校长。其时,颜文梁尚未出国,后于 1928 年赴法,在巴黎高等美术学校学习。胡粹中,1925 年留学日本大学艺术学校。苏州美术学校 1924 年更名为苏州美术专门学校,1930 年更名为苏州美术专科学校,1952 年并入华东艺专。

1923 年,林求仁在杭州创办私立浙江美术专门学校。

1924 年秋,由北京美术界知名人士创办的北京京华美术学校成立,由姚茫父任校长。姚茫父,1904 至 1907 年在日本东京法政大学学习。

1924 后,四川美术专门学校成立,聘刘海粟为名誉校长兼董事。

1925 年,中华艺术大学成立。此系上海艺大因故分裂后,部分成员离开所建。美术部门由陈抱一、丁衍庸主持。1929 年,许幸之任教导兼西洋画科主任。许幸之,1924 年赴日勤工俭学,次年入东京美术学校,1927 年回国。

1926 年,俞寄凡、潘天寿、张聿光创办私立新华艺术专科学校。俞寄凡,1917 年留学日本。

1926 年,陈望道、丁衍庸等人创办私立中华艺术大学,陈抱一为主任委员。陈望道,1915 年留学日本东洋大学、早稻田大学;丁衍庸,1920 年留学日本川端绘画学校;陈抱一,1913 年留学日本,东京美术学校毕业。

1926 年,胡汀鹭、诸健秋、贺天健等 10 余人创办私立无锡美术专门学校,设有中、西画两科。

1928 年 3 月,国立艺术专科学校成立,简称"国立艺专",原为国立西湖艺术院,1937 年抗日战争爆发后西迁湖南沅陵,次年与西迁之北平艺术专科学校合并,称国立艺术专科学校,滕固任校长,之后又迁至云南、四川,抗日战争胜利后迁返杭州,至 1949 年,吕凤子、陈之佛、潘天寿、汪日章先后任校长。1950 年该校改为中央美术学院华东分院,1958 年改为浙江美术学院,后又改为中国美术学院。该校是中国现代美术教育史上著名的美术院校之一,是自国立北平艺专之后的第二所国立艺术院校。它的创办与大批留学欧美、日本的青年艺术家的归来,以及国内的艺术教育热紧密相关。据柯文辉的《艺术大师刘海粟介绍》：1927 年国民政府大学院院长蔡元培与刘海粟的一席谈话，是形成这一计划的开始。蔡元培说，"近来我想做的事情很多，首先是要普及美术教育"。于是，在获悉同年 11 月国立北平艺专校长林风眠辞职南下后，蔡元培立即决定成立大学院艺术教育委员会，聘他为主任委员。12 月，艺术教育委员会举行的第一次会议通过了蔡元培的《创办国立艺术大学之提案》："以中国地域之大，人口之众，教育当务之急，应在长江流域，设一国立艺术大学以资补救，以便提倡；此本会向中华民国大学院创办国立艺术大学之最大理由也。"其目的是推动全国艺术运动的发展，以达到全民美育的目的。因此，大学院委派林风眠、大学院秘书林文铮和王代之三人负责建校。翌年 3 月，国立艺术院在杭州宣告成立。教师绝大多数是从欧洲留学归来的青年艺术家，如林风眠、林文铮、李金发、李超士、王静远、蔡威廉、吴大羽、刘溉漂、叶云、李风白等，以及美术界久负盛名的艺术教育家姜丹书、潘天寿等人。另外，还聘请法、日、俄、英的美术家担任教授。所以，该院人才济济、思想活跃。他们受西方尤其是法国新艺术运动的影响，敢于冲破学院派的僵化模式和中国封建文化传统的束缚，在艺术思想和表现方法上既力追法国印象主义和此后西方各种现代艺术潮流，又积极倡导"新时代艺术"，努力反映现实生活和时代精神，以促进中国艺术的复兴。所以，该院形成了各种不同的艺术风格和流派。

　　该校首任校长林风眠，广东梅县人，1919 年由华法教育会选赴法国勤工俭学。1920—1922 年，他先后入第戎美术学院、巴黎高等美术学校学习。1923 年，他留学德国柏林。翌年春他回到巴黎，与留法同学林文铮、吴大羽、李金发等组织霍普斯会（"霍普斯"是"阿波罗"音译）。1925 年冬回国，他任北平国立艺术专门学校校长。抗战期间，他在重庆潜心绘画创作，1945 年任重庆国立艺术专科学校教授，翌年任杭州艺术专科学校教授，1952 年退职后居住上海，任中国美术家协会上海分会副主席，晚年定居香港。作为国立北京艺术专科学校校长和国立杭州艺术专科学校的创始人，林风眠不仅是著名的美术家，还是著名的美术教育家。他接受了蔡元培的教育思想，主张在教学中兼收并蓄、中西并存。他眼界开阔、胸怀宽广，能够容纳各种艺术遗产和风格流派。他重视启发式教学，鼓励学生发挥自己的特长，追求自己的艺术个性。特别是留法归来后，他一方面致力于改造中国的艺术教育，一方面又致力于艺术运动，培养了包括刘开渠、李苦禅、李有行、雷圭元、李可染、王朝闻、吴冠中、朱德群、赵无极、席德进等一批卓有成就的艺术家。

上海艺术专科学校,1930 年成立。创建人为王道源,他 1910 年留学日本东京美术学校。陈抱一任油画系主任。

四川艺术专科学校,1938 年创立。发起人为沈福文,他 1935 年留学日本东京松田漆艺研究所;雷圭元 1929 年留学法国;赵太侔留学日本。

鲁迅艺术学院,1938 年成立于延安。辛亥革命前留日的老革命家吴玉章曾为院长;副院长为沙可夫,他 1926 年留学法国,后留学莫斯科中山大学;周扬,1928 年留学日本;美术系负责人王曼硕,1927 年留学日本东京美术学校。

广州艺术专科学校,1947 年创立。院长高剑父,为岭南画派的代表人物,1906 年他留学日本东京帝国美术学校。

上述这些学校、美术系科并不是 1949 年前中国美术院系的全部,但是却具有代表性;至于上述学校的少数创建人,我们一时虽难以查清是否为留学生,但大部分情况已经明了:差不多都喝过"洋墨水"。也正是这些颇具美术天赋,又到异域吸取了西方美术营养的美术家、教育家们,创办了不同的美术院系,为国家、社会培养了众多的美术人才。

三、留学生推动了中国现代美术社团的创建

创建现代美术社团,是留学生们推动新兴美术活动的重要方式,留学生是中国现代美术社团的主要创建者。下面介绍的是 1912 年至 1949 年间重要美术社团的情况。

东方画会:1915 年创立于上海,发起人为乌始光、汪亚尘、陈抱一、俞寄凡等,为中国研究西洋画较早的组织。不久,其成员都先后离开上海赴日本留学。

中华独立美术协会:1916 年成立于日本东京,由旅日留学生陈抱一、江小鹣、严智开、许敦谷、汪洋洋等组成。

天马会:1920 年创立于上海。发起人为刘海粟、汪亚尘等,另一说是 1919 年 9 月由江小鹣等发起。天马会是中国第一个正式的存在时间较长的西洋画组织。汪亚尘,1917 年留学东京美术专门学校。该校共举办展览 8 次,1927 年停止活动。

北京大学画法研究会:1918 年 2 月成立,蔡元培为发起人,并得到北京

大学教员李毅士、钱稻荪(皆留学生)等的热烈响应,陈师曾、徐悲鸿等著名画家被聘为导师。由于该会所处的特殊地位,对画界影响甚大。

中国画学研究会:1918年成立,发起人为金城、陈师曾等。1926年金氏卒,1927年由其子潜庵与门人继办,改为湖社,社员有200多人,1927至1936年,在上海发行《湖社月刊》,共出100期后停刊。金城,辛亥革命前留学英国。

晨光美术会:1921年1月创立于上海,曾雇用外国妇女为人体模特。会员曾达300人,举办展览会四届。由张聿光、陈抱一、宋欣等发起成立。张聿光,1920年留学法国,随法国画家吕陶夫学油画;陈抱一,1913至1921年留学日本东京美术学校。

赤社美术研究会:1921年成立于广州,由留日画家胡根天创建,是广东成立最早、影响最大的美术社团。

阿博洛学会:1921年创立于北京。发起人为李毅士、吴法鼎。由李毅士主持,王子云任干事,后又成立美术研究所。每年冬举办美术展,并举办暑假美术讲习会两届,会员有王悦之、钱稻荪等。李毅士,1904年留学英国格拉斯哥美术学院,1918年回国;吴法鼎,1911至1919年在巴黎美术学校学习;王悦之,1915年留学日本川端绘画学校,1920年回国;王子云,1931年留学法国巴黎高等美术学校;钱稻荪留学日本。

白鹅画会:1923—1924年成立于上海。发起人为陈秋草、方雪鸪、潘思同等,为上海最早创设之职工美术业余研究团体,附设之绘画补习学校,入校者前后有2 000余人。1928年,白鹅画会更名为白鹅绘画研究所。

艺苑:约1927年创立于上海,曾出版刊物《艺苑》并举办画展。发起人为江小鹣、王济远、朱屺瞻、金启静、李秋君、唐蕴玉、潘玉良等。江小鹣,1914年留学法国巴黎国立美术学校;潘玉良,1921年留学巴黎美术学院,1928年回国;朱屺瞻,1918年留学日本东京美术学校。

艺术运动社:1928年创立于杭州。发起人为林风眠。社员多为西湖国立艺术院的教师,且大多为留学生,如林文铮、蔡威廉、刘既漂等。该社还设研究室,院刊 APOLLO 为其学术园地,曾于1929年举办第一届美术展览会。

蜜蜂画社:1929年冬创立于上海。发起人为郑午昌和留日归国的王伟等。翌年在蜜蜂画社基础上成立了"中国画会"。社员有100多人,每年举办社友作品展览,曾出版《蜜蜂画报》。

时代美术社:1930 年 2 月创立于上海。发起人为许幸之、沈叶沉(沈西苓)、王一榴等,曾发表《时代美术社对全国青年美术家宣言》,力倡"普罗"艺术,对鼓动"左翼"美术运动、促进中国"左翼"美术家联盟的成立有重要影响。

中国"左翼"美术家联盟:简称"美联",1930 年 7 月创立于上海。以时代美术社为基础,联合上海美专、新华艺专、杭州艺专、中华艺大等校及白鹅绘画研究所艺术青年组成。主任为许幸之,副主任为沈叶沉,总干事为于海。许幸之,1927 至 1930 年在日本东京美术学校学习。

决澜社:1931 年 9 月创立于上海,发起人为庞薰琴。主要成员有倪贻德、陈澄波、周多、曾志良、梁白波、段平右、阳太阳、杨秋人、邓去梯、王济远等。庞薰琴,1925 至 1930 年在巴黎叙利恩绘画研究所学习;倪贻德,1927 至 1928 年在日本川端绘画学校学习;陈登波,1924 至 1929 年在东京美术学校学习;阳太阳,1935 年留学日本。

中国画会:1931 年创立于上海,前身是蜜蜂画社。初由钱瘦铁等主持,后由贺天健等主持。抗日战争前夕,移至新华艺术专科学校,再由汪亚尘等主持。

野风画会:1932 年 8 月成立于上海。春地美术研究所解散后,中国"左翼"美术家联盟为继续开展活动而建。除"美联"发起者外,主要成员有陈桌坤、郑野夫、郑邵勤、顾鸿干、陈学书、吴似鸿、林阴隆、林明垂、邢政、倪焕之、林扬波(马达)等。

中国留法艺术学会:1931 年创立于巴黎,由我国留法艺术青年组成。成员有虞炳烈、刘开渠、曾竹韶、王临乙、程鸿寿、李韵笙、陈芝秀、吕斯百、唐一禾、陈策云、马霁玉、张贤范、常书鸿、陆传纹、周圭、王子云、郑可、陈士文、黄显之、庄子曼、胡善余、滑田友、韩素功、杨炎、唐亮、程蔓叔、廖新学等。

中华全国美术会:初名"中国美术会",1932 年创立于南京,抗战时期迁至重庆,1940 年,重庆美术界抗敌协会并入。理事长为张道藩,1919 年留学法国,是当时中国政府美术界的官方领导人。

中国女子书画会:1934 年创立于上海,发起人为冯文凤、李秋君、陈小翠、顾青瑶、杨雪玖、顾墨飞等,是 1949 年前我国唯一的女子书画活动组织。

默社:1936 年 1 月创立于上海,发起人为徐悲鸿、汪亚尘、颜文梁、朱屺瞻、张充仁、陈抱一等。会员有潘玉良、吴作人、吕斯百、张安治、钱铸九、周碧初、吴恒勤、滑田友、黄琪如、荣君立等,基本为留学生。

中华全国美术工作协会:1949年7月成立,徐悲鸿为主席,后来该会发展为中国美术家协会,一直延续到今天。其历届领导人也大多为留学生出身的著名画家,如何香凝、刘开渠、吴作人、傅抱石等。

应该说,从辛亥革命到1949年中国的美术社团非常之多,但是主要的、影响较大的还是留学生为主要发起者的社团。他们有的主张纯艺术,主张全面西化,但大多数主张中西结合,倡导为人生的艺术;他们或开办画展,或出版期刊,或创办讲习班,以不同的方式,不同的手段,促进了中国现代美术的发展。

综上所述,中国现代美术教育的发生与发展从根本上讲,是时代之使然,是鸦片战争以后西学东渐的产物,是中国人民向西方寻求救国救民的真理、顺应时代潮流的必然结果,也是"教育救国"的一部分;留学生作为中国直接感受到欧风美雨的特殊的知识分子群体,与时俱进,紧紧把握时代的脉搏,不仅成为传播西方美术和美术教育思想的媒介,而且成为开展中国现代美术教育的主要倡导者和创办者,成为从中国传统的美术教育向现代美术教育转型的主要推动者和承担者,为中国美术教育的现代化建立了一座丰碑——这不仅是一种历史的贡献,而且对中国今后的美术教育与国际接轨,也提供了许多富有价值的启示。

第十二章
留学生与中国现代哲学学科的创建

　　中国现代学科的创建是在晚清西学东渐的大潮中,学习、借鉴乃至移植西方现代学术话语和学科规范的过程中逐渐建立的,哲学学科的建立也是这样。中国古代有"哲学"之实,但无"哲学"之名。中国传统文化中没有西方严格定义上的哲学概念,其思想则散见于经、史、子、集有关典籍中,作为其基础的逻辑学仅存于名家等古代思想中。因此,中国现代哲学学科[①]的建立,是在西方现代哲学思潮和学科规范的影响下,中国传统"哲学"向现代哲学转型的结果。在这一过程中,以归国留学生为主体的知识分子起到了决定性的作用。他们既是西学东渐的产物,是继传教士之后西学东渐的传播主体,也是创建包括中国哲学学科在内的中国现代学科的主体,中国哲学学科是经过他们的努力而最后得以建立的。

　　关于哲学学科是否创建,根据国内外有关学科体制的论述[②],本文确立了以下标准作为参照:第一,引进和翻译了一定数量的学科基本知识和基本理论;第二,建立了初具规模的学科教育体系,包括学校(大学)设立专业课程,具有一定数量的专业教师和学生;第三,建立了比较完备的学科研究体系,包括具有一定数量的职业工作者、学科研究成果、研究团体、科研机构和专业期刊等。

----

　　① 本文立足于广义的基础上承认"中国哲学"和哲学学科的存在,故哲学界关于"中国哲学合法性"问题的讨论不在本文论述的范围之内。

　　② 重要的如华勒斯坦(Immanuel Wallerstein)等:《开放社会科学》,三联书店,1997年版;《学科·知识·权力》,三联书店,1999年版。

一、西方哲学在中国的传播

"我们今日的学术思想,有这两个大源头:一方面是汉学家传给我们的古书;一方面是西洋的新旧学说。"[①]哲学也不例外。在中国哲学学科建立的过程中,西方哲学的思想体系和术语系统(包括脱亚入欧的日本)对中国哲学学科的建立产生了重要的影响。

(一)明末清初西方哲学在中国的传播

西方哲学传入中国,是从明末清初开始的。最早来自西方的传教士,如葡萄牙传教士高因勃耳等,不仅自己翻译,还与中国学者合作,翻译了亚里士多德的《论灵魂》等。清初,意大利经院哲学家托马斯·阿奎那的著作也被介绍进来。在此期间,当时西方哲学的一些观念和哲学术语也被译介进来。据朱谦之等考证,耶稣会士艾儒略在其《西学凡》(1623)一书中,介绍欧洲大学教科书课程纲要为 6 科,其中理科(理学)斐禄所费亚(Philosophia,哲学)之下又分为:落日伽(Logica,逻辑学)、默达费西加(Metaphysica,形而上学)、厄第加(Ethica,伦理学)以及马得马第加(Mathematica,数学)、费西加(Physica,物理学)5 种。[②] 这应该是胡适所说的西方的"旧学说",而且都是传教士输入的,它使少量的中国人了解了西方的一些文化。但这种分法表明,欧洲中世纪各门学科尚未从哲学中分化出来,还没有经过现代理性化规则的清晰界定,没有学科化和专业化,不能构成具有制度化结构特征的现代学科。[③] 具有现代准学科标准的"哲学",17 世纪以后才在西欧产生,而大量传入中国则是鸦片战争以后的事情。

(二)鸦片战争至辛亥革命时期西方哲学在中国的传播

"哲学"这个词最早出自希腊文的"φιλοσοφο??"(PHILOSOPHIA),即

---

① 胡适:《中国哲学史大纲》,上海古籍出版社,1997 年版,第 6—7 页。

② 详见《中国哲学对欧洲的影响》,河北人民出版社,1999 年版,第 112 页;陈启伟:《"哲学"译名考》,载《哲学译丛》,2001 年第 3 期。

③ 请参阅华勒斯坦(Immanuel Wallerstein)等:《开放社会科学》(第一章"从十八世纪到 1945 年社会科学的历史重建"),三联书店,1997 年版,第 3—34 页;华勒斯坦等:《学科·知识·权力》("学科规训制度导论"),三联书店,1999 年版,第 12—34 页。

"PHILO-"(喜爱)和"SOPHIA"(智慧)(爱智慧)。19世纪70年代,日语的"哲学"由日本最早的西方哲学传播者西周,借用古汉语中的"哲"、"学"两字合成,译为"哲学",后由中国驻日公使黄遵宪于1896年前后译借过来。

鸦片战争后,国门洞开,特别是19世纪末20世纪初,西学如潮,西方哲学大量传入中国。美国和西欧的新教传教士以及清政府的同文馆、京师大学堂等,翻译了许多西方学术著作,如培根的《新工具》、卢梭的《社会契约论》等一大批哲学名著先后被译介进来。仅京师大学堂从1898到1911年的10多年间,就翻译出版了近40部西方哲学著作。如1903年就有日本藤井健次郎著、范迪吉译的《哲学泛论》;德国科培尔著、日本下田次郎译、蔡元培重译的《哲学要领》;日本佛教哲学家井上圆了著、留日学生团体游学社译的《哲学微言》等。当然,有的译著并非严格意义上的哲学著作。如1906年蔡元培翻译、井上圆了著的《妖怪学讲义录总论》,本是作者用西方哲学观点撰写的一部提倡科学、破除迷信的启蒙读物,但张东荪认为:"蔡先生把它翻译到中国来却亦足以代表那个时候中国人对于哲学的态度。这乃是西方哲学初到东方来的应有的现象。"[①]哲学家贺麟指出:"从变法运动到五四运动时期,这是一个启蒙介绍时期,特点是宣扬维新,改良政治,反对传统风俗习惯,而且有的人应用佛学和中国哲学来讲西方哲学,也不免有些牵强附会,一般说只是一种文化批评和观察印象。"[②]这种看法可适用于蔡元培翻译的井上圆了著作的原因。

当时,各种期刊特别是留日学生和亡命日本的中国志士创办的期刊,如留日学生戢翼翚、杨廷栋、杨荫杭、雷奋等1900年在东京等地创办的《游学译编》、1902年梁启超在横滨创办的《新民丛报》等,都广泛地介绍了古希腊哲学和西方近代哲学。如梁启超由于不懂外文,就用编译的方式来宣传西方哲学思想,仅1902年在《新民丛报》发表介绍西学的论文就有:《进化论革命者颉德之学说》、《天演学初祖达尔文之学说及其传略》、《近世文明初祖二大家(培根和笛卡儿)之学说》、《近世第一大哲康德学说》等。他的编译有时难免浅显,但由于其文笔生动,故产生了很大影响。同时,物质、精神、唯心论、唯物论等西

<hr>

① 张东荪:《文哲月刊发刊词》,载《文哲月刊》,1935年10月第1卷第1期。
② 贺麟:《康德黑格尔哲学东渐记》,载《中国哲学》(第2辑),商务印书馆,1980年版,第344页。

方哲学中的许多新名词、新概念也传入中国。特别是"哲学"一词,20世纪初由日本传入中国后,被广为运用,使哲学从儒学、经学等领域中剥离出来,标志着中国学者对现代哲学认识的开始,对构成中国现代哲学的术语系统有重要的意义。

在晚清至辛亥革命时期传播西方哲学的过程中,留学生已逐渐成为传播西方哲学的主体,就群体而言,留日学生最多,其特点是通过日文介绍日本学者或欧洲学者的哲学研究成果,其中马君武的成就较大。马君武(1881—1939),广西临桂人,1901年赴日本京都帝国大学留学。在日期间,马君武编译过西方哲学,如编过《新派生物学(天演学)家小史》,译过弥勒的《自由原理》、《唯物论二巨子(狄德罗、拉梅特里)之学说》、《社会主义与进化论比较》、《唯心派巨子黑格尔学说》、《弥勒约翰之学说》、《论理学之重要及其效用》等。其文章的特点"在于把唯物论、无神论和法国资产阶级革命联系起来,认为唯物论和无神论有助于法国1789年革命的成功,并且还联系中国的革命现实"①。

这个时期,译介西方哲学贡献最大的是1877年赴英国伦敦格林威治皇家海军学院(Royal Naval College)学习海军的严复。1898年,他把赫胥黎的《进化论与伦理学》以《天演论》书名出版,一时洛阳纸贵。此后,从1901至1909年的10年间,严复又相继翻译了亚当·斯密的《原富》(即《国富论》)、斯宾塞的《群学肄言》、穆勒的《群己权界论》(即《自由论》)、甄克思的《社会通诠》、孟德斯鸠的《法意》(即《论法的精神》)、穆勒的《穆勒名学》(即《逻辑学》)和耶芳斯的《名学浅说》8种名著,在中国学术史上占有重要的地位,尤其是《天演论》和《穆勒名学》给中国思想界、学术界带来了巨大冲击:《天演论》是第一次改变了中国人传统宇宙观的哲学著作,中国近代的风流人物梁启超、毛泽东、胡适、鲁迅等无不受到其巨大的影响;严复译的《穆勒名学》虽然比1895年广学会出版的逻辑学著作《辨学启蒙》晚10余年,但影响更大,可以说是改变了中国人传统思维方式的逻辑学著作。它乃实证主义哲学认识论和方法论之代表作,其基本观点贯穿于赫胥黎、斯宾塞和穆勒等人的著作中。因此,严复介绍和接受的不是西方某个实证主义哲学家,而是整个英国的实证主义思想体系,不仅《天演论》的进化观念对中国哲学思

---

① 陈应年、陈兆福:《20世纪西方哲学理论东渐述要》,载《哲学译丛》,2001年第1期。

想产生了重大影响,《穆勒名学》的实证主义哲学也开中国之先河,成为近代中国一种重要的思潮:由严复开始,中经王国维、胡适,到冯友兰、金岳霖等历经半个世纪而不衰。对外来哲学术语的译介引入,严复也作出了重大贡献。王国维说:"侯官严氏,今日以创造学语名者也。"① 由《天演论》等而出现的严复译词,如物竞、天择、储能、效实、进化、公例……随之流行,严复翻译哲学主体语汇:形(body)、神(mind)、灵(ratio)、良知(reason)、元知(intuition)、觉(percept)、感(sensation)、情(emotion)、思(thought)、志(volition)等,则辉煌登上了当时中国文化学术的大舞台,成为当时中国哲学界最风行的术语②,对支撑中国哲学学科的初建有着重要作用。因为哲学术语系统的建立是中国哲学学科得以建立的重要依据,它既与中国传统的古书中有关哲学的材料相关,也与形式有关。甚至可以说,哲学"特有术语系统的建立才承载和支撑起中国哲学学科的建立"③。

(三) 留学生与"五四"时期至 20 世纪 20 年代西方哲学在中国的传播

以"五四"为中心的新文化运动,推动了各种西方社会文化思潮在中国的传播,引发了中国历史上前所未有的西学东渐大潮,包括马克思主义哲学在内的各种西方哲学,更以前所未有的势头传入中国。钟情于西方文化的知识分子们,特别是一大批归国留学生们,如鱼得水,取代了传教士而成为传播西方哲学的急先锋和主体。

1. 实用主义哲学在中国的传播

这主要是一些留学生通过邀请美国实用主义哲学家杜威来华演讲传播开的。1919 年初,北京大学校长蔡元培与胡适(留美)、陶孟和(留日、留英,伦敦大学经济学博士)等教授商量,以北京大学、尚志学会和江苏教育会的名义邀请杜威来华。1919 年 4 月杜威来到中国,在一年多时间里,他先后在 11 个省讲演 100 多次,系统地介绍了实用主义哲学,包括"社会哲学与政治哲学"、"教育哲学"、"现代的三个哲学家"等五部分。讲演稿后来被编为

---

① 王国维:《王国维论学集》,傅杰编校,中国社会科学出版社,1997 年版,第 387 页。
② 至于"五四"以后严复翻译的哲学术语被日语术语大量取代的原因,极其复杂,请参阅张法:《严复哲学译词:内容特征、命运、意义》,载《中国政法大学学报》,2009 年第 2 期。
③ 程志华:《中国哲学学术术语系统的形成于发展》,载《中国哲学史》,2007 年第 2 期。

《杜威五大讲演》出版。从此,杜威的实用主义哲学在中国得以传播。作为杜威的学生,胡适做了大量工作。1919 年,他撰写了《实验主义》,1922 年又写了《五十年来的世界哲学》,后来他又与哈佛大学博士唐钺翻译了杜威的《哲学的改造》。此外,刘伯明①翻译了杜威的《思维术》,孟宪承②翻译了美国哲学家詹姆斯的《实用主义》等。由于这些留美学生的宣传,杜威的实用主义哲学风靡中国。这确如胡适所言:"自从中国文化与西洋文化接触以来,没有一个外国学者在中国思想界的影响有杜威先生这样大的。"③

2. 康德哲学在中国的传播

在中国,最先介绍康德哲学的是梁启超,早在 1902 年,他就在《新民丛报》上发表了《近世第一大哲康德学说》。虽然他并未能真正理解和把握康德哲学的精髓,但仍称康德为"近世第一大哲"。"五四"时期中国开始了对康德的真正研究。1919 年上海的《晨报》、《上海周刊》、《学灯》、《今日》和《东方杂志》陆续发表了介绍康德的文章。在康德哲学传播史上,1924 年非常重要:牛津大学哲学博士张颐开始在北京大学哲学系讲授康德和黑格尔哲学,标志着康德和黑格尔哲学正式进入了中国大学的课堂。④ 张颐自云:"余自欧洲抵沪上时,所遇友朋,皆侈谈康德,不及黑格尔,竟言认识论,蔑视形而上学。"⑤1924 年是康德 200 周年诞辰,中国掀起了介绍和研究康德的第一个高潮,《学灯》、《晨报》等报刊纷纷刊登介绍康德学说和纪念文章。《学艺》和《民铎》杂志还出版了《康德专号》,发表了张东荪等人 30 多篇论文。其中被贺麟称为我国 20 世纪 20 至 30 年代"最初搞康德哲学的人物"的张铭鼎,即张铁生,江苏高邮人,1929 年赴柏林留学,其《康德批判哲学之

---

　　① 刘伯明(1887—1923),江苏南京人,1911 年入美国西北大学攻读哲学及教育,1915 年获哲学博士学位,1915 年回国,历任金陵大学国文部主任,东南大学教授等,中国现代哲学的先驱者和教育家,著有《西洋古代中世纪哲学史大纲》、《近代西洋哲学史大纲》等。

　　② 孟宪承(1899—1967),江苏武进人,1918 年入华盛顿大学,1920 年获教育学硕士学位后,赴伦敦大学研究生院深造。1921 年回国,历任东南大学、浙江大学教授,华东师范大学校长等职,著有《教育概论》、《大学教育》等。

　　③ 胡适:《杜威先生与中国》,见《胡适文存》(卷二),上海亚东图书馆,1921 年版,第 199 页。

　　④ 论者常引用贺麟之语:"自从张颐(1887—1969)先生 1923 年回国主持北京大学哲学系讲授康德和黑格尔的哲学时,西方古典哲学才开始真正进入了中国近代大学的哲学系。"见《康德黑格尔哲学东渐记》,载《中国哲学》(第二辑),商务印书馆,1980 年版,第 368 页。其实贺麟先生记忆有误:① 张颐乃 1924 年回国;② 1923—1926 年,是陈大齐教授任北京大学哲学系主任。

　　⑤ 张颐:《读克洛那、张君劢、瞿菊农、贺麟诸先生黑格尔逝世百年纪念论文》,载《大公报》(文学副刊)1931 年 12 月 25 日,第 207 期。

形式说》①，已初步接触到了康德哲学中的精华，"看到了形式在康德认识论中的重要性以及它的价值所在"②；其《康德学说的渊源与影响》较为具体地介绍了康德的哲学，阐明了康德哲学的贡献，并作出了较高的评价。

此外，必须提及的是范寿康③，他在《民铎》上发表的《康德知识哲学概说》④，概括较客观准确，评价也相当公允，其中有"关于知识形式根究的分析"，"模模糊糊接触到康德认识论的核心所在"。⑤ 1926—1927 年，范寿康还出版了《康德》、《认识论浅说》等书，介绍了康德的生平及哲学思想中的一些问题，如认识论中先验的综合、时间、空间、范畴及先验的自我意识之统一等。

3. 马克思主义哲学在中国的传播

19 世纪末 20 世纪初，中国人在学习西方的过程中，也接触到马克思主义学说，而其传播则始于留日学生在日本创办杂志并翻译日本学者研究马克思主义的论著。⑥ 当时，在日本的中国留学生办刊译书成风。1900 年，在东京的留日学生戢翼翚等创办了《译书汇编》。在 12 月 6 日的创刊号上，就刊登了署名"坂崎斌"⑦所译、日本著名学者有贺长雄（1860—1921）之《近世政治史》。1903 年 2 月，广西留学生马君武在《译书汇编》第 11 期又发表了《社会主义与进化论比较》。此外，留学生出版的其他刊物如《新世纪学报》、《浙江潮》、《天义报》等十几种刊物，也都零星介绍过马克思、恩格斯及其学说。1912 年 6 月，肄业于东京法政大学法政速成科的同盟会会员朱执信，在《新世界》第 2 期发表了《社会主义大家马儿克之学说》（即马克思）一文等等。但这一阶段传入中国的并不是马克思主义哲学，而是其社会政治和经济

---

① 张铁生：《康德批判哲学之形式说》，载《民铎》，1925 年 4 月，第 6 卷第 4 号。

② 见黄见德：《20 世纪西方哲学东渐史导论》，首都师范大学出版社，2007 年版，第 89 页。

③ 范寿康（1896—1983），浙江上虞人。早年留学日本，先后就读于东京第一高等学校、东京帝国大学文学部，获教育与哲学学士、硕士。1923 年他回国后，曾任中山大学教授兼秘书长、武汉大学哲学系教授兼系主任、台湾大学哲学系教授等，著有《哲学通论》、《中国哲学史通论》、《教育哲学大纲》等。

④ 范寿康：《康德知识哲学概说》，载《人民铎》，1925 年 4 月，第 6 卷第 4 号。

⑤ 见黄见德：《20 世纪西方哲学东渐史导论》，首都师范大学出版社，2007 年版，第 89 页。

⑥ 其他说法还有待深入考证，关于马克思主义最早是 1898 年或 1899 年在中国开始传播的说法虽流传很广，但争议很大，基本上被否定，见唐宝林：《马克思主义何时传入中国》，载《光明日报》1998 年 4 月 3 日等。

⑦ "坂崎斌"之真实姓名待考，但为留日学生无疑。

学说,其影响也微乎其微。而且,当时对马克思主义的介绍还是不自觉的、零散的,其中甚至还包含一些曲解和误解。但这种传播却为"五四"时期马克思主义在中国的传播打下了基础。

其后,十月革命的胜利和"五四"新文化运动的发展,为马克思主义在中国的传播创造了必要的条件。其中具有留学经历的早期共产党人李大钊、陈独秀、李达等,对传播马克思主义哲学特别是唯物史观贡献卓著。

这一时期对马克思主义哲学的传播,很多留学生都不同程度地介入。1920年初曾到法国勤工俭学的蔡和森,1924年写了唯物史观的专著《社会进化史》。范寿康翻译了日本著名学者河上肇的《马克思的唯物史观》①,也产生了一定的影响。

4. 罗素、尼采、柏格森等西方哲学在中国的传播

1920年,在赵元任(留美)、瞿世英(留美)、王星拱(留英)、杨端六(留日)等一批留学生的配合、支持下,英国哲学家罗素在中国的演讲稿以"罗素丛书"等形式出版,罗素的分析哲学思想和科学方法从而得以在中国广泛传播,并对中国现代哲学的建立和发展具有重要影响。哲学史家郭湛波讲,当时"中国研究罗素思想最有心得,介绍最力的是张申府先生"②。曾在法国研究、任教多年的张申府,早在《新青年》上就介绍过罗素。③ "张申府热衷于数学哲学,是中国积极译介英国哲学家伯兰特·罗素的第一人……在罗素访华时,二人有过学术交流。中华人民共和国建国后,罗素失去了和张的联系,还曾专门写信询问张的下落。"④

尼采哲学最早是通过赴日留学生或流亡日本的中国学者传入中国的。20世纪初,梁启超、王国维和鲁迅都曾介绍过尼采。1907年,鲁迅留学日本时所写的《文化偏至论》、《摩罗诗力说》和《破恶声论》,就受到当时日本流行的尼采思想的影响。新文化运动兴起后,由于"陈独秀一再援引尼采的思想,以开导和启发中国的青年一代"⑤,尼采思想受到大力推崇。留日出身

---

① [日]河上肇:《马克思的唯物史观》,范寿康译,载《东方杂志》,1921年1月,第18卷第1期。

② 郭湛波:《近五十年中国思想史》,北平人文书店,1936年版,第377页。

③ 张申府:《罗素》,载《新青年》,1920年10月,第8卷第2号。

④ 维基百科:"本页面最后修订于2011年4月29日"。

⑤ 黄见德:《20世纪西方哲学东渐史导论》,首都师范大学出版社,2007年版,第97页。

的郭沫若、田汉甚至连茅盾都曾宣传过尼采的"超人"哲学。1922 年《民铎》杂志出版的《尼采专号》,广泛地介绍了尼采学说。1923 年郭沫若译的《查拉图司屈拉抄》在《创造周报》上连载后,产生了广泛的影响。郭沫若还翻译了尼采的《扎拉图士特拉如是说》(1928)。该书后来又被留学德国的徐梵澄重译(生活书店,1936 年版)。①

柏格森哲学在"五四"时期也得到广泛传播。在传播柏格森哲学的学者中,主要代表者为李石岑、瞿世英、张东荪(留日),他们从不同的角度,介绍和阐释了柏格森哲学的实质。

总之,"五四"时期西方哲学东渐大潮汹涌,内容丰富,规模壮观,构成了中外文化交流史和哲学发展史上灿烂的篇章,在不同程度上推动了中国现代哲学学科的建立。

二、留学生与中国高校中的哲学教育

中国高校的哲学教育是传播西方哲学和建立中国现代哲学的重要环节,也与留学生密不可分。作为一门学科,哲学学科的教育应具备三个要素:师资、教学管理机构和教材(学生当然也是重要因素,但因篇幅所限,本文暂不涉及)。

(一) 留学生与中国高校哲学系的创立

中国高校哲学系的创立始于北京大学,其他高校的哲学系都是在北京大学哲学系的影响下建立的,而且,无论北京大学还是其他高校的哲学系,无不是以归国留学生为主体创建的。北京大学哲学系是中国高等学校中最早成立的哲学系,创建之初为北京大学文科哲学门,亦称"中国哲学门"。"1912 年,北京大学设立哲学门,哲学从此成为中国现代大学的独立学科。1914 年,北京大学哲学门正式招生,标志着现代的中国哲学教育的开始。"②

---

① 进入 20 世纪 30 年代,尼采其他的著作译本有:《朝霞》,梵澄译,商务印书馆,1935 年版;《快乐的知识》,梵澄译,商务印书馆,1939 年版;曾在日本东京高等师范学校留学的李石岑还出版了评论著作《超人哲学浅说》,商务印书馆,1931 年版。这表明尼采哲学在中国读者中很有影响和市场。

② 赵敦华:《中国哲学现代形态的建立及其世界意义——在北京大学哲学系建系九十周年庆典大会上的发言》,载《学校党建与思想教育》,2004 年第 7 期。

1919 年更名为哲学系①。

　　其后，1919 年南开大学在文学院下设哲学组，1923 年改为哲学系；再后来是南京大学的前身南京高等师范学校，在 1920 年设立了哲学系，留美博士刘伯明任文理科主任兼哲学系首任主任；1923 年武汉大学设立教育哲学系，1928 年改为哲学系，范寿康任系主任。建于 1926 年的清华大学哲学系，也是中国大学最早建立的哲学系之一，由著名哲学家金岳霖、冯友兰等创建，被视为 20 世纪前期"清华学派"的主干之一。此后一批高校陆续创建了哲学系。"只是依托北京大学哲学系和后来建立的其他大学的哲学系，中国哲学才具备了名副其实的现代形态。"正是"北京大学的哲学家们、中国的哲学家们，抓住了这一个稍纵即逝的历史机遇，在一个不长的历史时期，就把有着 2 000 多年历史的传统哲学转变为现代形态的中国哲学，这不能不说是一个历史的奇迹"②。

（二）留学生与北京大学哲学系的建立和教学

　　北京大学的前身是 1898 年成立的京师大学堂，此前张之洞等厘定的《学堂章程》扬言"不可讲泰西之学"。据此，1906 年王国维在《奏定经学科大学文学科大学章程书后》中，呼吁中国课堂应设置哲学科目："哲学之不可不特立一科，又经学学科不可不授哲学。"民国建立后，严复任北京大学校长，文科下始设"哲学门"，但因无教师未能招生。1914 年，胡仁源③任校长，对本科和预科进行调整充实，哲学门正式招生，在中国教育史上哲学教育由此开始。1919 年，翰林出身又曾长期在德国莱比锡大学、柏林大学学习的著名学者蔡元培接掌北京大学，哲学门正式更名为哲学系，此为中国大学有"哲学系"之始。一大批从国外回来的哲学新锐胡适、蒋梦麟、熊十力、唐钺、

---

　　① 《中国大百科全书·哲学》，中国大百科全书出版社，1987 年版，第 1185 页，认为"1916 年改名为哲学系，张颐、蒋维乔等先后任系主任"，但据《北京大学哲学系史稿》编委会编《北京大学哲学系史稿》，有误。

　　② 赵敦华：《中国哲学现代形态的建立及其世界意义——在北京大学哲学系建系九十周年庆典大会上的发言》，载《学校党建与思想教育》，2004 年第 7 期。

　　③ 胡仁源（1883—1942），浙江吴兴人，1899 至 1901 年在南洋公学师范班学习，1902 年中举人，后留学日本，毕业于仙台第二高等学校，又留学英国推尔蒙大学，学习造船。回国后，历任江南造船厂总工程师、京师大学堂教员、北京大学预科学长、工科学长、代理校长、校长、教育部总长、唐山交通大学校长、浙江大学教授等，编有《机械工学教科书》，译有康德的《纯粹理性批判》、萧伯纳的《圣女贞德》等。

邓以蛰、汤用彤、金岳霖、冯友兰、宗白华、朱光潜、冯定、陈康、贺麟、沈有鼎、洪谦以及梁漱溟等先后在此执教,从而开创了中国哲学教育的新时代。

北京大学哲学系的开创性意义主要在于用现代大学哲学系的标准建设学科与构建学科体系、课程体系。1914 年北京大学中国哲学门初建时,课程设置残缺,方式也仅限于中国哲学史类,教师授课方式也仿照朱熹讲解理学的方式。1917 年前后,由于一些从欧美或日本回国的留学生,"把新思潮和新的哲学观念带回到国内,国内专攻中国哲学的学者在新思潮的感染下,也逐渐摆脱了寻章摘句的注解式研究,开始学习从思想脉络的总体上把握和阐发中国古代经典的方法。"①从此,哲学门的课程设置与教学方式开始有了实质性的改进,以西方理论和学术范式理解中国传统的风气渐成主流(见表 12 - 1)。

表 12 - 1 1917 年北京大学中国哲学门课程设置及授课教师出身情况表

课程科目	教员	留学国别	课程科目	教员	留学国别
中国哲学	马叙伦	日	中国哲学	胡 适	美
中国哲学史	胡 适	美	中国哲学史	陈汉章	—
中国哲学史大纲	胡 适	美	西洋哲学史大纲	胡 适	美
哲学概论	陈大齐	日	伦理学	康心孚	日
伦理学	章士钊	日、英	心理学	陈大齐	日
社会学	陶履恭	日、英	人类学	陈仲骧	
生物学	李石曾	法	印度哲学概论	许 丹	
印度哲学概论	梁漱溟	—	言语学概论	沈步洲	美
经济学原理	顾梦渔	德	外国语		—

注:本表系张慕洋根据《北京大学哲学系史稿》第 92 页、周棉主编的《中国留学生大辞典》编制。

由此可见,第一,授课教师主要为具有留学经历的教员。除梁漱溟、许丹、陈汉章等外,多数都有留学经历,留学国家涵盖美、英、日、德、法,基本上代表了当时世界上先进的资本主义国家。第二,课程内容丰富。有关哲学内容的课程,既有中国哲学,也有印度哲学,还有西洋哲学,基本上代表了人类思想史上的主要哲学。此外,还开设了其他社会科学和自然科学的课程。

① 《北京大学哲学系史稿》编委会:《北京大学哲学系史稿》(内部资料),2004 年版,第 4 页。

尤其值得指出的是,胡适的《中国哲学史大纲》在中国哲学学科建立的过程中具有开创性意义。对此,我们将在下面详细阐述。

从北京大学哲学系系主任的人选及其管理,也可看出留学生在中国哲学学科创建中的作用。1917 年底,北京大学校长蔡元培倡导教授治校思想,主持出台了《学科教授会组织法》,规定本校各门学科均设教授会,负责有关教学事宜,讨论本门课程的增设与废止,应用教材等。1918 年 2 月,哲学门教授会成立,曾留学英伦的陶履恭当选为哲学门首任主任。其后,陈大齐等具有留学经历的教授相继任系主任(见表 12 - 2)。

表 12 - 2　1918—1937 年北京大学哲学系历届系主任留学情况

主　任	任职时间	留学国家	毕业学校	学　位
陶履恭	1918.2—1919.3	日、英	伦敦大学	社会学博士
陈大齐	1919.3—1919.11	日	东京帝国大学	文学学士
蒋梦麟	1919.11—1921.9	美	哥伦比亚大学	哲学、教育学博士
陶履恭	1921.9—1923.2	日、英	伦敦大学	社会学博士
陈大齐	1923.3—1926.4	日	东京帝国大学	文学学士
徐炳昶	1926.4—1929.3	法	巴黎大学	
邓以蛰	1929.4—1930	日、美	哥伦比亚大学	文学博士
张　颐	1930—1933	美	密歇根大学、牛津大学	哲学博士
汤用彤	1934—1937.8	美	哈佛大学	哲学博士

注:本表由张慕洋根据《北京大学哲学系史稿》(附录)、周棉主编的《中国留学生大辞典》等编制。

从表 12 - 2 可见,在 1918 至 1937 年的 20 年间,历任系主任都有留学背景,而且以留美国居多,都毕业于世界名校,多为博士学位,部分人还有留学多国、多校的经历。其中邓以蛰为"两弹元勋"邓稼先之父;汤用彤后来曾任北京大学副校长,为著名的佛教哲学家。他们学历和专业的现代背景,使他们在北京大学哲学系的学科建设中发挥了重要作用,特别是在 1930 至1933 年间任系主任的张颐建树卓著。

张颐(1887—1969),四川叙永人,1913 年赴美国入密歇根大学留学,获文学学士、教育硕士及哲学博士学位。1919 年,他入英国牛津大学,再获哲学博士学位,是中国第一位牛津大学哲学博士获得者。他对西方古典哲学,尤其是黑格尔哲学有精深研究,著有《黑氏伦理研究》、《黑格尔与宗教》、《圣路易哲学运动》等。他在任系主任期间,不仅聘得汤用彤、贺麟、陈康、郑昕等著名学者,还依照现代英美哲学体系的标准建设哲学系的学科与课程体系,如规定哲学系修业年限为 4 年,每学年上课至少在 28 个星期以上,并取消了 1919 年以后实行的计算课程的单位制,实行学分制等。这是北京大学哲学系史上的重大的转变:"真正地建立起现代意义上的哲学系,从而把自己跟中文系和历史系等区别开来。从当时来说,北大哲学系也成了全国范围内第一个现代意义上的哲学系。可以说,从张颐先生担任北大哲学系主任开始,中国才真正有了独立的'哲学'这门学科。"①

三、留学生与中国的哲学研究及研究体制的建立

随着西方哲学的大量译介与中国哲学队伍的壮大,中国现代哲学的研究及其研究体制开始形成。这直接导致了中国哲学的现代转型。在中国思想史上,中国哲学曾有过两次大的转型:第一次是从先秦的"子学"形态转变为汉代的"经学"形态;第二次是从"理学"形态转变为"科学形态",即以西方近代以来的哲学为标准建立的学术范式。虽然在第二次大转型中,洋务派、维新派及后来民主革命派的哲学思想,对中国现代哲学的形成产生了积极的影响,但中国哲学真正的现代转型产生于"五四"新文化运动。有些专家甚至更具体判定:"中国现代哲学的真正逻辑起点是 1923 年的科玄论战",因为"它是近代以来第一次以纯哲学的形式展开的论战"。② 也就是说,中国的哲学家们在"五四"时期已经有了哲学的自觉,在熟练地运用现代哲学话语来表达自己对哲学和社会的看法,而这显然是以他们的研究成果为基础和前提的。

(一) 中国哲学流派的形成及其意义

在西方哲学的传播和中国现代哲学的创建过程中,在时间上,"五四"时期不仅是西方哲学传播的重要时期,也是中国不同的哲学流派形成的重要时期。其中主要有自由主义西化派,以留学生胡适、陈序经等为代表;传统

---

① 《北京大学哲学系史稿》编委会:《北京大学哲学系史稿》(内部资料),2004 年版,第 13 页。
② 郑家栋:《现代新儒学概论》,广西人民出版社,1990 年版,第 39 页。

的保守派,以康、梁为代表;东方文化派,以杜亚泉、梁漱溟和张君劢等为代表;现代新儒家,以熊十力、冯友兰、张东荪、金岳霖和贺麟等为代表;还有对20世纪的中国产生重大影响的马克思主义学派等。实际上,这标志着中国现代哲学研究的繁荣。更可喜的是,一些哲学家对中西哲学会通,取得了开创性的硕果,如胡适把实验主义的方法论与中国清代的朴学联系起来,开创了研究中国古代哲学的新方法;张东荪从马堡学派出发,形成了一个以逻辑主义和主智论为特征的多元知识论雏形。此后,金岳霖借鉴西方科学哲学的成果并使之与中国传统哲学融合,建立了自己的哲学体系。至于熊十力,则在改造佛学唯识论的基础上,吸收柏格森的生命哲学,建立了"新唯识论";贺麟融合德国哲学与宋明理学,建立了"新心学";冯友兰将英美实在论与程朱哲学相结合,运用分析方法,建立了"新理学"[①]。有关的成果如:蔡元培的《哲学与科学》(1919)、《中国伦理学史》(1921);胡适的《先秦名学史》(英文、1922)、《戴东原的哲学》(1925);熊十力的《唯识学概论》(1924);张竞生的《美的人生观》(1925);王星拱的《物和我》(1921)、《哲学方法和科学方法》(1924)、《科学概论》(1930);张东荪的《科学与哲学》(1925)、《认识论》(1934);金岳霖的《逻辑》(1936);冯友兰的《人生理想之比较研究》(1923)、《人生哲学》(1924),等等,恕不赘述。

在"五四"精神的影响下,中国哲学家们希望通过对哲学的拷问以探寻中国社会出路的热情依然高涨,譬如对西方哲学的研究、传播,一直持续到抗战前后。如汤用彤的《叔本华之天才主义》(1922);陈大齐的《黎尔哲学略说》(1923);张颐的《黑格尔伦理学》(英文,1925);徐炳昶的《欧洲哲学史》(1927);程始仁译的《康德的辩证法》(1929);朱谦之的《黑格尔的历史哲学》(1930);李石岑的《希腊三大哲学家》(1931);黄方刚的《苏格拉底》(1931);胡仁源译的《纯粹理性批判》(1931);任白涛译的《从康德平和主义到思想问题》(1930);贺麟译的《黑格尔学述》(1936),等等。正是如此众多的哲学流派及其成果,显示了中国现代哲学和哲学学科建立后的繁荣。

1. 胡适与冯友兰对中国哲学学科建立的贡献

中国现代哲学史告诉我们,中国哲学学科是以相关的中国古典学术为

---

① 黄见德著:《20 世纪西方哲学东渐史导论》,首都师范大学出版社,2007 年版,第 147—148 页。

材料(关于传统的古书术语以及佛教术语对中国哲学学科建立的影响,本文暂略)、以西方哲学的范式为标准建构起来的。在中国哲学学科的建立过程中,许多哲学家特别是具有留学经历的哲学家都有不同程度的贡献,其中胡适与冯友兰对中国哲学学科建立的贡献更为突出、重要。

(1)胡适对中国哲学学科建立的开创之功

1917年,刚从美国哥伦比亚大学哲学系毕业的胡适,由于新任文科学长陈独秀的推荐(文科学长负责哲学门事务),来到北京大学哲学门教书。胡适在哥伦比亚大学学习期间,师从实用主义大师杜威。他在讲授中国哲学史时,直接从春秋战国讲起,与当时"言必及三代"的传统大不相同,引起很大的轰动。哲学门在设立之初,少有合适的教材,这也是中国现代学科在建立之初普遍存在的困难。而留学生们在海外学习期间,深谙学科内容和教材体例,回国以后注意模仿,编写新的教材。胡适此时的《中国哲学史大纲》则是他按照西方哲学的学科范式和教材规范,对中国哲学史进行梳理、整合、研究的结果。虽然《中国哲学史大纲》仅有"上"而无"下",并受到一些人的嘲弄,但其长篇导言却揭示了胡适的哲学史观。他把研究哲学史的目的首次确定为明变、求因、评判三个要点。即:首先弄清思想派别的沿革变迁,并追寻线索和原因,然后客观地、批判地评述。在具体梳理、论述的过程中,胡适把西方哲学史通行的分类方法较完整地移植过来,按照宇宙论、知识论、伦理学、教育哲学、政治哲学、宗教哲学六个方面来清理中国思想,评述先秦诸子学说,开启了在整体结构上"中学西解"的路径,从而为中国哲学史学科描绘出了大概的轮廓,开创了中国哲学(史)学科的范式,并于1919年2月以《中国哲学史大纲》(上)书名出版,成为中国哲学史专业的奠基之作和中国现代哲学教材体例的发凡之作。蔡元培在为该书作序时,称其为"第一部新的哲学史",赞扬该书的长处是"证明的方法、扼要的手段、平等的眼光及系统的研究"①。即:运用逻辑的方法,从远古神话和政治史中辨析出纯粹的哲学成分;同时以中西平等的眼光,用西方学科观念和哲学术语系统,打破中国传统学术的价值体系,对中国学术进行系统的研究,注重史实的还原和发展脉络。这些特点,只有严格受过西方文化学术系统的训练之后方能具备,而这正是胡适以前的中国学者所不具备的。如在杜威实用主

---

① 胡适:《中国哲学史大纲》,上海古籍出版社,1997年版,第1页。

义哲学的影响下,胡适批判地阐述了孔子、荀子的正名主张和墨家的逻辑思想,对后期墨家残缺不全的文献资料索隐钩沉,进行综合研究,表明了他对中国传统文献和逻辑方法的重视,不能不令他同时代的学者耳目一新。冯友兰也多次肯定"在中国哲学史研究的近代化工作中,胡适创始之功,是不可埋没的"①。

(2) 冯友兰对中国哲学(史)学科建立的完成之功

如果说,具有现代学术和学科特征的中国哲学(史)学科是从胡适开始的,他的《中国哲学史大纲》(上)为学术界公认的哲学学科的奠基之作,那么冯友兰的《中国哲学史》则标志着中国哲学学科建构的完成。

冯友兰(1895—1990),河南南阳人,1915 年考入北京大学法科,后改入文科中国哲学门,1918 年毕业,留学美国哥伦比亚大学,1923 年获博士学位。归国初,他任中山大学哲学系教授等,1926 年任燕京大学哲学教授,1928 年任清华大学教授兼哲学系主任,翌年再兼文学院院长,1929 年兼北京大学哲学系教授。在燕京大学任教期间,冯友兰讲授中国哲学史,1931 年、1934 年完成《中国哲学史》(上、下册),后作为大学教材。该书第一次呈现出中国哲学的全貌,这是冯友兰对中国哲学(史)学科的建构里程碑式的建树,从而确定了他作为中国哲学史学科主要奠基人的地位。

关于《中国哲学史》,冯友兰在其自序和绪论中确定了两个原则,一个是哲学性,另一个是民族性。他强调哲学的民族性,是因为人类"各哲学之系统,皆有其特别精神,特殊面目,一时代一民族亦各有其哲学。"②这不仅解答了中国有无哲学(即"中国哲学史"成立的可能性)的问题,而且厘清了中国哲学和西方哲学之间的关系:"所谓中国哲学者,即中国之某种学问或某种学问之某部分之可以西洋所谓哲学名之者也。所谓中国哲学家者,即中国某种学者,可以西洋所谓哲学家名之者也。"③(为此,他曾受到业内一些专家的批评)因此,他的《中国哲学史》的结构形式、术语系统,也源于西方哲学。他不但进一步细化了宇宙论、人生论、知识论的框架,而且对哲学术语

---

① 冯友兰:《三松堂全集》(第 1 卷),河南人民出版社,1985 年版,第 213 页。
② 冯友兰:《中国哲学史》(上册),中华书局,1961 年版,第 17 页。
③ 冯友兰:《中国哲学史》(上册),中华书局,1961 年版,第 8 页。

的选择和转释更为完善,逻辑分析方法的运用也更为纯熟。正是在西方哲学理念的关照下,该书用西方哲学的形式和术语系统,完成了对中国哲学史整个发展进程的叙述。据此,有些专家对冯友兰的《中国哲学史》的学科原则进行了归纳:① 中国不仅有哲学,而且中国哲学的系统建构和历史叙述是可能的。但中国哲学并不是中国传统学术中固有的形式,而是依照西方哲学的观念对中国传统学术资源拣择、转释、重构的结果。② 把西方哲学的分类原则和哲学史观念作为建构中国哲学的模本,将西方哲学的叙事模式整体地移植过来。这是保有中国哲学史合法身份的重要基础。③ 在学科属性上,中国哲学史介于哲学和历史学之间,既要符合现代哲学的普遍规范,又要兼顾历史学所追求的目标。④ 重视广义的逻辑方法。⑤ 在中国哲学史的建构和叙事中,需要与西方哲学的内容进行具体的比较,在不断的参照对比中,找到一些相似对应的原则。

应该指出,虽然对胡适、冯友兰所代表的哲学家所建构的中国哲学学科是否"合法"这个问题上,至今还有不同看法,但要改变这一已有80—90年历史的学科似乎已不可能。需要的是不断的探索和完善这门在人文学科领域具有特别意义的学科,以提高中华民族的素质和中华文化的内涵。

2. 哲学专业学术团体和期刊的建立

专业学术团体和期刊的出现是学科建立的主要标志之一。哲学学科的建立需要哲学专业学术团体和期刊的帮助和支持,而哲学专业学术团体和期刊的出现又促进了哲学学科的建立。"五四"时期开始出现的哲学专业学术团体和期刊,是中国哲学学科建立的必要条件和主要标志。

先看中国哲学团体。1917年12月成立的"北京大学哲学门研究所",应该是中国最早的哲学学术团体,内设研究科和特别研究科两项;其职责为研究学术、切磋教授法、特别问题探索、中国旧学钩沉、审定译名、译述名著、介绍新书、发行杂志等;凡愿意入该所为研究员者和哲学门三年级以上学生均可加入研究所开展哲学研究。

由表12-3可略见一斑。

表 12 - 3　1917 年北京大学哲学门研究所的研究科目及研究者出身情况表

研究科目	担任教员	留学国别	研究科目	担任教员	留学国别
社会哲学史	陶履恭	英	逻辑学史	章士钊	日、英
近世心理学史	陈大齐	日	中国名学	胡　适	美
老庄哲学	刘少珊	—	二程学说	马叙伦	日
儒家玄学	陈汉章	—	佛教哲学	梁漱溟	—
易哲学	陈守真	—	佛学研究	张克诚	—

注:此表由张慕洋根据《北京大学哲学系史稿》第 93 页制成。

　　研究所设主任,相继由具有留学经历的教员胡适、陈大齐、蒋梦麟担任。在 1917 年 12 月 3 日研究所成立的当日,蔡元培作了"哲学与科学之关系的演讲"。此后,该所举行不定期演讲,如 1918 年,胡适作"最近欧美哲学"的演讲,陈大齐作"近世心理学史"的演讲,陶履恭作"心理学应用方面之发展"的演讲。1920 年夏,由于该所范围太小,停止活动。

　　其后,1918 年 2 月,冯友兰、陈钟凡等人成立了哲学研究会,但时间很短,就被 1919 年 1 月 25 日成立的北京大学哲学研究会所取代。北京大学哲学研究会是中国高校最早建立的哲学研究会,主要发起人为具有留学经历的教员杨昌济、马叙伦、陶履恭、胡适等。该会的宗旨为"研究东西诸家哲学,瀹启新知",会议章程由陶履恭、胡适等起草。1920 年后,哲学会渐无活动。1925 年,陈大齐、胡适、徐炳昶、屠孝寔等 28 人再次发起成立了"哲学研究会"。该会以研究哲学为宗旨,发行不定期刊物,翻译西方哲学名著并重印中国哲学名著。

　　1920 年 3 月,李大钊在北京发起成立了"马克思主义研究会",这是中国最早的一个学习和研究马克思主义的团体,也是"五四"时期具有广泛社会影响的哲学社团。

　　在所有哲学社团中,中国哲学会的成立是最具有意义的。20 世纪 20 年代末,北京的一些研究者感到有组织联络的必要性,于是以北京大学、清华大学和燕京大学三校的哲学教授为主,采用自由方式,每一两个月不定期举行哲学聚餐会一次,演讲论文,讨论哲学问题。1934 年 10 月,有人提议举行哲学年会,推举贺麟、冯友兰、黄子通负责筹划组织。1935 年 4 月 13—15 日,在北京大学举办了中国哲学会第一届年会。冯友兰致开幕词,选举中国哲学会第一届理事会理事 12 人:黄建中、方东美、宗白华、张君劢、范寿康、林志钧、胡适、冯友兰、金岳霖、汤用彤、贺麟、祝百英。其中常务理事 3 人:冯友兰、金岳霖(任会计)、贺麟(任秘书)。会议根据各地哲学研究者的意见,提出了正式组织全国性哲学会的方案,组成筹备委员会,由贺麟、金岳霖、黄子通三人负责召集。1936 年 4 月,中国哲学会成立,宗旨是"本合作精神以促进哲学研究,推广哲学知识",并通过会章,选举 15 人组成理事会,方东美、张君劢、范寿康、胡适等为理事,冯友兰、金岳霖、祝百英、宗白华、汤用彤为常务理事;同时,编辑出版会刊《哲学评论》(月刊)。① 其后艾思奇、沈志远等于 1936 年成立了新哲学研究会,以研讨马克思主义哲学。由于那时中国还没有统一、专门的哲学研究机构来组织全国学者进行哲学研究,因此,这两个哲学团体的成立,对推动中国现代哲学的发展,发挥了重要的作用。

再看专业的哲学期刊。在"五四"时期众多的期刊中,刊载哲学论文的并不少见,如《学衡》等,但真正属于哲学研究的专业期刊还要数《哲学评论》。该刊创刊于 1927 年 8 月,原由北京尚志学会主办,是中国第一个哲学研究专刊,由具有留学经历的著名哲学家张东荪与瞿世英负责。从第 7 卷起改由中国哲学会主办,作为中国哲学会会刊。尚志学会创办《哲学评论》的初衷是为了扩大政学系在文化领域的影响,然而其结果远远超出了创办初衷。当时中国哲学研究的热潮方兴未艾,西方各种思想如前所述纷纷涌入,同时对中国古典文化遗产的态度也不断引起激烈的争论。在此背景下创刊的《哲学评论》,为哲学工作者提供了一块重要的学术阵地,通过介绍、刊载他们的成果,不仅推动了中国哲学学科的构建,也对西方哲学史上的重要思想初次进行了系统的评述。该刊介绍了诸多近代西方哲学思潮,为中西哲学界的交流架起了桥梁,曾给许多中国人以思想启迪和哲学启蒙②,促进了中国哲学在 20 世纪 30 年代的繁荣和发展。

综上所述,中国现代哲学学科是在鸦片战争以后社会变革的大背景下,在西方现代哲学的影响下,从中国传统经学形态逐渐向现代形态转型的结

---

① 以上中国哲学会情况根据台北"中国哲学会"http://www.cap.twmail.net/介绍整理。1949 年,中国哲学会迁台,继续推动各项活动。

② 1947 年由于时局不定,中国哲学会停止活动,《哲学评论》出刊到第 10 卷第 6 期停刊。

果。其学科体系的形成开始于"五四"时期,到 20 世纪 30 年代中期基本完成。在此过程中,从国外归来的留学生们起到了主导和主体的作用。需要强调的是,中国传统哲学的现代转型一开始就呈现多元趋向,并在以传统儒家思想为主导的中西融通、重建中国哲学方面取得了重要成就,"但对 20 世纪中国哲学走向具有决定意义的是通过对传统儒家思想进行否定性批判,在政治上作出马克思主义的抉择,开拓了以马克思主义哲学为主导的中国哲学的新传统"①,从而改变了 20 世纪中国的哲学走向和社会发展方向,直接影响了中国传统人学思想的现代转型。

---

① 谢龙等:《中国学术百年·哲学百年·前言》,北京出版社,1999 年版。

第四辑
留学生人物论

第十三章
唐绍仪与清末民初的社会转型

　　清末民初时期,是中国由封建专制向民主共和转型的特殊时期,在这空前的巨变中,唐绍仪是一位大起大落的著名人物。在少年时代,唐绍仪以幼童身份出国留学,回国后辗转进入仕途,由最初清王朝的一般涉外官吏,累迁至对外事务大臣。辛亥革命以后,他把握历史潮流,坚持国家利益和民主宪政原则,以其学识、胆略和才干,在民族危亡和社会转型的历史剧变中,表现出了新一代政治家和外交家的风采。他先以"拥袁共和"的形象出现在南北议和的舞台上,并荣任民国首任内阁总理。此后,他为谋求共和统一而四处奔波。面对袁氏及北洋军阀的倒行逆施,他又义无反顾地走上了反袁、护国、护法的道路。作为一名具有留学经历的年轻的新型外交家、政治家,他竭力维护民族的利益,为维护民主共和政治不遗余力,还为促进中国的新式教育作出了贡献。在中国由传统社会向现代社会的转型中,唐绍仪因势利导,纵横捭阖,留下了新型政治家、外交家的鲜明足迹。

一、清末维护民族外交权益的新型外交家

　　唐绍仪(1862—1938),字少川,出生于近代开风气之先的广东省香山县(今属珠海市)一个思想比较开放的茶商家庭。1874 年,他被选为第三批留美幼童赴美留学。虽然由于清政府的腐败,留美幼童没有按计划完成学业而被中途撤回,唐绍仪也未能从美国哥伦比亚大学毕业,但他接受了西方初等、中等教育和部分高等教育,养成了具有西方色彩的世界观。现代心理学告诉我们,少年时期的教育和生活学习环境,对人的性格和兴趣爱好有着重大影响。从 1874 至 1881 年,经过 7 年西式教育及潜移默化的影响,不仅使唐绍仪掌握了西方现代的科学文化知识,增加了对西方社会的了解,而且对

西方民主共和制度推崇备至,尤其是其形成的现代国际关系理念、民主共和思想和个人的思维方式及处事风格,为他日后成为新型的外交家奠定了坚实的基础。在清末民初的一些重大涉外活动中,最能显示唐绍仪新型外交家的风采。

(一) 出使朝鲜初显外交才干

19 世纪的朝鲜半岛,由于日本的干涉,国内矛盾异常复杂,同中国的藩属关系也日趋紧张。1882 年 7 月,朝鲜发生"壬午兵变"。清政府从巩固中朝传统的宗藩关系和防止日本借事要挟的角度考虑,决定出兵。10 月,清政府前驻德国领事穆麟德被派往朝鲜襄助海关事务,唐绍仪作为穆的秘书前往,他很快就表现出出色的外交才干。1884 年 12 月,朝鲜发生"甲申政变",亲华的朝鲜大臣闵泳翊带剑伤逃到穆宅避难。其时唐绍仪正在穆宅,遂主动持枪到门外护卫,而此时奔赴穆宅了解政变情况的清军总理"前敌营务处"的袁世凯,对唐绍仪的机智勇敢赞叹不已,认为唐绍仪是个智勇兼备的难得人才。1885 年末,唐绍仪被时任"总理交涉通商事宜"的袁世凯收入麾下,任袁世凯汉城公署的西文翻译兼随办洋务委员,由此唐、袁开始了政治上的合作,不久又结金兰之好。其后,在 1890 年汉城的"撤栈事件"中,唐绍仪据理折服俄国公使,初步表现出不屈不挠的外交风格和斗争艺术,为保护清政府的领事裁判权作出了贡献。由此,唐绍仪更受袁世凯的器重与信赖,1891 年袁世凯请假回国探亲时上书李鸿章,推荐唐绍仪代理其职。李鸿章也认为唐绍仪忠直明敏,熟悉洋务交涉及韩人情形,可以暂行代理。1894 年甲午战争前夕,袁世凯因受日人忌恨而惶恐不安,屡请回国,再以唐绍仪"有胆识,倭不忌,探消息,密助韩,较易"[①]为词,推荐唐绍仪代理其职。这不仅反映了袁世凯对唐绍仪的信任,也反映了唐绍仪的外交才干。当时日军戒备森严,唐绍仪不顾生命危险,亲执武器护袁世凯逃离汉城返国。经此患难,两人成了"莫逆之交"。甲午战争后,朝鲜成了日本的保护国,在袁的推荐下,唐绍仪再次被派往朝鲜,后任总领事,直至 1898 年 9 月。唐绍仪在朝鲜 16 年,在维护清政府与朝鲜的宗属关系和处理甲午战争前后复杂的中日关系中初露锋芒,积累了丰富的外交经验,也坚定了他的爱国意识,这

---

① 马建忠:《东行三录》,台湾广文书局,1967 年版,第 132 号。

为他以后的政治发展奠定了基础。

（二）任天津海关道再展外交才华

清末，河北、山东一带爆发的义和团运动，引发了一系列的宗教涉外事件。1899 年底，时任山东巡抚的袁世凯对此颇感棘手，便将唐绍仪调任山东洋务局总办。具有多年留学美国经历的唐绍仪非常理解宗教在西人心目中之地位，明察中国人与之发生纷争的原因，逐步予以清理，很快便了结了教案纠纷，使山东混乱的局面得以安定，进一步表现出了他的外交才干。袁世凯在专折中称赞他："才职卓越，血气忠诚，谙练外交，能持大体，实为洋务中杰出人员，环顾时流，实罕其匹。"①因此，袁世凯在 1901 年 11 月署理直隶总督兼北洋大臣时，唐绍仪也被袁奏调到天津任海关道一职。

天津海关道不仅管理海关，还是北洋大臣的外交代表，事实上承担着外交重任。此时，天津仍在列强手中，设有"都统衙门"管理天津，因此，接收天津事关中国主权。上任后，唐绍仪的首要任务就是接收天津，他利用列强之间的矛盾，加速了接收天津的各项谈判。由于他的美式教育背景，及以往办理交涉事务的表现，洋人对他颇为敬佩，"各都统等均接见甚欢，听任华官在天津地方部署一切"②，最后议订各国交还天津条约 13 款。1902 年 8 月 15日，都统衙门正式将天津主权归还中国政府。虽然列强又提出了在天津新建和扩展租界的要求，唐绍仪也囿于国力所限，为避免节外生枝而基本上予以承认，但他毕竟坚守了国家主权。与此同时，他又与英国交涉收回关内外铁路问题。按原中英所签订之关内外铁路借款合同，中国督办路权旁落。唐绍仪曾任关内外铁路总办一职，深知其中所涉及的具体问题，因而能掌握谈判的关键。1902 年 4 月 29 日，双方签订了《英国交还关内外铁路章程》及《关内外铁路交还以后章程》，明确规定了中国管理和统辖该铁路的权利。至此，关内外铁路全线接收的工作顺利完成，开始了我国收回外资铁路自办的新阶段。唐绍仪在天津任内三年间，在对外交涉中，"熟悉洋情，竭尽报

---

① 天津图书馆、天津社科院历史出版社研究所编：《袁世凯奏议》，天津古籍出版社，1987 年版，第 361 页。

② 天津图书馆、天津社科院历史出版社研究所编：《袁世凯奏议》，天津古籍出版社，1987 年版，第 620 页。

国,处处持正认真,不肯迁就媚夷。凡正派洋人,尚甚佩服"①。

(三) 参加中英西藏谈判,竭力捍卫中国主权

1904 年 9 月 7 日,英国和西藏地方政府官员签订了《拉萨条约》。据此,英国不仅驱逐了沙俄在西藏的势力,还排除了中国对西藏的主权,完全控制了西藏。因此,该约的签订导致国内外群起而攻之,英国成了众矢之的。在此情况下,清政府一面制止中国代表签押,一面与英国公使交涉,最终英国同意清政府另派人与其重新会商此事。在此情况下,唐绍仪被委以议约全权大臣,与英国代表谈判西藏问题,既要抵制英国势力侵入西藏以维护中国的领土主权完整,又要避免其他帝国主义国家的干涉,可谓受命于危难之时。

1905 年 2 月,唐绍仪一行抵达印度加尔各答,与英使费利夏谈判。当初,英使便要唐绍仪在英、藏私订之约上签押,他以为唐也会像以往中国交涉大员那样唯命是从,不敢争议。这种情况大体如有的学者在评论 20 世纪初中国的外交时所说:"那时中国人还远远没有学会搞外交。"②但是,唐绍仪是例外,面对此种无理的威吓,他不卑不亢,以严厉的外交辞令进行反驳:"约尚未议,何能遽签?""贵国既接待议约,则我自有商议之权。中英之所以必须会议者,因西藏之主权在中国也。藏约既有干犯中国主权之语,自应解释明白。"③英使理屈词穷,无奈让唐绍仪重新拟稿。于是唐不仅删除了原约中有损中国主权的条款,还加上了"英国无有侵占西藏之意"的语句等。英使费利夏哭笑不得,认为唐绍仪所拟新稿无异于废约。此后历次会谈,双方争议的焦点是"中、藏"的关系问题。面对盛气凌人的费利夏,唐绍仪郑重声明:"西藏主权在于我国,荣赫鹏与我国藏僧数人私立约书,我方自有权不承认。此行并非哀求议约,倘在印不能妥商,我国自有办法,即本大臣奉命使英亦自有办法。"如此强硬的外交态度是清政府外交史上所罕见的。当英使蛮横地声称此乃最后一稿不容再改时,唐绍仪再次声明:"英国与藏僧立

① 《袁世凯致徐世昌函》,见中国社科院近代史研究所编:《近代史资料》,1978 年总 37 号,第 2 期。
② 耿云志:《梁启超对清王朝最后统治危机的观察与评论》,载《徐州师大学报》(哲社版),2012 年第 1 期。
③ 陆兴祺编:《西藏交涉纪要》(上编),民国 20 年(1931 年)版,第 81—82 页。

约,只有一面,并非两平等国,不能视为已得权利。若照此稿,我断不能画押。"①因此中英双方谈判陷入僵局。唐绍仪看到英使事事仰承印督寇松旨意,明白只要寇松不去职,则此次谈判就不会有好结果。他洞悉"寇松骄悖,英人多恶之,并与陆军大臣吉青纳不和,互相龃龉,英廷将撤其职。"②在当时英国即将大选,而寇松的印督地位并不稳固。鉴于此,1905 年夏,唐绍仪致电外务部自请遣撤回国。当接到清政府电令,准许他审时度势、全权办理时,他毅然停止谈判,整装回国。在清政府此前的对外交涉中,列强经常以中止谈判的方式来要挟中国,而此次则截然相反,是中国主动提出中断谈判,这使英使受到很大震撼。不久,寇松果然被撤职回国,而英国政府也因内阁更换对西藏转用保守和平之策,不得不同意由英国驻华公使萨道义与新升任外务部右侍郎的唐绍仪重新谈判,而且谈判地点移至北京。这表明主动权已在中国。在新一轮谈判中,唐绍仪胸有成竹,不提"主国"、"上国"等字句,而在其他条款中间接表示清朝对西藏的主权地位。在此情况下,萨道义虽然仍坚持《拉萨条约》中英国已得到的通商权利,但对中国在西藏的主权地位已无法明言反对。于是,1906 年 4 月 27 日,中英双方在北京签订了《中英续订印藏条约》,对《拉萨条约》的内容作了重大修改,英国承诺不占并西藏和不干涉西藏的政治活动。尽管条约中还有不尽如人意之处,但中国对西藏的主权地位得到了确认。当时国事颓唐,唐绍仪对条约能争得如此重大的原则修改,可谓不辱使命。因此,该条约的签订既是唐绍仪外交的成功,也是中国外交的胜利。

(四) 力图收回路权和海关权

20 世纪初,中国人民掀起了收回利权运动,清政府督办铁路大臣盛宣怀因主持路政时失权过多而成为众矢之的。1906 年,唐绍仪接任遗缺,对铁路进行大力整顿,首先是扩大对外资铁路的行政管理权和挽回利权。如在整顿京汉铁路过程中,唐绍仪一方面坚决执行原借款合同中中国应保有的权力,另一方面积极推动路政的各项改革,旨在排除洋员对路权的操纵及其不良影响,使华员逐步掌握该路的管理大权。为此他认为,1903 年盛宣

---

① 陆兴祺编:《西藏交涉纪要》(上编:"民国 20 年"),1931 年版,第 83 页。
② 陆兴祺编:《西藏交涉纪要》(上编:"民国 20 年"),1931 年版,第 88 页。

怀与英国签订的《沪宁铁路借款合同》，中国吃亏的要害在于设立总管理处，因此，要挽回利权就应从改订管理处的章程着手。于是，他改拟章程，并多次与英国公司及其代理人商议，为后来接任他的梁士诒与英国人继续交涉打下了基础，并最终收回了部分路权。最能体现唐绍仪对外资铁路见解的是1906年11月他亲自与英公司签订的《广九铁路借款合同》。该合同与盛宣怀过去签订的那些外债筑路合同相比，最明显的区别是删除了由外籍总工程师总揽管路大权的规定，从而取得了筑路的主权。

这一时期唐绍仪还致力于收回海关权益。1906年5月7日，清政府宣布设立税务处，并委任唐绍仪为会办税务大臣，这引起了英国等列强的反对。因为中国海关名义上是中国的一个机构，但从一开始就隶属于当时的"总理各国事务衙门"，而英国人赫德长期窃据海关总税务司职务，不仅把持中国海关，还干预中国的政治与外交，所以实际上它成了列强侵华的重要据点。唐绍仪认为，总税务司是中国的雇员，中国政府有权控制其行动。因此，他走马上任后便改变海关的隶属关系，使总务司赫德仅成为税务处的一个高级雇员。赫德对此自然不满，第一次拜访唐绍仪时，他居然违背当时下属初见上司必须用"手本"的惯例，而唐绍仪则故意避而不见。后来，赫德只好持"手本"去拜见。唐绍仪却故意不开中门，让赫德走侧门，进门后也只是让他坐在一侧，而自己端坐正中，主次分明。此事虽小，却体现了唐绍仪不媚洋员、维护国格及人格的尊严和规范行事的个性特点。这让赫德威风扫地，明白"税务处的出现意味着总税务司的放逐"①。此后，唐绍仪又着手改革海关内部的外籍税务司制度，采取强硬措施，迫使赫德颁布重用华员、限制洋员的通札。尽管由于历史的局限，唐绍仪的做法并未能最终收回我国海关的管理权，但他力图收回中国海关权的努力，表明在节制海关洋人方面已取得初步成效，动摇了近代海关外籍税务司制度。

由上可见，在弱国无外交的困境中，唐绍仪以丰富的国际知识和深谙外交法理的新型外交家的面貌出现在晚清艰难的外交活动中。他坚守民族利益的原则，采取不卑不亢、积极主动、灵活务实的外交风格，使所交涉的一些重大外交事件都得到了尽可能有利于中国的解决，为国家挽回了不少权益，在清末衰败的外交中展现了一线曙光。唐绍仪之所以能够这样从容应对，

① 费正清等:《总税务司在北京》,哈佛大学出版社,1975年版,第1508页。

与他少年时被派往美国留学有直接的关系。"西方文化的熏陶,对唐影响最为深远的,是培养了他不同于传统旧式官僚的思维方式、政治信仰和任事风格,为他后来的政治生涯和思想走向奠定了基础。唐回国进入清朝政府部门工作,自然地将西式观念和风格带进了封建肌体之中,从而发生酸酵作用,有利于中国由传统向现代转变。"①

二、民初推动民主共和政治发展的新型政治家

从武昌起义爆发后被推为北方议和代表,到辞去内阁总理职务,这段时期是唐绍仪一生中最辉煌的时间。归国从政以后,有感于国家的衰败,他形成了深厚的民族主义、爱国主义思想,并在政治实践中受到了锻炼。武昌起义后,汹涌澎湃的民主潮流,为他的政治转变提供了绝好的时机;其西式教育背景及政治阅历,又为其在这种变革中弃旧迎新奠定了思想基础;武昌起义及革命势力的迅速发展,使他认识到取消帝制、建立民主共和已成为不可阻挡的潮流,正如他对南方议和代表伍廷芳所说:"且我共和思想尚早于君,我在美国留学,素受共和思想故也。"②在此问题上,唐绍仪既不同于清末的立宪派,更不同于"从倡言革命到反对革命"③的晚清皇族。于是他顺应潮流,在南北和谈中促成了中华民国的诞生,出任总理后竭力维护责任内阁政体,辞职后又为维护约法进行了不屈不挠的斗争,从而鲜明地展现了其新型政治家的风采。

(一) 担任北方议和代表,促成共和

武昌起义爆发后,清王朝岌岌可危,被迫重新起用袁世凯前往镇压。但袁世凯首鼠两端,他看到清政府气数已尽,于是阴谋利用清政府授予的权力,来逐步实现个人的政治野心。从决定出山开始,袁世凯就把同南方革命军进行谈判来作为攫取中国统治权的重要手段,而南方革命党人迫于军事实力的不足也需要进行和谈。由于与袁世凯长期的隶属关系及其"拥袁统

---

① 张晓辉、苏苑:《唐绍仪传》,珠海出版社,2004 年版,第 12 页。
② 中国史学会主编:《中国近代史丛刊·辛亥革命》(八),上海人民出版社,1957 年版,第 78 页。
③ 马勇:《从倡言革命到反对革命:对晚清皇族的一个分析》,载《徐州师范大学报》(哲社版),2012 年第 1 期。

一"的主张,唐绍仪被委以南北议和的北方总代表,而对于南方革命党人来说,唐绍仪也是他们可以接受的最佳人选。因为唐绍仪不仅是南方人,且有留学经历,并多年从事外交,了解世界大势,自然不会顽固守旧。确实,唐绍仪在当时由于受同盟会激进人士的影响,加之其本身所接受的西方民主共和思想,因此他逐渐倾向共和。为了和谈的顺利进行,他多次致电袁内阁,要求饬令各军队一律实行停战。他甚至在谈判中向南方代表伍廷芳提出了南北联合以实行共和立宪的政治主张。为了使袁世凯和清政府接受这一协议,他在致袁世凯的电文中强调:"民军之宗旨,以改建共和为目的,若我不承认,即不允再行会议。"①因此,他在南北议和中不仅有意夸大南方革命党人的力量,促使清政府尽快下台,以扫除南北议和的障碍,而且尽量采取妥协方针,以促成和议成功,还倡议召开国民会议,以实行共和立宪政府。可见,唐绍仪名义上作为清政府代表,但由于他真心实意地希望南北停战和谈,因而采取了"清廷不足保全,而共和应当推动"的议和纲领。正因为此,南北议和在短时间内就达成了初步协议。但由于其达成的南北议和协议得不到袁世凯的同意,他只好辞职,但仍留在上海,推动南北停战议和。比如,他致电前线清军统领段祺瑞,劝其赞成共和,迫清帝退位;致电驻美公使张荫棠,转请美国劝告清政府从速退位以弭国民涂炭。② 他还继续与南方革命党领袖孙中山、黄兴等往来,互相磋商国是。可见,他辞职后仍然起到了沟通南北的作用,而且他在议和初期所签署的各项协议,使革命党人处于有利的地位,而使袁世凯陷于窘困之中,对后来的议和仍有重要的影响。这一时期唐绍仪的政治立场离清政府和北洋集团愈来愈远,而与同盟会愈靠愈近。这些事实说明,作为一个新型的政治家,唐绍仪已经跳出了个人利害得失的藩篱,而以国家和民族的发展趋势为重心,从而为南北实现停战及推动共和政体的建立作出了重要贡献。

(二) 荣任内阁总理,恪守约法

1912 年 2 月 14 日,按南北议和协定,孙中山辞去临时大总统,袁世凯

① 中国史学会主编:《中国近代史丛刊·辛亥革命》(八),上海人民出版社,1957 年版,第 223 页。
② 《民立报》,1912 年 1 月 29 日、2 月 5 日。

继任临时大总统,南北实现了"统一"。为限制袁世凯的权力,南京临时参议
院在孙中山离任前通过了《临时约法》,其主旨是要在中国实行责任内阁制:
以国务院为行政中枢,总统只是虚职,一个不负实际政治责任的国家元首;
内阁总理代总统向参议院负责;大总统公布的命令,必须经内阁总理副署后
方能生效。当酝酿内阁总理人选时,唐绍仪众望所归,成为南北双方都能接
受的人选。1912 年 3 月 25 日,唐绍仪就任中华民国首任国务总理。

在组阁之初,唐绍仪怀有极大的抱负,力图治理好这个积贫积弱的国
家。其主要目的就是要在中国建设民主政治,"推行资产阶级民主政治制度
和资本主义生产、生活方式,改造和取代封建专制的政治制度和愚昧的社会
风俗"①,以实现中国社会的根本转型。于是,他努力推行责任内阁制,但袁
世凯却无视法律和规则,安插亲信到各要害部门以控制内阁,使得作为总理
的唐绍仪无法行使职权。尤为严重的是,袁世凯还绕过唐绍仪直接插手部
务,尤其是副署制度,将内阁总理权力架空。副署制度是责任内阁制的主要
标志,而独裁成性的袁世凯对此根本不予理睬。1912 年 6 月初,他不经唐
绍仪副署,擅自撤销了王芝祥署理直隶总督的决定。唐绍仪为"保障约法上
副署之权,出最后决心以争之"②,而这是袁世凯所绝对不能容忍的。他希
望内阁总理是一位对自己唯命是从的幕僚长,是要以共和之名行专制之实,
而崇尚西方民主政治的唐绍仪却"事事咸恪遵约法"③,"使民国开幕之内
阁,不致留贻污点,养成尊重法律之美风,杜绝不当干涉之陋习"④。为此,
唐绍仪不惜中断与袁世凯数十年的友谊,于 6 月 15 日提出辞呈,以辞职来
捍卫"约法"的尊严和内阁的权威,表明了一个新型政治家的高风亮节。

唐绍仪任内阁总理虽然不足 3 个月,但他在组阁期间处处强调内阁总
理副署权;在其总理任内,按照共和政体的要求去履行总理职能,维护约法
尊严的举动,有力地推动了民初的宪政运动,对后来中华民国的政权建设和
民主政治的发展产生了重要的影响。

(三) 反袁称帝,投身护国护法运动

唐绍仪虽然辞职,但他并未脱离政坛。1912 年 8 月,同盟会改组为国

---

① 朱英:《辛亥革命与近代中国社会变迁》,华中师范大学出版社,2001 年版,第 66 页。
② 《民立报》,1912 年 6 月 22 日。
③④ 冯自由:《革命逸史》(第 2 集),中华书局,1981 年版,第 302 页。

民党,唐绍仪成为国民党备补参议。此时袁世凯在镇压二次革命、搞垮国会、废除《临时约法》之后,为实现他的皇帝梦,竟然接受了日本提出的"二十一条"。1915年8月,当杨度等人在袁世凯授意下发起"筹安会"以请愿实施帝制之后,唐绍仪立即与国民党元老蔡元培及汪精卫等,联名致电袁世凯,发出"严厉警告,使即取消帝制野心,并辞职以谢天下"①。该电报开头还直呼袁为"慰亭先生",并公开在国内各报纸上刊登,产生了很大影响。在当时国民党已被非法解散,国内处于万马齐喑的情况下,唐绍仪与袁世凯决裂,进行公开斗争,不是一般人能做到的。继唐绍仪之后,各省反对帝制者纷纷响应。此后,他便积极投入到反袁称帝的活动中。蔡锷在云南宣布起义后,他立即在上海奔走,竭力争取国际力量支持护国军倒袁。当袁世凯撤销帝制,竟然还想为继续做大总统而进行活动时,唐绍仪又再次从上海发出《忠告袁世凯退位电》:"自从帝制发生,以至云南、贵州起事,举国骚扰,不可终日。我虽然长久不愿发言,但因国事重大,也万难漠不关心。近日阅报获悉,执事撤销了承认帝制之命令,但仍居总统之职。执事之意,以为这样就可以敷衍了事。只是,在天下人看来,都以为这样做是丧尽了廉耻道德,也是有史以来的中外历史上所未曾有过的事。"②语言之犀利实非一般旧友所能发出。当冯国璋以调停之名在南京召开会议并提出8条方案后,唐绍仪又立即率领寓沪各省公民13 000人通电严斥,提出只有袁氏引退,才能解决今日时局。③被袁世凯称为有"二十年深交,生死一意"④的唐绍仪的这些言行,不仅表明了他与袁世凯的决裂,更显示了他在国体问题上的鲜明立场。

之后,随着袁世凯的死去,段祺瑞又故伎重演,公开宣称不要约法、不要国会、不要旧总统,同时决定改组国会,重新建立立法机关,制造新宪法,力图从根本上确立并巩固皖系北洋专制政府。而唐绍仪则认为民国"精神所寄,全在约法",要"遵守约法,则不能不召集由约法产生的国会","袁氏称帝,实因解散国会破坏约法始"。⑤而以孙中山为首的南方国民党人则决心

① 冯自由:《革命逸史》(第2集),中华书局,1981年版,第303页。
② 李希泌:《护国运动资料选编》(下册),中华书局,1984年版,第638—639页。
③ 《申报》,1915年5月17日。
④ 黄远庸:《黄远生遗著》,台北华文书局,1969年版,第134页。
⑤ 唐绍仪:《致赣督电》,载《中华新报》,1917年7月11日。

以旧国会为基础,以武力争回法统。于是围绕着《临时约法》的废除和恢复以及旧国会的存去问题,南北双方展开了激烈的角逐,其实质是民主共和与专制独裁之争。在这场角逐中,唐绍仪义无反顾地投入到孙中山倡导的护国、护法运动中。1917 年 9 月,唐绍仪担任孙中山护法军政府的财政总长。军政府改组以后,又被推为七总裁之一。1919 年,唐绍仪接受南方军政府委任,作为南方代表参与民国历史上的第二次南北议和。在会谈中,唐绍仪仍然坚持"临时约法"原则,否认段祺瑞的御用工具"安福国会"的合法性;要求北京政府废止秘密签订的中日军事协定及"二十一条";不承认巴黎和会关于山东问题的不合理决定等。为此,1920 年,唐绍仪又抱定民主法制之观点,参加了二次护法运动。

由上可见,由于受西方宪政理论的影响,唐绍仪在辛亥革命爆发后,以"拥袁共和"的主张被推为北方议和代表,又以赞成共和立宪的思想推动了南北和谈的进程;出任内阁总理后,他恪遵约法以限制袁世凯的专制独裁,维护了内阁的权威和约法的尊严;从内阁总理任上辞职后,又不遗余力地反袁称帝,推动了护国运动的发展;针对段氏破坏临时约法的倒行逆施,又转而支持孙中山领导的护法运动。概言之,在清末民初中国空前的社会转型中,唐绍仪把握时代的潮流,站在时代的前列,坚持民主共和的立场,推动了中国从君主专制政体向民主共和政体的转变,而在共和政体遭到践踏之时,他又毫不动摇地坚持法治原则,甚至为维护中国的民主共和政体不惜抛弃高官厚禄;在南北争斗复杂的政治横流中,他坚持法制原则,纵横捭阖,奔走呼号,在中国的宪政史上留下了光辉的一页。

三、推动新型教育发展的实施者

在清末,废科举、兴新学成为一种时代潮流,在清末民初的政坛上,归国留学生成为这一潮流的推动者。他们凭借自己的学识及胆略,利用职务之便,开创新式学校,引入西方先进的教育机制,推动了中国由科举制向新式教育的转变。作为留学生出身的高官显宦,唐绍仪虽然不以教育为专长,但以自己丰富的学识及在政坛的地位,积极推动新式教育的发展。

(一) 创建新式学校

相对于唐绍仪的显赫政绩而言,人们对他以往创办新式学校之事并不够注意。其实,还是值得一说的。其中鲜为人知的是他作为中国最早的高等学府之一——山东大学堂的首任校长的创始之功。对此,曾有研究者专门撰文《为山东大学堂首任校长唐绍仪正名》,该文根据《山东高等学校建制沿革纪略》及在台湾发现的资料,证明唐绍仪的确为山东大学堂首任校长:"一、山东大学前身为1901年山东巡抚袁世凯(奏)准开办的山东大学堂。唐绍仪任总办。为山东近代大学之始……。二、书院正式创办官立山东大学堂,首任校长是政界闻人唐绍仪(时称管理总办)……。三、山东之最:山东大学堂,1901年10月,袁世凯奏准在济南创设,当年招生300人,唐绍仪任校长……。"①当然,政务繁忙的唐绍仪难以过问校务,也可能仅仅是挂名而已,但这种象征对当时的新学堂来讲确实是重要的。唐绍仪类似的职务还有1903至1904年兼任北洋大学堂督办(相当于校长),这对北洋大学堂的发展也不无功劳可言。

从1901至1904年,唐绍仪在出任天津海关道期间,积极推行新政,其中一个重要成果就是创办新式专科学堂。当时有人向他建议,可仿照私立学堂创设中国电报学堂以培养电报人才,唐绍仪对此十分重视,很快批准立案并开班招生。不仅如此,对于有些已经兴办但因经费短缺而难以维持和发展的学堂,他也及时给予支持。如天津工艺学堂经费困难又无从筹措,唐绍仪便会同厘金局、督办商务公所及天津府进行磋商,决定从茶叶税捐中提取二成,划拨给该校作为办学经费。

1906年,唐绍仪在任会办税务大臣期间,为了改变中国人不懂海关业务的落后状况,他提出了设立专门学堂培养税务人才的主张。由于他的建议和推动,税务学堂于1908年正式成立,为国家培养了一批税务人才。民国以后几乎所有海关的华员,均出自该校。收回海关后,担负领导责任的就是这一批人员。

(二) 推动留学教育的发展

作为留学教育的受益者,唐绍仪在其回国后长期的仕途生涯中,尽力促进中国留学教育的发展。首先,他提携同乡后人留学国外。唐绍仪曾两次

---

① 《揭密:山东大学第一任校长——唐绍仪》,见 http://www.cunews.edu.cn/html/xbwc/20040529/214211.html。

帮助珠海人薛仙舟到美国和德国求学,为其后来成为"中国合作运动之父"奠定了基础。又如,他还两次帮助同乡青年唐宝潮留学海外。1905 年,唐宝潮被圣西尔军校骑兵系录取,成为中国留学生入法国陆军学校学习的第一人,也是近代中国陆军留学第一人,这对于近代留学教育具有重要的历史意义。其次,他利用职务之便,推动了中国留学教育的发展。如他在任北洋大学堂督办期间,注意资送毕业生出国留学:1906 年,北洋大学堂复校后第三班的 34 名学生,全部出国留学,开创了北洋大学堂学生留学的先河。另外,在美国退还庚款的用途上,唐绍仪也起了积极作用。他暗中支持庚款留学,促使清政府接受美国关于退还的庚款用于中国学生赴美留学的建议,解决了庚款用途问题。最后,唐绍仪还特别重视子女的留学教育。1903 年他在自己的子女还未成人时,就资送唐荣祚、唐荣福等 4 个侄子留学美国,而他的 4 子 8 女大多数都有留学经历。① 其中长子唐榴、四子唐梁、十二女唐宝坤都留学美国;六子唐健、十三女唐宝珊留学英国。

以上几件事可以说明,唐绍仪虽称不上是一个专职从事教育的人,但他利用职务之便,或自创了新式学校,或扶持了一些新式学校,像北洋大学堂、山东大学堂等都是中国早期新式大学的雏形,其创始阶段的工作至关重要。唐绍仪作为校长、督办,把西方的一些教育机制引入中国,为新型高校在中国逐步走上正轨探索引路。因此,在中国传统的封建科举制向现代新式教育的转型过程中,在促进留学教育方面,唐绍仪也不无功劳。

综上所述,在清末民初中国由传统的封建专制社会向民主共和社会发生剧变的过渡、转型时期,时代造就了唐绍仪,使他成为那个时代的弄潮儿。唐绍仪踏上政坛的日子,正是中华民族危机日益深重的年代,对外交涉成了维护国家利益的主要途径。而其特殊的留学背景和西学修养,使他成为那个时期中国外交领域的凤毛麟角,甚至连洋人也不得不对他刮目相看。在对外交涉时,他坚持民族主义立场,基本做到有理有利有节,为维护民族权益作出了不懈的努力;辛亥革命期间,在封建帝制走向灭亡、民主共和政体艰难确立的过程中,他把握时代的发展方向,为推动国家政体的转型,实现

---

① 据梁赞勋先生联络,唐绍仪等 120 名留美幼童散居世界各地的后代,已有 49 家取得联系。详见梁赞勋:《我们为什么要追寻容闳和留美幼童的足迹》,载《徐州师大学报》(哲社版),2011 年第 5 期。

国家统一,不遗余力地奔走运作,又坚持民主法制立场,推动中国向民主宪政的方向发展,从而成为清末民初政坛上举足轻重的新型政治家和外交家。作为留学教育的受益者,唐绍仪对新式教育有不同于一般人的感受,对新型人才的培养及新式学校的创建也比较重视,在中国传统教育向现代教育转型的过程中也有所贡献。

第十四章
留欧画家金城的画论与实践

20世纪前期的中国内忧外患,在西方强势文化的冲击下,美术领域引发了艺术观念、范畴、旨趣的变革,各种美术观点和风格应运而生,呈现出多元共生、丰富多彩的局面。"一方面是对传统文化的维护与颂赞,另一方面是反传统势力的冲击与抗争,还有彼此的退让、转化和融合。"[①]具体说来,面对西画的涌入,中国现代画坛发出全盘西化和改良中国画的两种声音,主张改良的有识之士又具体分为两种观点:一种观点主张以西润中,即以西画改造中国画,观念相对激进;而另一种观点则力主从传统中寻找中国画改良的方法,对中国传统的绘画艺术采取精研古法的态度,在对传统绘画深入研习的基础上广泛吸收、"博采新知",以此回应时代变革的要求。当时活跃在京津画坛上的留欧著名画家、美术理论家金城,就是后一种观点的代表人物之一。他不仅以其理论,而且以其实践,并通过其影响下的中国画法研究会、湖社等社团,宣传、践行了其画学理论,促进了中国画的发展。对此加以认真的研究,不但是对中国现代美术史的一种总结,而且对当今高校的美术教育富有启发性意义。

一、金城的生平

关于金城的生平贡献,根据与其同时代的晚清进士、著名书画家陈宝琛为其撰写的《清故通议大夫大理院推事金君墓志铭》,并结合有关材料,综述如下。

金城(1878—1926),名绍城,一字拱北,号北楼,又号藕湖,藕湖渔隐。

---

① 郎少军:《论中国现代美术》,江苏美术出版社,1988年版,第4页。

浙江归安(吴兴,今湖州)人,与张大千、溥儒、陈少梅号称"民国四家"。他生于开明的官宦富商家庭,祖父早年在上海做丝竹生意,是会讲"洋泾浜"英语的"丝事通",父亲金焘继承家族经商事业,十分喜爱西洋文化和科学。金城童年时期接受了传统教育,"幼即嗜丹青,课余握管,辄迥异常人。其乡里士绅富收藏,偶假古人卷册临摹,颇有乱真之概。其作画虽无师承,而动笔即深得古人旨趣。山水花鸟,无一不能,兼工篆隶镌刻,旁及古文辞"①。维新变法失败后,其父"怵于世变,七子五女,尽遣游学欧美"②。1902 年,金城赴英留学,到伦敦铿司(King's College)大学习③英语、政法、哲学、历史和政治经济学等课程。在他留英三年期间,正值印象派美术发展达到鼎盛时期,本来就热爱丹青的金城,更为欧洲丰富灿烂的西方艺术资源所感染。他曾途经美国、法国,考察法制兼及美术,深入各大美术馆、博物馆观摩,开阔了视野,打下了西方美术、博物馆学的基础。

1905 年回国之初,金城在上海公共租界任职,后赴北京,被聘为编订法制馆、协修奏补大理院刑科推事、监造法庭工程处会办等。1910 年由"法部派充美洲万国监狱改良会代表,并赴欧洲考察监狱",共游历了欧美 18 个国家,其中包括美国、英国、法国、荷兰、比利时、瑞典、挪威、丹麦、德国、奥地利、匈牙利、塞尔维亚、罗马尼亚、土耳其、瑞士、意大利、希腊以及亚洲的新加坡。他留心考察欧洲美术馆、博物馆、文化古迹和教堂皇宫等有西方艺术文化特色的场馆,并将这段游历以日记的形式记录下来,写下了《十八国游历日记》,1911 年 5 月回国。民国建立后,金城任众议院议员、国务院秘书等职。1913 年,他倡议成立古物陈列所及中华博物院;1916 年应聘为英国麦加利银行在京的总经理;1920 年 5 月创办中国画学研究会,参与举办四次中日绘画联展。从此,这个一度曾醉心于官场的晚清学子,却因一再目睹时局的无奈而潜心艺术,"由一位政府官员变成了课徒教画的画学导师,变

---

① 《金拱北先生事略》,见《湖社月刊》,天津古籍出版社,2005 年版,第 2 页。

② 陈宝琛:《清故通议大夫大理院推事金君墓志铭》,载《湖社月刊》,天津古籍出版社,2005 年版,第 330 页。

③ 关于金城留学英国的开始时间,各种资料说法不一,主要有三种:分别为 1900、1901 或 1902 年,本文采用的 1902 年说,是陆剑在《民初北方画坛领袖金城留洋诸问题考》(《湖州职业技术学院学报》2006 年第 1 期)一文中的观点。笔者认为最具说服力。同样,他认为铿司大学是"King's College"的音译,所学专业应为"政法"。本文同样采纳这些观点。

成了一位兢兢业业的画会组织者和艺术活动家"①。令人惋惜的是,1926 年9 月 6 日,在参加第四次中日绘画联合展览归来后,金城积劳成疾,病逝于上海,年仅 49 岁。

二、金城的画学理论

(一) 金城画学理论的核心

金城既是著名画家,也是著名的美术理论家,著有《藕庐诗草》、《北楼论画》、《画学讲义》,内容包括他对历代绘画艺术特色的评述与研究,以及其本人的论艺文章等。其画学思想则主要体现在 1920 年中国画学研究会成立之初,他提出的"16 字短语":"提倡风雅,保存国粹;精研古法,博采新知",最初为中国画学研究会的宗旨,此后也为湖社所奉行。

这个短语,可以从两部分解读,所谓"提倡风雅,保存国粹",实际上它提出了一个不可动摇的原则,其要义就是弘扬中国绘画的传统,保存中国传统文化,尤其是中国画的精髓。由此可见金城对中国传统文化和中国画的基本态度和坚定立场。很显然,他是针对当时否定中国画的浪潮而言的。在此基础上,他提出了具体的方法和步骤,这就是"精研古法,博采新知"。也就是说,首先要对中国画的具体技法进行深入研究,取其精华,同时广泛地借鉴、学习世界上其他地区、国家和民族的美术之长。因此,又体现了一种开放和包容的文化心理。

(二) 金城核心画论的时代背景和渊源

金城之所以提出"16 字短语",主要取决于两方面。

1. 取决于时代背景

近代以来西方美术思潮的东渐,是鸦片战争以来西学东渐的一部分。西方绘画进入中国的历史虽然比较久远,但直到清末才开始大量传入中国,以往传统绘画一统天下的局面被打破了,油画、水彩画等画种纷纷传入中国并被国人所接受。出于挽救传统绘画和探索西画等各种目的,一批具有创新思想的画家,如李瑞清、周湘、李铁夫、李叔同、李毅士和高剑父等,远走欧

---

① 云雪梅:《金城和中国画学研究会》,载《美术观察》,1999 年第 1 期。

美和日本,通过考察、留学的方式寻求中国美术的发展道路。辛亥革命后,中国到日本和欧美学习美术的人数增加,中国画坛出现了一股学习西方美术的风气,各种传播西画的美术学校和研究会也相继成立,如 1912 年成立的上海美术专科学校,1915 年诞生的东方画会等。就民初北京地区而言,虽然西画的声势不敌上海,但也有 1919 年成立的国立北平艺术专科学校西画系等,李毅士、王悦之和吴法鼎等美术留学生,通过学校和画展等形式,传播西画理念,在一定程度上影响了传统根基深厚的北京画坛。民国中期,一批深受西方美术影响的留学生美术家已经矗立于中国画坛:徐悲鸿、刘海粟和林风眠以及颜文梁、陈抱一、倪贻德、张玉良等一大批画家,不仅以其成就,而且执教和服务于各类学校、部门,传播西方各种美术理论并举办各种美术活动。

无可否认,西方美术思潮的引入对中国的传统绘画形成了一定的冲击,但后者也在进行各种回应。1917 年,康有为在《万木草堂藏画目序言》中提出"中国画学至国朝衰弊极矣"的言论,主张"合中西为绘画新纪元"[1];而提倡西方写实主义的陈独秀,甚至提出"若想把中国画改良,首先要革王画的命"[2];蔡元培则成立北京大学画法研究会,提倡"以科学方法入美术"。其后,徐悲鸿发表《中国画改良之方法》、刘海粟则发表了《画学上必要之点》,提出对中国画的改良看法。他们的主张虽然各有差异,但共同点都是通过否定文人画的价值进而否定中国画,并使国画发展的方向走向写实和中西融合。而陈师曾、金城等则站在守护中国画的立场,论述了中国画的优越性,否认中西绘画有高下之分,主张在中国画内部寻找革新的方法。这场关于中国画命运与发展方向的论争,是 20 世纪中国美术史上最有代表性的理论之争,"一方面,反传统的激进派的兴起,顺应、适应了现代世界的体制、文化与观念……;另一方面,传统派的回应,又显示了中国画的传统文化立场和视角,呈现出中国画传统主线的内在生命力"[3]。

由于中国美术早已形成了一套独特的表现手法与形式技巧,在西洋画尤其是写实技巧的传播过程中,中国画的改良主要是对元、明、清文人写意

---

① 《万木草堂藏中国画目》,台湾文史哲出版社,1977 年版。

② 陈独秀:《美术革命——答吕澂》,载《新青年》,1918 年 1 月 15 日,第 6 卷第 1 号。

③ 于洋:《激变与守护的现代求索——1917—1937 年中国画论争的文化策略与思想资源》,中央美术学院 2007 年博士论文,第 11 页。

画加以批判,并将西方素描写实技巧移入中国画的创作中。从这个角度来说,西画的涌入只是中国画改良进程中的一个组成部分,并未起到决定性作用。也正是由于这种生命力,面对清末民初西方美术大潮冲击下萎缩的中国传统绘画,"人们开始怀疑西方美术对中国美术的先导性"①,"对中国本位文化、民族精神、传统绘画本质特征、中西比较、民族形式诸问题的讨论蔚然成风"③。于是在 20 世纪 20 至 30 年代复兴国学的思潮中,国画研究机构大量出现,对中国本体文化、民族精神、传统绘画本质特征、中西比较、民族形式诸问题的讨论蔚然成风,从而促使国画再度受人关注,文人画重新崛起,黄宾虹、齐白石、张大千、溥心畬等一大批国画家依然各领风骚,享誉中国画坛。1931 年,郑午昌这样评价这种倾向:"近来国画家或开画展,或刊图书,共起为种种运动;即称为洋画名家而于国画曾抱极端反对态度者,亦渐能了解国画之精神,翻然自悔前此之失言。"④也正是在此背景下,伴随民国以后美术的发展,画会和社团的纷纷出现和北京地区特殊的历史文化环境和时代氛围,金城为寻求中国传统绘画的发展,在 1920 年创立了中国画学研究会,并提出了其"16 字短语"。换言之,金城提出"16 字短语"的最直接的动因乃是有感于当时否定中国画的言论而发。

2. 取决于金城本身的文化修养和学术视野

金城中学深厚,家中古器物字画收藏甚富,自幼受到书画碑帖的熏染,又曾留学欧洲,兼具西学,视野开阔;既是著名画家,也是较有成就的政府官员。因此,他并不同于一般传统意义上的文人画家。曾有学者将同属民国传统画家的余绍宋归入"新派传统画家"⑤中,笔者认为这个称呼同样可以用于金城。依笔者之见,所谓"新派"与以往传统画家的不同之处,即受过新式教育,有西方教育背景或熟悉西方文化,而"传统"则指画家接受过传统书画的熏陶和训练,传统文化修养深厚,并热爱传统艺术。金城中体西用的个人修养则完全符合以上两点特征。

所以,作为一个传统派画家,金城有不同于一般人的学历背景和境外经历,受到过两种不同文化的熏陶。他之所以能在守护传统文化和国画的原

①③　林木:《二十世纪二三十年代中国画画坛的国学回归潮》,载《文艺研究》,2005 年 12 期。
④　郑午昌:《中国画之认识》,载《东方杂志》,第 28 卷第 1 号,1931 年 1 月。
⑤　李铸晋、万青力:《中国现代绘画史民国之部》,文汇出版社,2003 年版。

则下,还主张"博采新知",这与其具有双重文化背景有关。他的域外经历使其学术思想和实践明显地融入了西方元素。通过对各大美术馆和博物馆的广泛涉猎,金城逐渐形成了具有西方特点的博物学知识结构,并在回国后积极效仿,希望建立起具有中国特色的文博制度,于是推动成立了"古物陈列所",为中国人接触古代艺术珍品提供了一个窗口。由于拓宽了艺术视野,因此,对于当时国画西画孰高孰低的争论,金城没有武断地作出论断,而是通过中西比较,形成了品评中外美术成就的新视角。那就是既肯定西方油画的风格和成就,又对中国传统绘画从不丧失信心。金城认为国内盛行的西画潮流,也在一定程度上融合了中国传统元素的特点,汲取了东方美学的优良因素。从这个角度看,国人应该对传统绘画充满信心,尤其要重视古代绘画的精粹。对于国内西画至上和中西调和的论调,金城都不赞同。他站在维护传统的立场,主张从中国画内部寻找更新的资源,反对将"复古"和"更新"对立起来;对于西画元素的借鉴,金城并不反对,而是主张在师法传统的基础上灵活运用。

由上可见,金城由于具有扎实的国学基础,而欧美留学和游历的经历又拓展了他的眼界,使得他在中西绘画比较中体会到了各自的特点,领悟到中国传统绘画的优势所在和改进方式,从而形成了自己的美术观念。因而,面对当时画坛思潮对传统绘画的侵袭,他既能站在中国画的立场上,又能提出包容性很强的画学理论:"提倡风雅,保存国粹;精研古法,博采新知",并一直影响至今。

三、金城的艺术实践

金城的艺术实践内容丰富,主要包括个人的绘画实践、创建美术团体以及开展文博活动等方面。

(一) 绘画实践

金城是一位传统功力极为深厚的画家,擅长山水、花鸟,师法宋元,笔墨谨严,以工带写。初学戴熙的精细笔法,后接近陆廉夫的画风。其山水、花鸟、人物都有古意;晚年的写生之作,显得富有生气。其绘画作品由两类构成。

第一类,摹古作品。从唐以前至宋元明清各个朝代都有涉猎,涵盖诸朝名家,如唐代王维、宋代荆浩、徽宗,元代黄公望、钱选、陈汝言,明代仇英、文征明,清代石涛、金农,等等,从不拘泥于一家成法,如《仿王维学淡图》、《仿石涛山水》等。其弟子秦仲文曾介绍,金城"最喜摹古,每遇名迹,必精意临摹副本。有时,一两遍不止,一生力学孜孜不倦,去世时不到50岁。所遗摹古精心之作有二三百件之多"①。金城这种对传统绘画的态度,体现了他"精研古法"、"温故知新"的画学主张。在他看来,古法并不意味着保守与僵化,与之相反,学习古人成法"是一种'求新'的手段:通过对古人视觉表现经验的学习来理解画面的再现程式,并从中吸取养分来成就自己'新'的再现方式"②。对于金城的摹古特色及山水画风格,郎绍君先生曾经这样评价:"金城山水博临各家,力融南北,尤以宋元为宗,大多气象森严,丘壑严整,笔墨绵密。"③

第二类,写生创作作品。依据绘画题材,金城的写生作品可划分为三小类,花鸟画、山水画和动物画。

花鸟画。包括花鸟、花卉、蔬果、鱼藻等,其中《金北楼先生百鸟谱》④较为著名,描绘了数百幅不同姿态的鸟类,它们神态灵活逼真。需要格外注意的是,《百鸟图谱》描绘的鸟类结构精确,造型写实,体现出"一种非传统的科学分析性……具有了较强的客观体量感"、"空间感、实体感"以及"自然之美"⑤,这在中国传统花鸟画平面化的表现手法中从未有过。因此,我们有理由相信,金城将中国画的传统技法,例如色彩、笔墨语言与西画的严谨造型互为渗透,并在其作品中加以完美表现,体现了他作为传统派画家,在对于传统研习与继承的基础之上,合理地采用了外来的"新知"。

山水画。金城的山水画设色多样,金碧、青绿、浅绛等兼而有之,在《湖社月刊》中我们可见,《金北楼先生山水册》⑥四幅、《金北楼先生青绿山水》⑦等,在用笔、赋色方面都十分精致细腻,不仅运用传统技法体现出师法古人

①　秦仲文:《近代中国画家与画派》,载《美术研究》,1959 年第 4 期。

②　杭春晓:《温和的渐进之路——以民初北京地区中国画传统画派为中心的考察》,中国艺术研究院 2006 年博士论文,第 56 页。

③　郎绍君:《二十世纪山水画》,载《中国现代美术全集》,香港锦年出版社,1998 年版,第 3—4 页。

④　《金北楼先生百鸟谱》,自《湖社月刊》第 852 期连续发表,天津古籍出版社,2005 年版。

⑤　杭春晓:《温和的渐进之路——以民初北京地区中国画传统画派为中心的考察》,中国艺术研究院 2006 年博士论文,第 53—54 页。

⑥　《湖社月刊》,天津古籍出版社,2005 年版,第 258 页。

⑦　《湖社月刊》,天津古籍出版社,2005 年版,第 568 页。

的深厚功力,而且将自己对自然景物的深刻观察与写生精研也包含其中,更难能可贵的是,还将西方透视构图及光影表现融汇于其中。对此,武田鹤良在《近代中国绘画》中评价金城"在色彩的表现上,也浮现着西洋味"。我们也可以把这种画风视为金城留学和游历欧美时所受的西方画风的影响。

动物画。例如《金北楼先生画猫》、《金北楼先生画狗》、《金北楼先生画虎》等,在此不再赘述。

对金城的绘画作品,本文赞成这样的观点:"金城是一位诗书画兼擅,山水、花鸟、工笔、写意兼能的艺术家。他不以画谋生,而是把振兴传统绘画,看作一种文化责任。其山水画,多临仿或综合前人,丘壑严整,笔墨繁复,著色清丽;其花鸟画,临仿与写生创作兼而有之,以工为主,间或写意,比山水更具个人风格。"①

(二) 创建美术团体

金城不仅是一位著名画家、理论家,也是一位号召力很强的美术活动家。他多次参与创办了以弘扬传统绘画为宗旨的雅集和研究会,如1906年参与组织北京的"无声诗社"并任会长;1909年参与发起上海的"豫园书画善会"等。其中,金城较为重要的举措是,有感于"近代画家争尚西法,苟便简易,形见古人精意,日就渐灭"②,于是联络"同道于民国九年春创办中国画学研究会,集思广益,继往开来"③,推动筹建了中日绘画交流的东方绘画协会。

中国画学研究会,成立于1920年5月,由当时北京地区代表性的传统画家金城、周肇祥、陈师曾等发起成立,一直活动到1926年。其宗旨是"精研古法,博采新知",其初衷是希望凝聚当时北京地区传统派画家的群体力量,以回应激进的新派画家,保存和发扬中国传统绘画的特长。因此,引起了志同道合者的共鸣,初入会者达200余人。会长金城,副会长周肇祥,名誉会长为爱好书画的代总统徐世昌。此外还有评议员、会员(助教)和研究员(学员)。

---

① 郎绍君:《二十世纪国画家》,载《中国嘉德1999年秋季拍卖会·中国美术百年·国画书法》,中国嘉德拍卖公司,1999年。
② 《金拱北先生事略》,载《湖社月刊》,天津古籍出版社,2005年版,第2页。
③ 郑午昌:《中国画之认识》,载《东方杂志》,1931年1月,第28卷第1号。

中国画学研究会成立后,围绕中国画的研究、观摩、教学,开展了一系列的活动。在金城等人的影响下,他们将研究传统的美术领域从"四王"、娄东以及较为单纯的文人水墨画,扩展到整个传统绘画范围,并着重推崇宋元绘画。这在应对片面强调以西方艺术改造中国画的潮流时显得十分宝贵,对于之后成立的湖社画会也有直接、明确的指导意义。

中国画学研究会的日常活动包括:辅导研究员习画和成员定期开会观摩、切磋交流画艺以及举办画展等。在活动中,金城时刻将"精研古法,博采新知"贯穿其中。具体说来,因为他所要复兴的画之"国粹"是以"北宗"为主,因此,他提倡以工笔为常轨,写意为别派。他非常注重培养后学,以中国画学研究会为教学基地,采取师徒授课的教学方式,精研古法,以临摹为主。这种摹古的意义在于,不是一味复古,而仅是将临摹作为手段,达到"以本国之画为体,舍我之短,采人之长"的目的。因此,此举可以看作金城对"古法"的实践。通过教学,中国画学研究会培养了大批绘画人才,如胡佩衡、秦仲文、管平、马晋等人,他们后来是湖社画会的主要创办人和骨干,成为北方画坛传统美术的中坚。他们通过任教于美术学校等多种形式,传播金城中国画学研究会的宗旨,弘扬中国画的艺术,影响深远。

(三) 中日联办画展与东方绘画协会

开展中外美术交流是金城美术实践的重要方面,为此,他带领中国画学研究会与日本绘画界举办了四届中日联合绘画展览,其子金开藩回忆:"民国九年,中日绘画联合展览会第一次北京开会,十年中日绘画展览会第二次开会于东京,十三年中日绘画展览会第三次开会,于北京及上海;十五年,中日绘画联合展览会,第四次开会于东京及大阪。"①在历次展览中,中日两国画家都有作品参加。中方主要以金城和中国画学研究会成员的作品为主,日方参加者横山大观、川合玉堂、竹内栖凤、小室翠云等,都是日本近代绘画史上代表性的画家。其作品兼具中西绘画特点,既采用中国画的技法和取材,如花鸟、山水、仕女、观音等,但也明显地具有西方写实造型和色彩等因素。所以这种画展体现了金城对"古法"和"新知"的双重实践。

在中日联合画展的第四次交流活动中,中方以金城为代表,与日本画家

---

① 《湖社月刊》,天津古籍出版社,2005年版,第552页。

渡边晨亩商谈了成立一个固定性的机构,用于举办两国之间的艺术交流等具体事宜。经过磋商,于1926年正式成立了东方绘画协会,其具体活动包括:举办绘画展览;两国艺术交流及考察;以及其他有关东方绘画的研究、发表等事宜。东方绘画协会成立一年多后,由于1928年日本制造了"济南惨案",中日两国的文化交流受到严重破坏,协会无法开展正常活动,也就逐渐名存实亡,1930年正式解散。虽然如此,我们却可以看出作为东方绘画协会中方计划的制订人金城,以一种开放的眼光和包容的心态看待外来艺术,希望通过与日本的艺术交流,吸收其新鲜的绘画元素来发展中国画的良苦用心,而这正是"博采新知"宗旨的具体体现。也就是说,金城不但以理论,而且通过组织美术社团来推行自己的艺术主张。

此外,金城还效仿西方博物制度,提倡并参与筹备成立中国"古物陈列所",将故宫内库及承德行宫所藏金石、书画于武英殿陈列展览,供广大群众和画家们研究学习。这既是他对"新知"的积极采纳,也是他比较重要的艺术实践。限于篇幅,另文论述。

四、金城美术理论的影响与启示

(一)金城的美术理论的影响

金城的美术理论无论是在当时,还是在他逝世后,都产生了重要的影响。这特别体现在他去世后建立的湖社画会及其活动方面。1927年在他逝世几个月后,画学研究会的部分会员由其子金潜庵发起,组织了湖社画会以纪念金城,并编辑出版了半月刊《湖社》,后改为月刊,刊登社员及名人作品,介绍古代名画,宣传维护传统画法,弘扬金城的画学思想。

湖社成立后,一直奉金城为精神导师,无论教学、举办画展,还是发表理论文章和绘画作品,都以金城的"16字短语"为指针。一时间,湖社在京津地区"形成了自清以来中国绘画史上最具传统、最得宋元真传的艺术流派"①。成员几乎遍及全国,盛极一时。而金城的画学思想则由于湖社的大力推崇,得到了广泛的传播。也就是说,湖社不仅把金城的画学思想和艺术主张作为自己的指导思想,而且通过一系列的活动,既宣传了中国传统文化

---

① 晏少翔、初国卿:《"湖社"与20世纪京津画派的崛起》,载《美术之友》,2003年第6期。

和中国画,同时也传播了金城的思想。理解这一点,有利于我们客观科学地评价金城的画论和湖社在中国现代美术史上的贡献和影响。

从湖社创立的目的来看,其初衷就是为了"继先子未竟之志"①。所谓"未竟之志",也就是金城生前身体力行的"提倡风雅,保存国粹;精研古法,博采新知"的画学理想。从湖社的命名来看,乃是"取北楼旧号藕湖渔隐以示不忘之意"②。从湖社成员的号来看,湖社画会同门社友两三百人皆以"湖"字为号。从学术源流和师承关系来看,湖社初期的会员大多直接来自金城创立的中国画学研究会。他们与金城不仅在学术思想上志同道合,在个人交往上也十分密切,有的是金城的故友,如萧谦中、溥心畬、胡佩衡等人;有的是金城的弟子,如陈少梅、惠孝同、马晋等;还有的是他们的再传弟子。从金城的这些友人、弟子及再传弟子在湖社的艺术实践来看,他们完全传承了金城的艺术理念,是金城思想的具体实践者,并在此基础上发扬光大。

纵观《湖社》月刊发表的文章、画作的内容和数量,可见金城的画作和理论文章最多,其画作有73幅;体现金城画学思想的理论文章则被全面刊登,包括《画学讲义》、《北楼论画》、《藕庐诗草》等。其中《画学讲义》更是贯穿刊物出版始终,从《湖社》月刊出版的第一期一直连载到杂志的最后第100期。因此,可以说,金城是湖社画会画学思想的创立者和艺术灵魂,其画学理论也就是湖社画会的指导思想,他本人则是湖社名副其实、独一无二的"宗师"。这种地位,是自然形成的:其画学理论之所以能成为湖社的指导思想,固然与他的亲属、学生对他的不一般的感情有关,但从根本上讲,则是他的画学理论直接影响的结果。

在实践上,湖社秉承"精研古法,博采新知"的艺术宗旨,主张继承和发扬传统绘画的精髓,具体表现为通过师承教学培养绘画人才,定期举办学员成绩展,多次举办中日联合画展及其他对外展览。成员多在艺术院校授课任教,推广传统绘画的优良因素,出版专业艺术刊物《湖社》月刊。通过这种传媒手段,反映湖社画会成员最新的创作和研究成果、组织动向和活动情况等,从而大大加强了湖社画家与画坛的交流与互动。这一系列的艺术实践,不仅使得湖社的影响不断扩大,被视为当时最具代表性的以传统绘画为宗

---

① 金潜庵:《回顾》,载《湖社月刊》,天津古籍出版社,2005年版,第552页。

② 丁士源:《湖社月刊百期序言》,载《湖社月刊》,天津古籍出版社,2005年版,第1611页。

旨的社团力量,而且,使得金城的画学思想得到进一步的弘扬。因此,谈及近现代画学的积极推动者,论者差不多必言金城,由此可见他在近现代中国美术史上的宗师地位。然而天妒英才,金城英年早逝,其画风和学识均未能淋漓体现,难免令画界惋惜遗憾。而这,也正是今天需要加以研讨和强调的。

(二) 金城画论和实践的现代启示

历史发展到今天,离金城出国留学,离其提出画学核心思想"16 字短语",离清末民初西方美术思潮大量涌入中国,都已过去一个世纪左右。而当今,苦难的中华民族在经历了一个多世纪的沧桑巨变之后,改革开放的势头也正以不可阻挡的趋势汹涌向前;而伴随 100 多年来中国艰难进程的东西文化之争并没有偃旗息鼓,中国画的发展方向和前景也曾在 20 世纪涌起一阵轩然大波,用激进或保守似乎已很难描述正在理性觉醒的国人的有关态度。在此背景下掩卷沉思金城的美术理念和艺术实践,我们难免时而困惑,但更多的是顿悟。

1. 留欧出身而不盲目崇洋启示

中国画无疑是一种地道的国粹,无论从艺术学角度的一个画种来看,还是从民族的审美需要来看,保存、守护让其存在是必然的。问题是,在近代以来的中西文化之争中,一些不知变通的迂腐顽固之士或偏激的知识分子,以卫道者或爱国者的面目出现,一味盲目排外,抗拒人类不同文化之间的正常交流,全盘否定西洋画,这是一方面。另一方面,一些喝过"洋墨水"的留学生,没有深入研究、比较中西文化的优劣,只因为近代以来中国的衰败,从而认为传统文化一无是处,言必称希腊,崇洋媚外,偏激地否定国画。而金城则不同,他既在中国传统文化的水缸中泡大,又曾留学游历欧美,经受过欧风美雨的洗礼,因此,他的画论虽然高扬坚守中国画的旗帜,坚守古法,但是又不盲目排外,主张"博采新知"。可见,他既护卫中国画的文化传统,又能以开放的视野注意吸收西洋画的有益因素。现在,虽然离金城的时代已近百年,但中国书画市场的火爆行情就充分地说明了这一点,金城自己画作的市场反应更是一个明证。在近 10 年的拍卖市场上,他的作品并不少见,价格也一路飙升,大多作品价格每平方尺超过 15 万元以上,如 2005 年北京保利拍卖会就以 143 万元成交了他的《仿一李营丘雪图》,2010 年则以

134.4万元成交了其《临沈石田山水长卷》。这使我们想到著名美术家艾中信先生对中国近现代美术史的经典总结："中国现代美术是在继承传统文化引入西方文化的背景下向前发展的"，"中国现代美术的发展历程和基本特色主要是由这一历史主线规定的"。① 所以，今天的美术教育也应该以此为原则：在继承传统的基础上，引入西画的合理因子，发展中国画。

2. 画界学子脱离官场回归本位的启示

在中国古代，学而优则仕是知识分子普遍向往的人生道路，也是统治者笼络读书人的主要方式。其实条条大路通罗马，每个人都有其不同的遗传因子，不同的成长环境，其面貌、兴趣、气质、能力、志向和机遇也各不相同，人生之路和理想境界也应因人而异，不能也不应该都挤在一座独木桥上。金城早年走的也是仕途经济之路，但是到中年，他终于不惑，脱离了官场而变成了一个专业艺术家，开始向艺术的高峰攀登。台湾的邱敏芳评价金城，对于"题材的选择，尝试将异国景物入画，在大家所熟知的仿古临摹作品之外，由于他个人积极的观察，处处师造化，创作时能融合国外所见的景物，经由各人笔法的转化注释，画出极具中国传统文人趣味，而又别具新意的中国画"②。应该说，这种说法是比较符合金城实际的。这说明，艺术气质浓郁的金城在摆脱了官场的束缚后，个人的天性得到了充分的发挥；或者说，金城艺术天性和才智的发挥，得益于他选择了一种适合自己的场地。这启示我们，人是否为才，是否能成才，关键在于是否有一个适合自己的才情、发挥自己天性的环境。这对领导和政府而言，则应该尽可能快地抛弃官本位，用人所长；这对美术工作者而言，则更要有自知之明，避免随波逐流，尽可能展现个人的美术天赋。

3. 开展中日美术交流的启示

严格地讲，近代中外美术交流实际上更多的是西方美术作品和理论传入中国，由此而引发的争论也大多是如何对待域外美术。但不管是持哪一种看法，在那个年代，真正把中国画作送到国外去展览，或者两国之间举办联合画展的，还比较少见。因此，把几百名中国画家的千余幅作品，几十名日本画家的上百幅作品，在两个国家的不同地区展览，不仅需要强大的社会

---

① 艾中信主编：《中国大百科全书·美术》(卷2)，中国大百科全书出版社，1991年版，第1132页。
② 邱敏芳：《金城绘画研究》，台北艺术大学美术史研究所，2003年版，第94页。

关系、经济实力,更要有高远的美术视野。而且,金城把中外美术交流的重点放在日本,也是用心良苦:当时日本画家的美术作品具有中西方美术的双重影响,有利于中国画家的理解和学习。也就是说,他对域外美术的学习起点是日本,是受到西方影响而比较成功的日本,或者说是采用一种循序渐进的方法。这当然不能说是十全十美,但也不失为一种可取的借鉴路径。日本学习西方成功了,而与日本差不多同时学习西方的中国至今还在探索之中。这本身就有很多未解之谜值得当代的中国人去解析。

4. 对于当代大学美术教育的启示

自蔡元培先生在 20 世纪初提倡美育教育以来,大学美术教育开始引起人们的注意;改革开放以来,包括美术教育在内的艺术教育更得到了空前的重视。但由于种种复杂的原因,其效果远远未如人意,这需要认真的总结,需要从历史的、国外的、正规的、民间的美术教育中去吸取经验,而金城的理论和实践也是一笔丰富的财富,值得借鉴学习。

首先,其指导思想"16 字短语"在今天仍有指导意义。当然,鉴于当时迷乱的画坛,金城在生前对"新知"的强调有所不够,今天,我们则可以把新知的范围明确为人类有史以来的任何一种画种、画派、画风,转益多师是吾师。

其次,在教学方法上,金城所建立的中国画学研究会的一整套制度,如由著名画家组成评议会、成员定期开会观摩、组成美术社团、出版美术刊物、举办画展以及参观博物馆等,有的可以直接借鉴,有的可以作一些相应的调整而运用于当今的大学美术教育。这些方法,总的特点是,教师利用一切可能的有利因素,传授画论技法,同时利用一切可以利用的手段,调动学生学习的积极性。

综上所述,金城的美术活动起始于清末,终结于民初。当时在绘画领域,中国现代画坛向西方学习的先驱们到欧美和日本留学的探索之路,将西画的写实主义等理论引入中国,从而引起了中国画创作的走向之争。在此美术思潮交织、云涌的背景下,具有中西方双重文化背景的金城走出了官场,回归到画坛,不仅以其理论还以其实践,在具有悠久历史文化传统的中心北京,高扬"16 字短语"的旗帜,为中国画的存在和更新发展,为培养新一代"精研古法,博采新知"的绘画人才,作出了毕生的努力,其劳绩不仅将永载于中国现代美术史册,其思想和实践也值得后人总结,作为发展国画和推动中国大学美术教育的借鉴。

第十五章
闻一多精神与西南联大校园的民主氛围

　　自从闻一多先生 1946 年血洒昆明那一天起，声讨、抗议法西斯暴行的声明、有关的报道以及纪念文章，就如雪片一样出现在全国的报刊上，形成了一个前所未有的高潮[①]，其后的 60 年，不仅政治性的纪念活动一直不断，而且对其诗歌创作、中国传统文化探索和思想的研究也一直在进行。即使在国外，如日本的一些学校，闻一多也常常成为研究对象。[②] 因此，有关他的研究成果真是车载斗量，难以计数。就内容来看，到目前为止，对闻一多思想的研究虽然也不乏其文[③]，但总的看来，更多地仍集中于他的诗歌创作和他对中国传统文学特别是《楚辞》的探索。相比之下，对于闻一多民主意识和人格精神与西南联大的校园氛围之联系，涉及的不是很多。我认为，具体、长期的生活、工作环境对人的思想意识和行动有着至关重要的影响。闻一多之所以会一步一步地走向民主阵营，多次言辞激烈地抨击当时国民党统治下的现实，特别在险象环生的恐怖情况下，无所畏惧地怒吼《最后一次的讲演》，其中一个不可忽视的原因，就是他长期生活、工作在西南联大民主自由的校园氛围中。[④] 在此，从西南联大以留学生为主体的教授们营造的

---

　　① 详见《闻一多纪念文集》，生活·读书·新知三联书店，1980 年版。
　　② 如 1995 年日本就成立了以早稻田大学铃木义昭教授，古屋昭宏教授和日本东洋史学会工藤元男教授等为骨干的"闻一多研究学会"，并获得了早稻田大学 300 万日元的资助。
　　③ 有关传记如王康的《闻一多传》、闻黎明的《闻一多传》和刘烜的《闻一多评传》等，有关的专论如韦英先生的《闻一多后期思想发展及其转变原因初探》等。
　　④ 有关的文章、著作集中的有：1988 年云南教育出版社出版的 6 卷本《国立西南联大史料》；1988 年中国文史出版社出版的回忆文集《笳吹弦诵情弥切——国立西南联合大学五十周年纪念文集》，以及北京大学出版社出版的《国立西南联合大学校史——1937—1946》；《西南联大在蒙自》；《笳吹弦诵在春城——回忆西南联大》；冯至先生的《昆明往事》、赵瑞蕻先生等个人的纪念文章《纪念西南联大 60 周年》；还有西南联大北京校友会和上海校友会编印的《通讯》等。

校园氛围,考察闻一多后期的民主意识特别是最后的拍案而起所代表的闻一多精神。

一、闻一多直面现实,抨击腐败的动因

闻一多直面现实,抨击腐败的动因有多种,其中西南联大师生在极端贫困状况下为抗战救国的牺牲精神和大后方的腐败现实,则是其主导和直接原因。

关于西南联大办学的艰苦和教授们的贫困,史料很多,在此仅择要简述。

先看校舍建设。著名的物理学大师杨振宁在其回忆录《读书教学四十年》一文里说得很形象:"那时联大的教室是铁皮顶的房子,下雨的时候,叮当之声不停。地面是泥土压成,几年之后,满是泥垢;窗户没有玻璃,风吹时必须用东西把纸张压住,否则就会被吹掉。"

后来物价飞涨,生活日益艰苦,当时西南联大的一位经济学教授曾做过统计,如果以 1937 年抗战爆发前后的物价指数为 100,1939 年上半年的指数则为 273;下半年为 472;而到了 1943 年底,则已达到 40 499。6 年中物价上涨了 400 多倍,但教授们的工资才提高了十几倍,生活水平下降了 20 多倍。[①] 因此,西南联大教职工的生活水平直线下降,原来阔绰大方的教授甚至校长都捉襟见肘。当时西南联大的学生贺祥麟(现任广西壮族自治区政协副主席),晚年曾回忆了一件亲目所睹"且震撼了灵魂的事情:有一天晚上去当时昆明最繁华的商业大街正义路一家拍卖行闲逛时,居然见到了我的法文老师、联大法文专业一位首席教授拿了师母的游泳衣去卖。这一'惨不忍睹'的悲剧使我震惊骇怪,把我吓得丧魂失魄,赶快逃走了"[②]。这种窘境甚至连身为西南联大实际负责人的清华大学校长梅贻琦也不能避免。有一次其夫人为了招待云南省主席龙云夫人的一顿饭,竟不得不把孩子们小时候的衣服玩具拿到昆明的大西门外摆地摊。此情此景,今天实在难以想象。

---

① 杨西孟:《几年来昆明大学教授的薪津及薪津实值》,见《冯至文集》(第 4 卷),河北教育出版社,1999 年版,第 345 页。

② 贺祥麟:《西南联大教授们的道德和人格力量》,见 http://www.luobinghui.com/ld/wt/200506/1969.html。

为了生计,西南联大的许多师生在外兼职兼课,朱自清、华罗庚等无不如此。有的因为兼课还难以维持生计,甚至还要靠打工维持,如闻一多每天上午在联大授课,下午在昆华中学兼课,晚上批改完学生作业,半夜还得为别人刻图章赚点手工费。为了避免教授摆地摊的尴尬,当时西南联大 12 位著名的教育家和学者:梅贻琦、蒋梦麟、熊庆来、冯友兰、杨振声、姜寅清、朱自清、罗常培、唐兰、潘光旦、陈雪屏、沈从文,为此还撰写了《闻一多教授金石润例》一文。

西南联大以及教授们所以贫困,有种种原因,但归根结底乃是因为日本侵略中国所致:西南联大的教授们之所以能忍受这种贫困,是因为他们有一种艰苦抗战的信念在支撑,把艰苦和清贫作为抗战救国的一种必然牺牲,而他们一旦发觉大后方的贪污腐败与自己的奉献形成巨大的反差,而抗日前线也在节节败退时,其精神、心理的刺激也就可想而知了。于是不平则鸣,奋起抨击国民党的一党专政和黑暗现实,这从而成为 1943 年以后西南联大民主运动的诱因之一。也正是因为此,抗战之初,闻一多就告诫子女“应该准备吃苦才对”,“度着困难的日子于良心甚安”①。甚至到 1940 年,家里“时在断炊之威胁中度日”②,“他仍没有任何怨言”③。但是,当他明白了另一种社会现实时则无法忍受:“正是因为我挨过饿,才能懂得那些没有挨过饿的先生们所无法懂的事……国家糟到这田地,人民痛苦到最后一滴血都要被压榨光,自己再不出来说说公正的话,便是可耻的自私。”④于是,他走出书斋,终于下楼,涌入民主的激流中。

二、闻一多无所顾忌地参加民主活动的心理基础

要理解闻一多为何能那么无所畏惧地参加民主活动,必须明确这是因为在大学独立原则影响下,西南联大成为当时的民主堡垒,教授们的主体意识受到干扰较少,使他在心理上有一个比较安全可靠的后方,从而无所顾忌地参加民主活动。

---

①　1937 年 12 月 11 日《致闻立鹤》,见《闻一多书信选辑》,载《新文学史料》,1985 年 1 期。

②　1946 年 2 月 22 日《致闻家骒》,见《闻一多书信选辑》,载《新文学史料》,1985 年第 2 期。

③　韦英:《闻一多后期思想发展及其转变原因初探》,见季镇淮主编《闻一多研究四十年》,清华大学出版社,1988 年版,第 321 页。

④　王康:《闻一多传》,湖北人民出版社,1979 年版,第 296 页。

在讨论西南联大的办学原则之前,请先看下面一组数字:截至 2005 年,在西南联大学习过的学生中,成为中国科学院院士的有 80 人,中国工程院院士 12 人,其中朱光亚、郑哲敏为双院士。在西南联大学生中,后来取得特别突出成就的有诺贝尔物理奖获得者 2 人:杨振宁、李政道;国家最高科学技术奖获得者 2 人:黄昆(北京大学物理系)、刘东生(西南联大地质地理气象系、南开大学毕业生);两弹一星功勋奖章获得者 6 人:屠守锷、郭永怀、陈芳允、王希季、朱光亚、邓稼先。此外,在国内外还有一大批自然科学、技术科学、人文社会科学方面的英才俊彦。

为什么在这片如此简陋的校园里和极端困难的条件下,西南联大能"为国家培养了一代国内外知名学者和众多建国需要的优秀人才"[①]呢? 邹承鲁院士说:"除集中了一批优秀教授外,学术民主、学术自由风气浓厚是极其重要的原因。当年的西南联大是教授治校,思想自由,对各种学派的教授兼容并包,贯彻的百家争鸣的办学方针。"[②]"联大所以能培养出众多人才,与联大的教育思想、教育制度、学风和政治环境有密切关系。"[③]

可见,众多的名教授是西南联大存在的根本和教授治校的原则能够实行的基础。组成联大的三校,都是中国现代教育史上的名校。虽然它们的建立和发展的模式不尽相同,但又都是在民国以后欧风美雨的影响下所创建,如北京大学由清代的京师大学堂演变而来,有蔡元培开创的"思想自由原则"和"兼容并包主义"的风气和"五四"科学民主爱国的传统;清华大学是由庚子赔款建成的留美预备学校升格而来,深受西方教授治校的影响,主张通才教育;南开大学则是 1919 年由张伯苓、严修先生创办的私立学校,强调少而精的培养原则。抗战的烽火,使三校风云际会,得以汇聚三校菁华。文科的教授,大多数是中西兼通、具有卓越成就的学者,如:冯友兰、潘光旦、罗隆基、吴晗、王力、陈序经、闻一多、罗庸、朱自清、钱端升、张奚若、罗常培、雷海宗、陈岱孙、汤用彤、郑天挺、钱穆、游国恩、冯文潜、冯至、叶公超、吴宓、吴达元、陈寅恪、沈从文、傅斯年、何炳棣、钱钟书……

在自然科学方面,取得重要成就的教授则有:梅贻琦、饶毓泰、叶企孙、

① 陈岱孙:《国立西南联合大学校史——1937—1946·序言》,北京大学出版社,1988 年版,第69 页。

② 邹承鲁:《建议重建西南联大》,载《科学时报》,2006 年 2 月 17 日。

③ 《国立西南联合大学校史——1937—1946》,北京大学出版社,1988 年版,第 69 页。

吴有训、王竹溪、施嘉炀、章名涛、马约翰、杨石先、杨武之（杨振宁之父）、刘仙洲、华罗庚、曾昭抡、吴大猷、赵忠尧、张文裕、袁复礼、李继侗、郑华帜、陈省身、周培源……

1948 年中央研究院选举出第一届院士 61 人，其中西南联大的教授就有 27 人。他们不仅具有中国传统的旧学根底，还受过西方民主自由思想的熏陶，具备现代科学文化知识，学贯中西，是西南联大教师的主体。他们的学识水平、民主意识、科学精神和人格魅力，是西南联大品格和精神得以存在的基础，是中国近现代教育史上永远不落的旗帜，也是中华民族的骄傲。西南联大之所以能成为大师之园、培育英才之园，就是因为有他们的人格风范在影响，有他们的学识思想在熏陶，有他们的精神理念在支撑。西南联大的学生在这些教授、大师们的循循善诱和潜移默化之下茁壮成长。西南联大精神、西南联大的办学原则和民主堡垒也在他们营造的氛围中形成。

所谓西南联大的办学原则，《西南联大校史·前言》说得很清楚，就是"坚持学术独立，思想民主，对不同思想兼容并包。校方不干预教师和学生的政治思想，支持学生在课外从事和组织各种社团活动"。例如，抗战前梅贻琦成功地维护并巩固了清华大学独立自主办学的优良传统，保障了大学学术思想自由及知识分子在学校中重要的地位，使清华大学在不到 10 年的时间里成为国内外的名校。西南联大成立后，坚持了三校"教授治校"的优良传统，并且在新的条件下发扬光大。西南联大沿袭了三校用人精简的制度，校长、教务长、总务长、各院院长以及各系主任均由教授兼任，没有副职，职工人数也比较少，常常是一人兼任数职，但所有兼职都不增加薪水。尽管迫于极端的贫困，西南联大教授或"教授会"曾多次给当时教育部或西南联大领导写报告，要求维持战前 1/10 的生活水准，但当教育部准备给兼任行政职务的教授发放"特别办公经费"（相当于今日之"岗位津贴"）时，他们竟联名谢绝。①

要知道，在当时增加哪怕是微不足道的津贴，对于啼饥号寒的妻儿老小是多么重要啊！但也就是在能否生存的边缘，西南联大的教授们显示了精神的非凡和校风的"刚毅坚卓"。他们谢绝了特别办公经费，照样工作，教学工作量跟一般教授相同。那时，教师"彼此之间是同事，不分什么上下级；他

---

① 见：《清华大学校史稿》，中华书局，1981 年版，第 313—314 页。

们更不是官,没有官僚味儿。从同学方面说来,他们都是老师,平时一律称为'先生',从不叫什么这个主任那个长。随时随地大家都尊敬地叫梅先生、闻先生、吴先生、叶先生、沈先生……"①

有这样精神的教授当然能够治校,而教授治校的实质是大学独立。当时时局动荡,物价高涨,条件简陋,久负盛名又各有其历史和校风的三所大学,却能在三位校长特别是梅贻琦(因当时张伯苓、蒋梦麟常在重庆并另有职务,主持联大常务工作的实际上是梅贻琦一人)的领导下,紧密团结,密切合作,共度时艰,得到了全体师生的支持,"内树学术自由之规模,外来民主堡垒之称号"②,把研究学术、造就人才作为抗战救国、立国兴邦的指导思想,尽量保持学校的独立性。即使对主管部门的命令,如果认为不合理,也会据理力争,或者公开抗议。

1939 年 3 月,陈立夫任教育部长后,根据战时情况,也为了加强对大学的控制,贯彻"一个政党,一个领袖"的思想,通过行政手段,对大学实行统一管理。其中有些规定也是合理的,但有的部令并不符合一些大学的实际,如颁布大学课程科目表,统一课程教材,大专以上学校毕业考试实行总考等,就不利于发展具体学校的特色,有碍于师生的思想自由,因而引起西南联大师生的抵制。1940 年 6 月 10 日,西南联大教务会议对教育部的统一大学课程教材和学生成绩考核办法等,据理抗驳,要求教育部给予学校更多的教学自由,不必"刻板文章,勒令从同",因为"盖本校承北大、清华、南开三校之旧,一切设施均有成熟,行之多年,纵不敢谓极有成绩,亦可谓当无流弊,似不必轻易更张"③。陈立夫虽贵为部长,大权在握,但也只好不了了之。其实,对蒋介石的训令有时也是如此。建校之初,西南联大便把苦心孤诣的"刚毅坚卓"四个字作为校训,并呈报教育部。但是,不久教育部致电西南联大,要求以蒋介石亲手为各校题写的共同校训"礼义廉耻"作为校训。而西南联大的大多数教授认为,这四个字不能体现该校在艰苦卓绝的战争环境下顽强的经历和办学精神,因此,予以策略地抵制。在以后很长一段时间

---

① 赵瑞蕻:《纪念西南联大 60 周年》,见 http://forum. netbig. com/bbscs/read. bbscs? bid=275&id=6775691&page=1&…。

② 国立西南联合大学碑文,在今云南师范大学校园内。

③ 南开大学校史编写组:《南开大学校史》(1919—1949),南开大学出版社,1981 年版,第 260 页。

里,大家不再谈论校训以免争论,事实上则坚持了原来的校训。

　　由此不难想象西南联大教授们的地位和性格。不能说西南联大完全实现了大学独立,但它作为一种理念,在校园里已经深深地扎下了根则是毫无疑义的。这对西南联大后来的民主运动而言,则提供了一种保护和张扬作用。西南联大之所以能够成为民主堡垒,也就在于其有很大的独立性,一般的党政军警机关不得随便干涉校内人事及其活动。因此,抗战后期校内的民主运动不仅能够蓬勃发展,而且因为得到学校当局的默许和保护,还越出校外,成为昆明民主运动的发源地。虽然国民党也试图在校内灌输"党义",但也成不了什么气候。如梅贻琦后来虽然也加入了国民党,但教授治校、大学独立的办学思想依然如故,一如既往地对待教授和教授们的思想和活动。因此,在西南联大,真正成为国民党党棍的教授和负责人几乎是微乎其微,党派意识很难取代教育至上、大学独立的理念。民主同盟之所以能够在西南联大发展,闻一多又之所以能够无所顾忌地参加并积极活动,其主要原因之一也就在于此——他们在心理上有一个安全可靠的后方。既然教育部长的训令可以不听,国家元首题写的校训可以不用,对军警特务的屠杀行为可以抨击,潘焱烈士的血迹未干就可以上演《潘焱传》,那么,又何所惧之呢?所以,早在"一二·一"惨案之前的 1944 年纪念鲁迅逝世八周年的大会上,闻一多就慷慨激昂地表示:

　　　　现在,我向鲁迅忏悔,鲁迅对,我们错了!……骂过鲁迅或者看不起鲁迅的人,应该好好想想,我们自命清高,实际上是做了帮闲帮凶! 如今,把国家弄到这步田地实在感到痛心![①]

　　而在"一二·一"惨案之后,他又岂能胆怯? 他不仅参加抗议追悼活动,还撰写了《"一二·一"运动始末记录》。

三、闻一多民主意识喷发的氛围

　　闻一多民主意识的喷发而且不可抑制,固然与其刚烈的性格有关,但主要的还是在西南联大精神自由理念影响下,教授们个性张扬的氛围,使他民

①　王康:《闻一多传》,湖北人民出版社,1979 年版,第 327 页。

主意识的喷发一发而不可收。

西南联大的教授们物质贫困，精神却富有。他们首先在各自的专业领域和志趣中独立思考，自由探索，认真教学，坚持学术研究和创作。如陈寅恪公开宣称，别人讲过的他就不讲，每堂课都讲新内容；闻一多讲课精深，《楚辞》中的一首《天问》，他讲了一学期足有 40 多节课，居然学生盈门；张文裕、赵忠尧则前瞻性地开设了原子物理学课程；冯友兰开始了著名的"贞元六书"的写作。

但他们绝不是两耳不闻窗外事的隐士。西南联大师生中本来就有不少人是五四运动和"一二·九"运动的直接参加者，师生们从北到南，从东到西，目睹了祖国山河破碎，人民流离失所，更加激发了他们的爱国热情，参与国是的讨论；特别是在皖南事变前和 1943 年"五四"以后，西南联大民主气氛活跃，思想活跃，精神自由，部分教授还自办杂志，出版刊物，《今日评论》、《当代评论》、《自由论坛》、《边疆人文》等都成了师生自由发表言论的阵地；有的教授还在《中央日报》上编文艺副刊。西南联大的教师在课堂以至各种论坛上都可以宣传自己的观点，各抒己见，畅所欲言，不大被执政党的意图所左右。如当年曾挑起全盘西化论战的陈序经，曾一度做过西南联大的法商学院院长，具有浓厚的西方知识分子气质，从不参加政治活动。1941 年前后，国民党为了加强对西南联大的控制，要求担任院长以上职务的教授都得参加国民党。他知道后淡淡一笑，对他的一个学生坚决地说："如果一定要我参加国民党，我就不做这个院长！"[①]其实，当时许多教授都是这样做的，例如政治系主任张奚若、体育系主任马约翰等就是不参加国民党，后来别人对他们也无可奈何。虽然也有一些教授加入了国民党，但多数人对此很不以为然。这不仅说明当时西南联大师生对国民党的态度，同时也说明西南联大的民主空气很浓。教授们有很大的精神自由，作为执政党的国民党也不能干涉教师的信仰自由。已故西南联大学生、美国哈佛大学教授王浩曾这样形容西南联大的风气："昆明的物质生活异常清苦，但师生们精神生活却很丰富。""当时的联大有'民主堡垒'之称。身临其境的人感到最亲切的就是'堡垒'之内的民主作风。教师之间，学生之间，师生之间，不论资

---

① 林元：《碎布集：1919—1949》，文化艺术出版社，1991 年版，第 41 页。

历与地位,可以说谁也不怕谁。"①对此,美国弗吉尼亚大学教授约翰·伊斯雷尔教授(John. lsreal)认为:

> 和战时其他大学相比,联大最大特色是师生都享有超常自由,无论其表达的观念所涉及公共领域之广泛性,还是所针针对公共问题之重要性。
>
> 昆明的知识分子极少为意识形态所桎梏。
>
> 令人印象深刻的是,联大对公共知识分子保持着高度的宽容、文雅和互敬。②

教授影响所及,学生亦沿袭成风,参与各种社团的活动,互相争鸣,相互切磋,思想活跃,从官方的三青团到共产党影响下成立的社团群社,各种社团应有尽有;学生社团还经常邀请不同专业、观点的教授演讲。校园里还有一个"民主墙",上面贴了各种壁报,五花八门,各种各样,不管是谁,都可以把自己的意见、评论或文学作品贴在上面;学生们还参加各种形式的活动,如"七七"抗战纪念会、五四运动纪念会等,如"联大剧团"曾演出《祖国》和《原野》等,还邀请闻一多参加其中的一些活动。

也正因为在民主堡垒中享有精神的自由,西南联大的师生能够在人类的各种文化中汲取营养,比较鉴别,追求真理,姚从吾、陈雪屏可以信仰三民主义;陈铨可以宣扬尼采;罗庸可以诅咒新诗;潘光旦可以极力鼓吹妇女解放。更有甚者,在"一二·一"惨案以后,西南联大的教授们可以公开游行抗议,就连像冯至那样文静温和的诗人、学者也能放心大胆地走上街头,并写出抗争的诗篇《招魂》,更何况闻一多呢?于是,他在演讲时赞扬苏联的无产阶级诗人高尔基和马雅可夫斯基,而且说这是文学创作的一条大道。闻一多后来之所以能够一步一步言辞锋利,放言无忌,口诛笔伐国民党的要害,与西南联大民主堡垒的精神、自由之风气,是密不可分的。当时曾任西南联大总务长的历史学家郑天挺先生在《梅贻琦先生和西南联大》的回忆文章中

① 王浩:《谁也不怕谁的日子》,见《云南文史资料选辑》(第34辑),云南人民出版社,1988年版,第66页。
② 约翰·伊雷尔:《西南联大模式对公共知识分子的影响》,下载于 http://www.confucius2000.com/outside/ldmsdggzsfzdyx.htm。

说:"三校都是著名专家学者荟萃的地方……联大每一个人,都是互相尊重,互相关怀,谁也不干涉谁,谁也不打谁的主意。"既然如此,彼此可以不设防,那么又有什么不可以宣传,不可以坚持?何况又是在为国家、为民族的事业在呐喊!因此,闻一多在李公朴被暗杀以后,能够发出惊天动地的怒吼——"最后一次讲演"。

四、闻一多精神及其意义

现在需要总结和概括的是,以上的一切之所以能够存在,最根本的原因是源于西南联大的教授们及其营造的校园民主氛围。由于战乱,西南联大教职工流动频繁,但是,教授队伍则基本稳定。到抗战后期,西南联大的教授、副教授,比抗战初期还稍有增加,其中大部分又是留学欧美的。据西南联大《除夕副刊》、《联大教授·前言》:"联大一百七十九位教授当中,九十七位留美,三十八位留欧陆,十八位留英,三位留日,廿三位未留学。"[①]学贯中西,深受西方现代民主自由思想的影响。事实上,组成三校的校长也都是留学生,而且是清一色的留学美国。作为个人来讲,他们当然各有特点,但是作为一个在相同文化背景下熏陶出来的文化群体而言,他们又具有比较多的共性,特别是在民主、自由和科学等方面有更多的共识,形成了一个能够影响联大风气和走向的校园氛围——中国大学校园中特有的自由、民主氛围,使西南联大成为一个民主的堡垒。因此,西南联大能够秉承刚毅坚卓的校风,和衷共济,坚持大学独立、教授治校的原则,维系了中华教育和文化的命脉,不仅创造了 20 世纪中国教育史上的奇迹,为国家和民族培养了一批文化学术科学大师,也揭开了中国现代民主运动史上悲壮的一页,滋养了中国民主运动史上不朽的斗士——闻一多。

闻一多虽然遇害了,但他用自己的声音和文字,谱写了 20 世纪中国知识分子反对专制、争取民主自由的不屈悲歌。他又用自己的鲜血,铸就了中国民主运动历史上永远不朽的丰碑。他那刚毅执着的形象,又在昭示着千千万万个后来者前赴后继,总结中国民主运动史上的经验教训,探索中国民主法制的新的进程。

---

① 西南联大《除夕副刊》主编:《联大八年》,西南联大学生出版社,1946 年,第 160—161 间插页 2。

第十六章
留学美国与传统文化世家邓稼先家族变化及影响^①

一、哥伦比亚大学与近代中国关系溯源

在 20 世纪 40 年代以前,中国还是一个极其封闭、与西方相当隔绝的国家。1840 年的鸦片战争给中国人民留下了非常惨痛的历史教训,也唤醒和激起了中国人民开眼向洋看世界的理智和勇气。就中美两国的实质性关系而言,是从 1844 年不平等的《望厦条约》开始的。客观地说,这个开端并不轻松,实质上是强权的结果。但是,这并没有改变中美两国人民之间文化教育交流的良好趋势。据我所知,早在 1841 年,后来毕业于美国耶鲁大学、被誉为"中国留学之父"的容闳,就在香港玛礼逊学堂受教于美国的塞谬尔·罗宾·布朗(Samuel Robbins Brown)博士,并于 6 年后来到陌生的北美大陆学习西方文化。1850 年,他考入耶鲁大学,成为第一个从美国大学毕业的中国人。也就是说,在 154 年以前,美国的大学而且是著名大学,就与代表中国未来的青年人通过民间发生了联系。1877 年,容闳倡导又受命从中国带到美国学习的第三批幼童之一的唐绍仪,进入哥伦比亚大学学习。这

① 本章原为笔者 2004 年在美国哥伦比亚大学校庆 250 周年"哥大与华族的关系"研讨会上的讲演。开场白为:"女士们、先生们:大家好! 首先,请允许我以个人和敝校中国徐州师范大学的名义,向哥伦比亚大学建校 250 周年表示热烈的祝贺! 祝哥伦比亚大学在 21 世纪取得更快、更辉煌的发展,为人类的和平、科学、文化和教育事业培养出更多、更杰出的人才! 同时,我还要从内心向李又宁教授表示衷心的感谢,感谢她有远见,又不辞辛苦地筹备这次会议和盛情的邀请,使我能够有这样一个十分难得的机会,远涉重洋,在哥伦比亚大学 250 周年校庆这个特殊的时刻,与来自不同国家、不同地区的专家、学者会聚一堂,进行讨论和交流。我认为,哥伦比亚大学与华族的关系"这个中心论题极有意义,既有历史感,也有现实性,对未来还有建设性。"文中"一、哥伦比亚大学与近代中国关系溯源"为收入书中时所加。

又说明，在 127 年以前，哥伦比亚大学又与中国官方派出的学生发生了联系，并且培养了这位中国历史上第一位国务总理。

概言之，也就是从 19 世纪中期开始，美国的一些大学就与古老而又渴望新生的中国和中国人民，发生了不同程度的联系；而哥伦比亚大学作为世界的著名学府，则成为中国留美学生趋之若鹜的所在。在美国老师的指导和启发下，中国学生发挥了自己的聪明才智，刻苦学习，大都取得了良好的成绩，有的则成为哥伦比亚大学的杰出校友。据拙编《中国留学生大辞典》和其他有关文献的不完全统计，1977 年以前进入哥伦比亚大学深造并回国的中国名人，至少在 250 位以上；如果加上没有回国定居的就更多了。他们不但在中国近代史上产生了重要的影响，有的还在中美两国的关系史上，如在政治、经济、科学、文化和教育等方面谱写出了重要的篇章。这其中就包括曾担任中国政府总理的就有唐绍仪以及著名政治家周自齐、顾维钧、宋子文、孙科以及中国台湾地区的李焕等。据此我们可以说，从辛亥革命后到现在，世界上还没有任何一所其他大学能够像哥伦比亚大学这样对中国总理一级的政治家产生如此巨大的影响。其他各行各业、大名鼎鼎的已故人物尚有胡适、张伯苓、马寅初、陶行知、陈鹤琴、刘湛恩、徐志摩、金岳霖、冯友兰、潘光旦、任鸿隽、罗隆基、吴文藻、袁同礼、洪业、张奚若、蒋廷黻、蒋梦麟、罗家伦、段锡朋、邵元冲、董显光、凌鸿勋、侯德榜、孙越崎、王宠佑等。

至于现在活跃于中美两国不同领域的哥伦比亚大学的中国校友，更是数不胜数，恕不一一列举。但是，请原谅我还要提一下其中的三个人，一位就是前面提到的李又宁教授，她不仅以其精深的学术造诣为中美两国的同行所称道，而且把中国传统女性的温婉、善良、厚道与西方现代的科学、民主和博爱精神相结合，致力于中美之间的文化学术交流。另外两位就是出席这次会议的何先生和王先生，他们都是哥伦比亚大学的高才生，已在美国开始了其前景辉煌的文化学术生涯，但是在十几年前，他们和我还都是徐州师范大学的朋友和同事，而今天竟因为哥伦比亚大学的关系，越过十几年的时间和千山万水的空间，在这里意外地重逢。这真是"千里因缘一线牵"，不仅使我有"他乡遇故知"的惊喜，更使我想到中国现代著名诗人、德国海德堡大学博士冯至院士的十四行诗：

　　　　哪条路、哪道水，没有关联，

　　　　哪阵风、哪片云，没有呼应……

　　是的，自然界的山水风云从远古至今无不相连呼应，人类社会自从新航道开辟以来，各个国家、各个民族之间的交往也在日益加强。从中国一所普通高校与哥伦比亚大学的联系，我们不难想象正在改革开放、走向世界的中国和中国人，在未来将会与这所著名的高等学府以及美国的其他学校和机构发生多么密切的关联！而这，对于维护和发展中美两国人民之间的传统友谊，推动中美两国在文化、教育和科学等方面的交流，促进中美两国关系的健康发展，和平共处，为人类的和平与幸福而奋斗，无疑是很有建设性的。

　　在已故的哥伦比亚大学的中国校友中，我还要特别提到一位，这就是邓以蛰先生。相对于上面提到的历史名人，他的名字可能并不如他们那样广为人知。但是，以他的五世祖邓石如的书法、篆刻为主要特征和代表的百年中国传统文化世家，到他这一辈不仅有所传承，而且因为邓以蛰及其兄弟留学哥伦比亚大学等国外高校的原因，发生了巨大的裂变。

二、关于邓氏中国文化世家

　　关于邓氏中国文化世家，首先需要从清代著名的书法家、篆刻家邓石如谈起。

　　邓石如（1743—1805），名琰。为表示自己"不贪赃，不低头，不阿谀逢迎，人如顽石，一尘不染"①的品格，遂字石如，号顽伯。在他54岁那年，也就是1796年，因为避清朝仁宗也就是嘉庆皇帝颙琰的名讳，于是以字行于世。又因为家在皖公山下，而且幼年常在大龙山上砍柴和凤凰桥下钓鱼，17岁后又长期一笈披肩，浪迹天涯，所以，又自号完白、完白山人、完白山民、龙山樵长、凤水渔长、笈游道人、古皖子等；系安徽省安庆府怀宁县白麟坂人，现在属于怀宁县五横乡。他是在家庭的影响下，通过长期艰苦卓绝的练习、钻研而成为彪炳史册的书法篆刻大师的。

---

　　① 见《云南丛书》中《师荔扉先生诗集》。

　　根据清光绪三十年(1904)重修的《白麟邓氏宗谱》①记载,邓石如的十三世祖邓君瑞,原来住在江西省波阳县瓦屑坝。"元季,陈友谅率众战明太祖朱元璋于波湖。连年不解,地方震动,居民苦之,公因避地来皖。已而,太祖败陈友谅兵,平定海内。公乃标插麟山,任土极广,耕田凿井以为食,茅屋土阶以为居。"

　　下面是邓氏自赣迁皖以后邓石如之直系世系图:

一世:邓君瑞

二世:邓思明,明赠文林郎

三世:邓禹,明赠文林郎

四世:邓详,明赠文林郎,浙江海盐县知县

五世:邓标,太学生

六世:邓伯儒

七世:邓安仁

八世:邓理中

九世:邓嘉朗

十世:邓应朝,字若周,号梅渚,征仕郎

```
          ┌─ 长子邓士沃,文学生;
          │
          ├─ 次子邓士涟,文学生;
十一世    │
          ├─ 三子邓士泳,征仕郎;
          │
          └─ 四子邓士沅,字飞万,邑庠生
```

十二世:邓一枝(邓士沅第五子),字宗两,号北林

---

　　① 《白麟邓氏宗谱》,现藏安徽省安庆市档案馆。2004 年 7 月 14 日笔者在安庆档案馆查阅档案时,得知此谱系邓石如二祖父邓士泳的九世孙邓敦宇所捐献。

┌长子邓琰,字石如
│　　十四世:邓传密,字守之,号少白,原名尚玺,
│　　　　　　翰林院待诏
│　　十五世:邓解,字作卿,蓝翎侯选,从九品,保举县丞
│　　十六世:邓艺孙,字绳侯,号世白,邑庠生
│　　　　　┌长子邓寿慈,少亡
│　　　　　├次子邓庆初,留学日本:
│　　　　　├三子邓以蛰,留学美国哥伦比亚大学
│　　　　　│　　　　　　┌长子邓稼先,美国普度大学博士,
十三世┤　　　　　│　　　　　│　"两弹元勋"
│　十七世│　十八世┤
│　　　　　│　　　　　　└次子邓携先,中共市级干部
│　　　　　├四子邓季宣,留学巴黎大学
│　　　　　│　　十八世:邓贯先,教授
│　　　　　└五子邓以从,大学毕业
└次子帷寿,字永玉,号璞轩

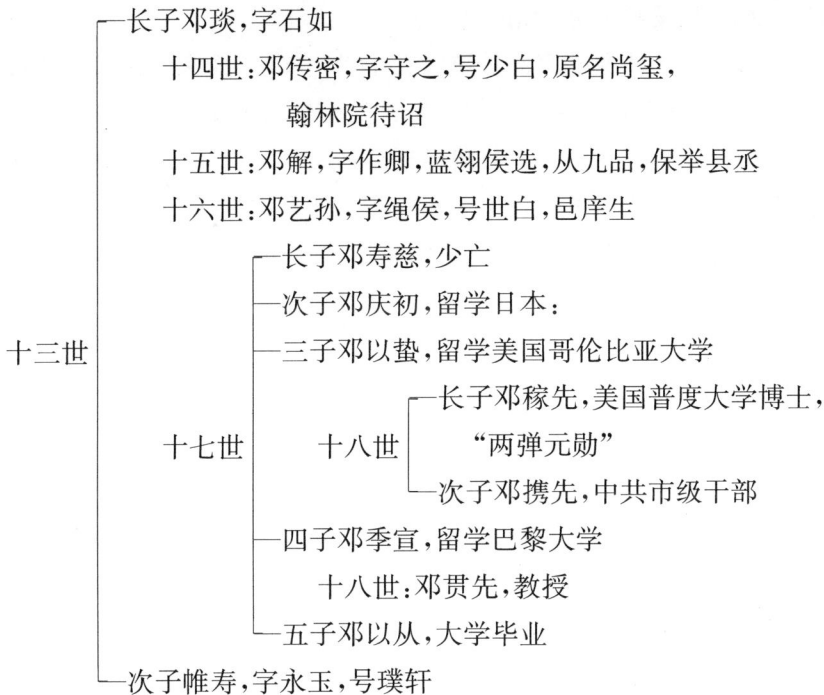

　　关于邓家由赣入皖的历史背景,与明史还是一致的。根据《明史太祖本纪》等史籍,朱元璋战败陈友谅,建立了明朝以后,鉴于安徽等地区因战争破坏严重,人民流离失所,土地大片荒芜,特降旨把周边地区的人民成批地向有关地区迁移。邓君瑞也就是在这种情况下,率领家人从江南的鄱阳湖东边,迁到长江北岸的安徽省安庆府怀宁县白麟坂——实际上,就是现在安庆市北郊集贤关外东边 15 公里(30 里)一个狭长的山谷里。

　　从宋代著名的理学家朱熹曾经应邓石如的远祖之请,给当时的邓氏家谱作《邓氏宗谱源流序》和这件事本身来看,南宋后期的邓家小有文化背景:邓家一个男子,曾经是朱熹主持江西白鹿洞书院时的学生,后来在宋淳熙七年(1180)举江西乡贡。但是,这与邓石如开创的邓氏文化世家已经没有什么联系——500 多年以后邓石如才降生于人间。这中间,隔了两个完整的封建王朝,这就是元朝和明朝。在这期间,邓氏家族虽然不时也有中过科举、做过小官小吏的人,但是在邓石如的曾祖父之前,对他都没有什么影响。至于朱熹在序文中那似乎渊博而遥远的追溯,说邓家"其脉出自黄帝,传宗帝喾而生后稷……"等,在今天更可以付之一笑。因为以汉族为主体的中华民族皆炎黄子孙,现在已是人所共知的事实。因此,真正对邓石如产生影响的邓家人,

是从他的曾祖父邓应朝开始的。

耕田读书一直是邓家的传统。在十世之前，邓氏家族中最大的官职是正七品的文林郎，而且基本上都无实职。所以，邓石如在为曾祖父立碑作传的《邓梅渚内碑铭》中称："自鼻祖君瑞公迁皖怀之白麟坂，遂世之为怀之耕读民"，还是比较客观的。曾祖父邓应朝虽然是文职从七品的征仕郎，但也只是一个虚衔。年轻时习读诗书，后来还曾参加选拔官吏的考试，"受员返里"，做过小官，簿书勤职，上任下信。但是他并不得志，在花甲之年，终于"迁避尘嚣，筑居泉石"，从而对官场产生厌恶；而且因为长期升迁困难，仕途无望，也就自然地对子女勤加训诲，四个儿子遂皆成名：三个秀才，一个征仕郎。就这样，一个具有浓郁文化氛围的家庭形成了。

关于邓家的文化地位，还可以从邓石如的母系这方面得到印证。根据《白麟邓氏宗谱》：他的曾祖母是知县的孙女，祖母是邑庠生的孙女，母亲是秀才之女，妻子则是"非海内名士不嫁"的书香人家之女。至于他的曾祖姑、祖姑、姑母和妹妹，则都嫁给有文学功名的士子或者其子孙。这种与有科举文化背景的家庭联姻的传统，一直延续到邓石如的四世孙媳，即邓以蛰的母亲。这在讲究门当户对的中国封建社会，是很能说明问题的。

祖父这一辈是对邓石如产生直接影响的一代，其中影响最大的莫过于祖父邓士沅。成名后的邓石如在《邓梅渚内碑铭》中，曾抑制不住对他的怀念、感激和景仰之情写道：

> 公九岁，母龙孺人弃世；超龄，而能上事父及诸兄，克尽孝悌，闲暇则刻意书史。以至成人，侃侃治家事族事，井井有条，人皆重之。及公配龙孺人来归治内事，公益精书史，娓娓成诵；书法浑茂，如其为人。宅西面把龙山之翠，因此，辟地数亩，建楼其上曰"把翠"，以为诸父辈诵读地。公素俭不以奢是务，终身布衣蔬食，以守田园之乐。老年步履犹健，仰而观山，俯而听泉，至今龙山风水间，犹仿佛见公之风度也！

祖父性情憨直而忠诚仁慈，酒食货利，皆非所好，所以，又自号澹园。

父亲邓一枝，又号木斋，别号迥道人。"幼耽经史，兼娴史籀之学，性不谐俗，捉襟时抚甑尘封，居常歌咏，若出金石。左图右书，萧然一室。盖其天然性也。"①他的为人憨直如其父,从小就"博学举业",但"至老不能得一衿,遂枯老穷庐,尝自悲之"②。自己曾镌图章一方,文曰:"其人瘦而傲"。

关于邓一枝的特长和经历,我们还可以从金天羽的《邓石如传》中得到更具体的了解,邓一枝"朴直如其父,与人交,落落寡合,遇知己则出肺肝相示。多才艺,工四体书,尤长篆籀,善摹印,行游客授,获稍薄,屡空晏如。"③

祖上三辈娴习诗书、薄有文名的书香氛围,代代"潜德不耀"④且沦于贫寒的生活境遇,对邓石如"顽石"人格的形成和移情、痴迷于书法篆刻,其影响是极其深刻的。特别是父亲的性格、特长和行游的经历,对他的影响更是无形而巨大的。

从邓石如生活的时代来看,正是中国历史上考据训诂之风盛行的乾隆、嘉庆时期,同时也是中国书法亟欲变革的时期。中国书法的历史源远流长,春秋战国之际就有刻石出现,东汉碑刻开始兴盛,魏晋南北朝出现了王羲之等著名的书法家。此后,名家辈出,唐有欧阳询、褚遂良、颜真卿、柳宗元、张旭、怀素,宋有苏东坡、黄庭坚、米芾、蔡襄等。其后,赵孟頫、董其昌卓立于元明两代的书坛。但是自宋代开始,帖学大盛,书法的发展受到了束缚;明初以后,中国的书坛一直被"馆阁体"笼罩。到清代中叶,帖学仍然处于主流地位,"光圆方正"的楷书虽然工整秀丽,但是却阻碍了书法家的创新。因为本来碑先帖后,摹碑又习帖,才是发展书法艺术的康庄大道,片面地舍碑逐帖,无异于舍源而汲水。所以,乾隆、嘉庆时期汉魏碑志和金石文字的出土,就大大地开拓了学者和书法家的视野,为有创新意识的书法家提供了发展的契机。也正是在这种独特的家庭背景、社会背景和文化背景下,邓石如开始了艰苦求索、矢志不渝的书法艺术生涯。

邓石如幼年时,家境甚贫,"艰危困苦,无所不尝"⑤,仅仅随父亲在私塾学习一年,就辍学以砍柴、卖饼谋生。但在祖父、父亲的影响和培养下,他对书法、金石和诗文产生了浓厚的兴趣,在 17 岁时,便以卖字、刻章谋生,走上

---

① 邓石如:《邓北林及其陈孺人内碑铭》,见洪亮编著《邓石如》,中国书店出版社,2012 版。
② 此为邓光祖的《邓石如传略》引自邓石如自述,见清光绪三十年重修《白麟邓氏宗谱》。
③ 见《天放楼续文言》,转引自安徽省安庆市政协文史委员会、《安庆文史资料》编辑部编:《邓石如》,第 82—83 页,皖内部图书 2001—083 号。
④ 李兆洛:《清故高士邓完白先生并暨德配潘沈两孺人墓志铭》。
⑤ 邓石如:《与侄》,转引自穆孝天、许佳琼编著《邓石如研究资料》,人民美术出版社,1988 年版,第 182 页。

了专攻书法篆刻的道路。在 21 岁那年,母亲和妻子相继逝世以后,他踏上了远游他乡、求师问道、寻觅碑碣的漫长历程,足迹遍及安徽、浙江、山东、北京、河北、河南和湖北。在当时交通不便和身无分文的情况下,他风餐宿露,芒鞋筇笠,历尽千辛万苦,临摹了大量的石刻碑文,拜访了各地的高士名师。

值得特别指出的是,在寿春(今安徽寿州)邓石如结识了精通书法的名家梁巘,又经过他的介绍,拜著名金石收藏家江宁(今江苏南京)的梅镠为师。梅家是北宋以来的江南望族,又是清朝康熙皇帝御赐书画珍品最多的家族,藏有大量的书画珍品和秦汉以来的许多金石善本。邓石如潜心于此,用 8 年的时间纵观博览梅氏所藏,悉心研习,每日黎明即起,研墨盈盘,直到半夜把墨写完方才就寝,于是书法篆刻大有长进。此后,他又以布衣之身结识了著名学者张惠言、程瑶田和翰林院修撰、精于篆籀之学的金榜,并被引荐给户部尚书曹文埴,又由于曹文埴的分外垂青和盛情邀请,来到皇城北京,深为当时的丞相、著名书法家刘墉和上海左都御副史、著名鉴赏家陆锡熊等名人方家的赞赏。他们看到邓石如的书法后大为惊讶,踵门求见,叹为"千百年来无此作也"①。但是,邓石如的创新和成就也引起了当时书坛领袖人物、内阁大学士翁方纲等人的不满和嫉妒。不久刘墉失势,陆锡熊暴卒,翁方纲等以邓石如未去拜谒为借口,对他大加诋毁,由此引起了清朝书法史上的帖学和碑学之争。

邓石如被迫离开北京以后,依然不改初衷,致力于书法篆刻,不仅成为清代近 300 年以来邓氏文化世家的集大成者和代表者,更重要的是,他在馆阁体壁垒森严、独立一尊的乾隆、嘉庆时期,标新立异,独辟蹊径,致力于秦汉六朝金石碑刻的钻研,兼收历代书法之长,突破了"馆阁体"那种柔媚甜俗的格调,在中国书法史上取得了重要的突破和惊人的成就,为中国书法的发展作出了新的贡献。在篆刻艺术方面,他更开宗立派,在当时的中国印坛上,创立了在丁敬的"浙派"、程邃的"徽派"之外的"皖派"、"邓派",从而成为中国书法史上杰出的书法家和篆刻大师,并一直影响至当代。

关于邓石如书法篆刻的成就和影响,已经举世公认。他在世时其书法就被众多的艺术大师和社会名流誉为"四体国朝第一"②,是"以钟王之腕

① 见包世臣:《艺舟双楫》,上海广艺书局印行,1915 年版。
② 见包世臣:《邓石如传》引清户部尚书曹文埴语。

力,运史籀之体制者,数百年以来一人而已"①。其后,著名的书法鉴赏家包世臣对他的书法作了精到的分析,认为:"怀宁布衣隶、篆、分、真、狂草,五体兼工……百年来书学能自树立者,莫或与参,非一时一州之所得专美也!邓石如隶及篆书入神品,分及真书妙品上,草书能品上,行书逸品上。"②近代,雄视千古的康有为则这样评价这位终身布衣的书法大师:"篆法之有邓石如,犹如儒家之有孟子,禅家之有大禅宗师。"邓石如的作品"尽收古今之长,而结胎成形,于汉篆为多,遂能上掩千古,下开百祀"③。20世纪40年代,美国著名汉学家恒慕义博士主编的《清代名人传记》"邓石如"条,虽然有两处史实错误,但是对邓石如的评价却非常简明扼要,清代的碑学派"以邓石如为代表,因此之故,自八世纪书法家李阳冰(字少温)之后极少问津的篆书隶书,到了清代末年已大为盛行。"④确实,在邓石如的影响下,中国书坛不仅改变了自宋代以来帖学的正统和主流地位,而且使碑学理论和碑学流派得以确立,出现了包世臣、阮元、何绍基、赵之谦、吴昌硕和于右任等著名的书法家和理论家,促进了中国书法艺术的百花齐放,影响到清代的朝鲜和当代的日本。

其实,碑学兴盛的意义并不止于此,因为碑帖之争还延伸到清代中国文化的其他领域。对此,邓石如的五世孙、我们下面将要谈到的邓以蛰,以他学贯中西的文化视野,在1963年作了这样精辟的总结:

> 使人认识到山人书法的首推徽歙和阳湖诸老……从李兆洛、张琦、包世臣、徐松、魏源、龚自珍、王国维,形成清代嘉、道以来的新学风,也就是从汉学家以经解经的训诂章句之学,转到金石、舆地、医农、河渠之学上面来,转变过程不无斗争,而斗争是从书法上篆籀、碑帖等问题开始的。⑤

----

① 清朝翰林院修撰金榜语,见清左辅:《邓氏宗谱序》。左辅,江苏阳湖人,清怀宁县知县。
② 包世臣:《艺舟双楫》,上海广艺书局印行,1915年版。
③ 康有为:《广艺舟双楫》,上海书画出版社,2006年版。
④ [美]A. W. 恒慕义主编:《清代名人传记》(中册),中国人民大学清史研究所译,青海人民出版社,1990年版,第321页。
⑤ 穆孝天、许佳琼著:《邓石如》,见《邓以蛰全集》,安徽教育出版社,1998年版,第430页。

因此,如果从嘉庆、道光时期中国学术风气的转变来看待邓石如,他在书法上的创新及其影响的意义也就更大。

邓石如在文学上的造诣虽然不及他的书法,但是,其诗文艺术也颇具功力。不过,由于他幼年家贫,未能长期读书,人们只知道其在书法上的名气,致使一般人对其诗文知之甚少,甚或有很多误解,研究的文章更是了了无几。因此,笔者有必要在此予以强调,因为这对于中国的传统文化世家十分必要。邓石如虽然幼年专门读书时间并不多,但是祖父、父亲的言传身教,使他自幼就涉猎书墨印章,"窃窃喜书"①,养成了好学的品格,打下了一定的文化基础。上面所引他为祖父所作的碑铭,文词老到,才情并茂,祖父的形象栩栩如生,已可见其才情、基础于一斑。其实,这乃是他 18 岁时所作。所以,世称他"弱冠能为童子师",19 岁即随父亲至寿州为塾师。此后,他在漫长的岁月中,摹古碑,写名帖,拜名师,交文友,游名山,入京师,酬唱咏和,翰墨风雅,研习所得,又岂是一般的科举士子所能为、所能获?

根据《邓石如研究资料》②辑录的邓石如诗文,体裁丰富,诗、词、文俱全,诗里面古风、律、绝、楹联都有,无论是抒情写景,抑或怀古唱和,都很有个性特点。最能体现其诗情胸怀的当如《登岱诗》,其一:

岱秩巍巍秉节旄,峻嶒直上走猿猱。一无所限惟天近,百不如
人立足高。

过眼浮云失齐鲁,增封诸岳视儿曹。山灵莫讶风尘迹,终古乾
坤几布袍。

《登岱诗》其二,尾联:

孑然两足游山屐,撒手苍穹掷短筇。

与其说他是在歌咏泰山,倒不如说他是在抒写自己,感慨人生,极其含蓄地

① 邓石如:《与侄》。转引自穆孝天、许佳琼编著《邓石如研究资料》,人民美术出版社,1988 年版,第 182 页。

② 穆孝天、许佳琼编著:《邓石如研究资料》,人民美术出版社,1988 年版。

表现了自己不与世俗等量齐观、志趣不凡的追求，和粪土王侯、平静地看待生死的达观，实在是一首借景抒情、托物言志的好诗。

又如《登岳阳楼》：

八百波涛接大荒，水天浩浩合青苍。谁能气象争河海，但觉神仙渐渺茫。

一抹君山浮髻小，数声湘瑟引风长。荡胸涤尽尘襟垢，便算凌虚步帝乡。

夸张用典，想象丰富，可见其豪放的情怀，但岁月的艰辛，仍然萦绕于心头。所以，作者登上岳阳楼，极目洞庭湖，万千感触奔涌而来，但最终依然是洗去衣上风尘，涤尽胸中块垒，心曲不由自主地展露出来了。

他的楹联，也颇具风采，如《画帘明月联》："画帘花影听莺语，明月箫声唤鹤骑。"不但工整，而且诗中有画，画面充满生机，给人以丰富美妙的联想。他的词传下来的只有五首，但委婉清丽，风格不同于其诗。

邓石如留存至今的文章也不多，但是很有功夫。晚年友人曾送他一对百龄仙鹤，他"得此以为老伴"，其中一只被村人误为野鹤击毙以后，另一只被他送到安庆集贤关寺院寄养，但不久就被安庆太守抢去。为此，邓石如写下了历来鲜见的《陈寄鹤书》，洋洋洒洒近两千言，缘情说理，陈述利弊，特别是中间一段，别出机杼，以自己对仙鹤的"训话"来表现仙鹤的灵性，同时抒发自己内心的感慨。而又以"有"字开头的20个排比句表现出来，势如高山流水，飞泻直下，又如宝珠金玉，掷地有声，读起来令人振奋不已。接着，又把鹤与官阶的关系联系在一起，明指暗喻太守不得把仙鹤据为己有，从而以力胜千钧之纸笔，推倒一时之尊贵。文中犀利的文锋，磅礴的气势，若非大手笔，实在难以写出，从中不仅可见邓石如的才气，也可见沉潜作者胸中的勃郁之气。可惜，除了清代郑介夫的一篇跋以外，至今还很少有人介绍鉴赏这篇被埋没的奇文。

所以，邓石如的诗文也有较高的造诣，他的生前好友，安徽望江县知县师范在他逝世后凄然哀悼:"诗文字已成三绝,汉晋唐容萃一身。"①他的多方面成就自然地给他的后代以影响,一直到他的五世孙,在中国传统文化方面大都是胸有文墨、手可操刀的方家。

邓石如的儿子邓传密,4 岁失母,11 岁丧父,寄养于安庆集贤关僧院,后得到邓石如生前好友李兆洛、包世臣等的关怀和教育,随李兆洛游历浙江、广东等地,借以搜集邓石如的遗墨,并逐渐成长为饱学之士和书法名家。咸丰(1851—1861)年间,先后主持濂溪、湘乡、石鼓等著名书院,龚自珍、魏源、左宗棠等社会文化名流都非常看中他并与其交往。安庆的太平军失败,邓传密回到老家以后,他的书法尤其为湘军名将胡云翼、曾国荃、彭玉麟所推崇。其书法特别是篆书、隶书在咸丰、同治年间享有盛名,曾被授予翰林院待诏。

邓石如的孙子邓解,在书法上虽无传承,但幼通经史,擅长诗文。生前是曾国藩的部下,在太平军攻陷安庆几年后死于军中,年仅 20 余岁,对子女影响不大。但他的遗孤邓艺孙却在祖父邓传密的教导下,成为邓氏文化世家传承上的一个重要人物,也是 20 世纪初安徽历史上特别是教育界的名流。

邓艺孙(1855—1912),幼年随祖父在湖南读书,以奇惠为先达所称,后补博士弟子员。尊事有道,结交才俊,清鉴高卓,不容垢污,受到当时耆旧名宿的器重:

> 公居家读书,与经史汉宋先行之言,及老庄仙佛之道靡不窥探,往往深宵研讨,达旦不寐,好求圣人之旨趣……论古今人物,以求孔子之意折衷之。斤斤于诗礼小学,以为三代学风,必先修习于此,不必如宋儒教人从静入也。好读三百篇、离骚、杜诗,于三百篇用功尤深,于孔子编诗次第微旨,多所发明,不屑意撰述,以为近名……惟诗骚略有存说,其他偶见朋友书牍中,及教授生徒讲义而已。先世书法为一时之冠,公少承光泽,落墨青妙,得晋唐书旨。

----

① 见:《师荔扉先生诗集》,转引自穆孝天、许佳琼编著的《邓石如研究资料》,人民美术出版社,1988 年版,第 38 页。

诗文洞识精微。偶有所作,皆超逸有高韵。①

清朝末年,废科举,兴学堂,邓艺孙与人一起倡设怀宁中学,主管教务,后又任安徽公学总办,由苏曼殊、陈独秀、柏文蔚、孙毓筠等名士任教,学生中也有很多江淮杰士,爱国言论和新思想得以在学校中广泛传播,但清两江总督和安徽巡抚都因怯于他的名望不敢轻举妄动。接着,他任安徽优级师范学堂总务长并兼教经学。1911 年辛亥革命爆发,安徽宣告独立之初,全省陷入无政府状态,省城安庆一片混乱。邓艺孙急公好义,组织安徽省维持统一机关处以维持社会秩序,后由该处召集成立安徽省临时参议会,任议长;还提议孙毓筠任安徽省都督,并亲自到上海迎接。安徽省统一以后,他被推为安徽省教育司司长。上任后,即主持起草全省的教育法规,创办安徽省立图书馆和女子师范。1912 年,他因为母亲去世而辞职。1913 年秋,他又出任安庆江淮大学校长,两个月后,即因长期积劳成疾,与世长辞。

邓艺孙的遗作有《毛诗·尚书讲义》、《离骚解》以及部分诗文,都未曾刊行。现仅把近人吴庆麟所藏邓艺孙为安徽近代教育家、书法家方守敦②所撰写的行书条幅内容录于下面,以见其才识于一斑:

山头孤石望来久,天外行人今独归。药囊自有留生术,不管淮南木叶飞。

从内容上看,此条幅当是邓艺孙在病中所作,或许就是他逝世前不久而写,不仅记事如其身世经历,诗的风格也如其为人,洒脱放达。至于其字,吴庆麟是这样描述的:"笔力矫健,跌宕多姿,融汉魏笔法于毫端,不落尘俗,自非品高学富莫能为也。"

三、邓氏文化世家的变化及影响

由于西学东渐,从邓石如的五世孙,也就是邓艺孙的五个儿子开始,邓

---

① 关于邓艺孙的情况,据安徽近代教育家李光炯的遗稿《邓绳侯先生事略》和吴庆麟的"附记",见:《安庆文史资料》(总第十五辑),安徽省出版局(1986)非字第 2112 号,第 3—5 页。

② 方守敦系现代著名女诗人方令儒教授之父。

氏文化世家发生了变化。在清末民初出国留学的大潮中,邓家兄弟也走出国门。为了叙述的方便,我们把老三放在最后叙述。

长子,邓寿康,少亡。

次子邓初(1890—?),清末留学日本,早稻田大学医学专业毕业,回国后长期任青岛山东大学教授兼医院院长等,约于20世纪50年代去世。其长女邓婉生定居香港,次女邓宜生的丈夫即是中国现代著名戏剧家曹禺。

四子邓以发(1893—1972),字季宣,1919年赴法国勤工俭学,在中学学习两年法文后,入里昂大学文学院,后转入巴黎大学哲学系。他1928年回国,历任复旦大学、光华大学、安徽大学教授和安徽省督学等。抗战期间,他曾在四川江津创立国立第九中学,提出"民族精神、科学精神、法制精神"三大教育原则。1949年后,他任南京国学图书馆、南京市图书馆和江苏省文史馆馆员、研究员等。1958年被错划为右派分子,1972年逝世于安庆,1979年平反。在他的兄弟中,他和其三哥邓以蛰是典型的学贯中西,在四川期间,他曾因为抗命而被教育部长陈立夫撤职,致使全家生活极端困难,但他宁愿卖字为生,也决不屈从。由此可见,在他的身上还可见祖传的书法艺术之遗风。

五子邓以从(?—1951),20世纪前期毕业于国立某大学,曾任青岛山东大学总务长,1951年死于土地改革运动中。

下面,再回到邓以蛰的叙述上来。

邓以蛰(1892—1973),幼读私塾五年,后进安庆尚志中学、芜湖安徽公学学习。1907年,他东渡日本,入东京宏文书院、早稻田中学学日文,1911年回国,任安徽陆军小学教员、安庆图书馆馆长。他后来考取安徽省公费留学美国名额,于1917年留学哥伦比亚大学,专攻哲学与美学,从本科到研究院历时5年。在校期间,邓以蛰与当时也在哥伦比亚大学学习的中国学生杨振声、张奚若等结下了深厚的友谊。毕业以后,他还在美国工作了一段不长的时间,于1923年夏季回国,应聘为北京大学哲学系教授,讲授美学和美术史。1927年为反对北洋政府合并北京大学、北京师范大学等九校的图谋,他与同乡和哥伦比亚大学校友胡适等教授离开北京,任厦门大学教授。两年后,任清华大学教授。卢沟桥事变爆发后,清华大学与北京大学、南开大学南迁昆明,邓以蛰因病滞留北京。1945年,抗战胜利后,他出任国民政府教育部北平复员辅导委员会委员、中华美术会北平分会理事长、清华大学

教授。1952 年，全国高等院校院系调整，转任北京大学教授。因长期体弱
多病，不久即退休，但仍从事研究工作。作为邓氏文化世家的传人，邓以蛰
的书法很有造诣；作为中国近代数以万计的留学生中系统地学习西方美学
的主要先行者之一，他与宗白华、朱光潜等美学家为中国现代美学和艺术学
建立和发展作出了重要的贡献：一是在回国初期，积极提倡新文艺；二是从
20 世纪 30 年代起，以西方哲学和美学为指导来研究中国传统的书画美
学。① 主要著述有《艺术家的难关》、《诗与历史》、《戏剧与雕刻》、《戏剧与道
德的进化》、《书法之欣赏》、《画理探微》、《六法通诠》等。

　　在邓氏文化世家的转变中，邓石如的六世孙，邓以蛰的长子邓稼先
（1924—1986）最为彻底，也最为辉煌。他出生不久，就随父母来到北京，四
五岁时，就在父亲的教导下，学习背诵古诗文，以培养他的传统文化基础和
民族精神。他对外国文学和英语学习自然抓得很紧，尤其是进了著名的崇
德中学以后，对邓稼先的一生产生了至关重要的影响。一是在 1936 到
1937 年间，他与杨振宁同学一年。当时杨振宁比邓稼先高两级，由于得到
杨振宁的帮助，他对理科产生了兴趣，并与之保持了终身的友谊。杨振宁的
父亲杨武之教授，留学美国，是我国代数领域的第一个博士，与邓以蛰既是
安徽同乡，又是多年的同事和老朋友，两家的关系一直很好。后来在西南联
大，杨振宁和邓稼先又二度同学。邓稼先在美国留学时，他们又曾同室两
年。② 二是北平沦陷以后，因父亲患病，全家未能南下，但却因此增强了邓
稼先的民族情感和报国情怀。有一次，日寇强迫学生举旗"庆祝"他们的胜
利，邓稼先气愤地把小旗子踩到脚下。为避免迫害，他不得不南下就读。临
行前邓以蛰嘱咐他："一定要学科学，不要像我这样，不要学文，学科学对国
家有用。"③在西南联大期间，邓稼先受业于一些留学欧美的著名教授，其中
西南联大教务长、留学柏林大学的郑华炽教授是他的姐夫。这一代学贯中
西的民族脊梁，给邓稼先以深远的影响。1948 年，邓稼先考取美国普度大
学物理系研究生赴美留学，专业是核物理。1950 年 8 月 29 日，他在获得博
士学位的第九天，就启程回国。此后，在中国科学院从事核物理研究，后任

---

① 刘纲纪：《中国现代美学家和美术史家邓以蛰的生平及其贡献》，见《邓以蛰全集》，安徽教
育出版社，1988 年版。
② 见杨振宁：《邓稼先》，载《人民日报》，1983 年 8 月 21 日。
③ 见葛康同等著：《两弹元勋邓稼先》，新华出版社，1992 年版，第 11—14 页。

著名科学家钱三强的助手。1953 年,他与许鹿希女士结婚。岳父是父亲的
老朋友,五四运动时著名的学生领袖、后来留学巴黎大学的许德珩教授,岳
母是里昂大学毕业的劳君展教授,而许鹿希则是邓稼先出国前任教北京大
学时的学生。1958 年,邓稼先调任新筹建的核武器研究所理论部主任,后
历任副所长、所长,核工业部第九研究院副院长、院长等。1980 年他被增补
为中国科学院院士,后来还当选为中共第十二届中央委员,获得全国自然科
学一等奖、国家科学进步特等奖等。他是中国核武器理论研究工作的主要
奠基者和开拓者,是中国研制和发展核武器在技术上的主要组织者、领
导者。

对于邓稼先的贡献,请允许我用杨振宁教授 1993 年的话来概括:

> 一百年以前……恐怕是中华民族五千年历史上最黑暗最悲惨
> 的时代……
> 今天,一个世纪以后,中国人站起来了!
> 这是千千万万人努力的结果,是许许多多可歌可泣的英雄人
> 物创造出来的。在 20 世纪人类历史上这可能是最重要的、影响最
> 深远的巨大转变。对这巨大转变作出了巨大贡献的有一位长期以
> 来鲜为人知的科学家——(他就是)邓稼先!

因此,我认为,中华民族应该永远记住邓稼先,同时我还认为,美国人民
也不会忘记邓稼先,因为邓稼先为人的忠诚和纯正,不仅是中华民族优秀传
统文化的体现,也是人类的美德。而他的科学视野,不仅来自于他的中国老
师,也得益于他的美国老师。在这个意义上,一切伟大的科学家是人类的,
是永恒的,而只有永恒才是有价值的。

由上可见,也就是从邓以蛰这一代开始,邓氏家族开始了空前的变化。
从形式上看,原来从明朝初年开始到 20 世纪初延续了 500 多年聚族而居的
传统被彻底打破了,邓石如的五世孙们纷纷走出龙山凤水之间的白麟坂,到
20 世纪中期以后,除了陈旧失修、空空如也的三进老屋在风雨飘摇中诉说
百年的沧桑以外,已经见不到他后代的踪影了。因为这一代人在清末强大
的欧风美雨的影响下,都走出家门乃至国门。此后,他们都在家乡以外的其
他地方工作。在少年时代,他们都接受了中国传统文化的教育,受到了邓氏

先辈书法篆刻的影响,但此后,他们又都接受了现代的科学文化教育,特别是留学国外的 3 个人,成为中西合璧的新一代文化名人,或者走上了离经叛道的科学之路,从而深刻地影响了其后代。

可以说,他们这一代,是邓氏文化世家书法篆刻艺术的最后一代传人,同时也是邓氏文化世家接受西方文明的先驱,处于中西合璧、中西过渡的转折点上。在这一代人中,邓以蛰最具代表性,因为不但他本人成为 20 世纪 60 年代以前学贯中西、名噪一时的美学家和美术史家,可以代表其兄弟的成就和影响,而且因此与中国一些有留学背景的著名家庭或世界的著名人物发生了特殊的关系,如诺贝尔奖获得者杨振宁教授和他尊贵的父亲、数学家杨武之先生;曾任全国人大常委会副委员长的社会学家许德珩先生及其夫人劳君展教授。更重要的是,除了传统的中国文化和家教外,由于邓以蛰的培养,由于他留学哥伦比亚大学的背景、学识和因此而形成的文化学术圈子潜移默化的影响,其长子邓稼先不仅获得了美国普渡大学博士学位,而且成为中国制造原子弹和氢弹的赫赫元勋,从而对现代中国乃至世界产生了不可忽视的影响。

结束语:不是最后的祝词

今天,我们可以自豪地说,邓稼先的六世祖邓石如,在 18 世纪 70 年代,即中国封建社会由盛转衰的乾隆嘉庆时期,也就是美国的开国之初,在微观的印章上篆刻,创造了中国古代书法艺术的辉煌。在 200 年以后,邓石如的六世孙、邓以蛰的长子邓稼先又制造了宏观上威力无比的原子弹、氢弹,捍卫了中华民族的尊严,从而震惊了世界。他们在不同的时空,创造了不同的辉煌。

今天,我们还要说,今年不仅是哥伦比亚大学建校 250 周年,也是邓以蛰教授从哥伦比亚大学毕业回国 80 年,同时,也是邓稼先在他母亲的怀抱从世世代代的山村走向北京、走向世界的 80 年,还是邓稼先领导中国科学技术人员制造出中国第一颗原子弹的 40 年。而哥伦比亚大学和邓以蛰就是这个环环相扣的链结上非常重要的一环。作为中国现代留学史的研究者,最后,我谨向哥伦比亚大学致以深深的敬意! 向美国所有培养、教育和关怀过中国学生的学校、教师和友好人士,表示衷心的感谢!

参考文献

[1] 中国第二历史档案馆. 中华民国史档案资料汇编(第三辑《北洋政府时期·教育》). 南京:江苏古籍出版社,1991.

[2] 中国第二历史档案馆. 中华民国史档案资料汇编[第五辑第一编《南京国民政府时期·文化、教育》(一)]. 南京:江苏古籍出版社,1994.

[3] 中国第二历史档案馆. 中华民国史档案资料汇编[第五辑第二编《南京国民政府时期·教育》(一)]. 南京:江苏古籍出版社,1997.

[4] 学部官报,1906—1911(1)-(183).

[5] 教育部编纂处月刊,1913(1)-(10).

[6] 教育公报(北洋政府时期),1914—1928(2)-(164).

[7] 教育部公报(南京民国政府时期),1929—1948,1-20.

[8] 教育部教育年鉴编委会. 第一次中国教育年鉴. 上海:上海开明书店,1934(民国二十三年版).

[9] 教育部教育年鉴编委会. 第二次中国教育年鉴. 上海:上海商务印书馆,1948(民国三十七年版).

[10] 北京东西洋留学会. 东西洋会员录(民国五年七月修订本). 编编者,1916年刊.

[11] 教育部高等教育司. 中华民国十七年八月至二十年七月全国高等教育统计. 出版社不详,1932(民国二十一年版).

[12] 教育部高等教育司. 二十年度全国高等教育统计. 出版社不详,1933(民国二十二年版).

[13] 教育部. 二十一年度全国高等教育统计. 上海:上海商务印书馆,1935(民国二十四年版).

[14] 教育部统计室. 二十二年度全国高等教育统计. 上海:上海商务印书馆,1936(民国二十五年二月版).

[15] 教育部统计室. 二十三年度全国高等教育统计. 上海:上海商务印书馆,1936(民国二十五年十月版).

[16] 舒新城. 中国近代教育史资料. 北京：人民教育出版社，1982.

[17] 朱有瓛. 中国近代学制史料. 上海：华东师范大学出版社，1983.

[18] 刘真，王焕琛. 留学教育. 台北："国立编译馆"，1980.

[19] 教育年鉴编纂委员会. 中华民国教育法规汇编（民国八年五月）（影印版）. 台北：文海出版社，1986.

[20] 陈学恂，田正平. 中国近代教育史资料汇编·留学教育. 上海：上海教育出版社，1991.

[21] 中共中央马恩列斯著作编译局研究室. 五四时期期刊介绍. 北京：三联书店，1979.

[22] 蔡璐. 京师译学馆始末//政协全国委员会文史资料研究委员会. 文史资料选辑（第 40 辑）. 北京：中国文史出版社，1989.

[23] 陈初. 京师译学馆校友录（附民国七年国立北京大学职员履历表）（影印版）. 台北：文海出版社，1978.

[24] 清华大学校史研究室. 清华大学史料选编. 北京：清华大学出版社，1991 – 1994.

[25] 王文俊，梁吉生，等. 南开大学校史资料选（1919—1949）. 天津：南开大学出版社，1989.

[26] 北京大学，清华大学，南开大学，云南师范大学. 国立西南联合大学史料. 昆明：云南教育出版社，1998.

[27] 周棉. 中国留学生大辞典. 南京：南京大学出版社，1999.

[28] 舒新城. 近代中国留学史. 上海：上海中华书局，1927.

[29] 容闳. 西学东渐记（影印版）. 恽铁樵，徐凤石，译. 台北：文海出版社，1973.

[30] 林子勋. 中国留学教育史（1847—1975）. 台北：华冈出版有限公司，1976.

[31] [美]汪一驹. 中国知识分子与西方（1872—1949）. 梅寅生，译. 台北：枫城出版社，1978.

[32] 陈启天. 近代中国留学史. 台北：天一出版社，1979.

[33] 清华大学校史编写组. 清华大学校史稿. 北京：中华书局，1981.

[34] 黄福庆. 清末留日学生. 台北："中央研究院"近代史研究所，1983.

[35] [日]实藤惠秀. 中国人留学日本史. 谭汝谦，林启彦，译. 北京：三联书

店,1983.

[36] 董守义. 清代留学运动史. 沈阳:辽宁人民出版社,1985.

[37] 黄新宪. 中国留学教育的历史反思. 成都:四川教育出版社,1991.

[38] 李喜所. 近代留学生与中外文化. 天津:天津人民出版社,1992.

[39] 王奇生. 中国留学生的历史轨迹(1872—1949). 武汉:湖北教育出版社,1992.

[40] 萧超然等. 北京大学校史(1898—1949)(增订本). 北京:北京大学出版社,1988.

[41] 西南联大北京校友会. 国立西南联合大学校史:1937 至 1946 年的北大、清华、南开. 北京:北京大学出版社,1996.

[42] 田正平. 留学生与中国教育近代化. 广州:广东教育出版社,1996.

[43] 周棉. 留学生与中国的社会发展(一、二). 徐州:中国矿业大学出版社,1997;长春:吉林人民出版社,2008.

[44] 安宇,周棉. 留学生与中外文化交流. 南京:南京大学出版社,2000.

[45] [美]李又宁. 华族留美史:150 年的学习与成就(华族留美史研究会丛书). 纽约:天外出版社,1999.

[46] [美]李又宁. 留美八十年(1-5)(华族留美史研究会丛书). 纽约:天外出版社,1999—2010.

[47] 石霓. 观念与悲剧——晚清留美幼童命运剖析. 上海:上海人民出版社,2000.

[48] 钱钢,胡劲草. 留美幼童:中国最早的官派留学生. 上海:文汇出版社,2004.

[49] 高宗鲁. 中国留美幼童书信集. 珠海:珠海出版社,2006.

[50] [美]勒法吉. 中国幼童留美史. 高宗鲁,译注. 珠海:珠海出版社,2006.

[51] 谢长法. 中国留学教育史. 太原:山西教育出版社,2006.

[52] 李喜所. 中国留学史论稿. 北京:中华书局,2007.

[53] 李喜所. 中国留学通史(晚清卷、民国卷). 广州:广东教育出版社,2010.

[54] [美]马祖圣. 历年出国/回国科技人员总览(1840—1949). 北京:社会科学文献出版社,2007.

[55] [美]史黛西·比勒. 中国留美学生史. 张艳,译. 张猛,校订. 北京:三联

书店,2010.

[56] 王树槐. 庚子赔款. 台北:"中央研究院"近代史研究所,1974.

[57] 中共中央马恩列斯著作编译局马恩室. 马克思恩格斯著作在中国的传播. 北京:人民出版社,1983.

[58] 章开沅,林蔚. 晚清海外笔记选. 北京:海洋出版社,1983.

[59] 钟叔河. 走向世界——近代知识分子考察西方的历史. 北京:中华书局,1985.

[60] 晋阳学刊编辑部. 中国现代社会科学家传略. 太原:山西人民出版社,1985.

[61] 周一良. 中外文化交流史. 郑州:河南人民出版社,1987.

[62] 《中国翻译家辞典》编写组. 中国翻译家辞典. 北京:中国对外翻译出版公司,1988.

[63] 贺麟. 五十年来的中国哲学. 沈阳:辽宁教育出版社,1988.

[64] 周一良. 中外文化交流史. 郑州:河南人民出版社,1989.

[65] 陈玉刚. 中国翻译文学史稿. 北京:中国对外翻译出版公司,1989.

[66] 朱伯雄,陈瑞. 中国西画五十年:1898—1949. 北京:人民美术出版社,1989.

[67] 丁晓强,徐梓. 五四与现代中国. 太原:山西人民出版社,1989.

[68] [美]周策纵. 五四运动史. 长沙:岳麓书社,1999.

[69] 张岱年,程宜山. 中国文化与文化论争. 北京:中国人民大学出版社,1990.

[70] 史全生. 中华民国文化史. 长春:吉林文史出版社,1990.

[71] 严绍璗. 日本中国学史. 太原:江西人民出版社,1991.

[72] 李其驹,等. 马克思主义哲学在中国. 上海:上海人民出版社,1991.

[73] 《科学家传记大辞典》编辑组. 中国现代科学家传记. 北京:科学出版社,1991—1997.

[74] 陈旭麓. 近代中国社会的新陈代谢. 上海:上海人民出版社,1992.

[75] 王晓秋. 近代中日文化交流史. 北京:中华书局,1992.

[76] 罗荣渠. 现代化新论. 北京:北京大学出版社,1993.

[77] 熊月之. 西学东渐与晚清社会. 上海:上海人民出版社,1994.

[78] 张建伟,邓综综. 中国院士. 杭州:浙江文艺出版社,1996.

[79] 中国科学院学部联合办公室. 中国科学院院士自述. 上海:上海教育出版社,1996.

[80] 唐宝林. 马克思主义在中国 100 年. 合肥:安徽人民出版社,1997.

[81] 国务院学位委员会办公室. 中国社会科学家自述. 上海:上海教育出版社,1997.

[82] 龚书铎. 近代中国与近代文化. 长沙:湖南人民出版社,1998.

[83] 郝平. 北京大学创办史实考源. 北京:北京大学出版社,1998.

[84] 季羡林. 中外文化交流史丛书. 长沙:湖南教育出版社,1998.

[85] 郭延礼. 中国近代翻译文学概论. 武汉:湖北教育出版社,1998.

[86] 张礼恒. 从西方到东方——伍廷芳与中国近代社会的演进. 北京:商务印书馆,2002.

[87] 张晓辉,苏苑. 唐绍仪传. 珠海:珠海出版社,2004.

[88] [美]费正清. 剑桥中国晚清史(上、下卷). 北京:中国社会科学出版社,1985.

[89] [美]费正清. 剑桥中华民国史(上卷). 杨品贵,等,译. 北京:中国社会科学出版社,1994.

[90] [美]费正清,费维恺. 剑桥中华民国史(下卷). 刘敬奎,等,译. 北京:中国社会科学出版社,1994.

[91] 张宪文. 中华民国史(1—4 卷). 南京:南京大学出版社,2006.

[92] 王韬. 漫游随录·扶桑游记. 长沙:湖南人民出版社,1982.

[93] 李鸿章. 李文忠公全集(影印版). 台北:文海出版社,1980.

[94] 赵祥麟,王承绪. 杜威教育论著选. 上海:华东师范大学出版社,1981.

[95] 张之洞. 张文襄公全集(影印版). 北京:中国书店,1990.

[96] 广东省社科院历史研究所. 孙中山全集. 北京:中华书局,1981—1986.

[97] 高平叔. 蔡元培全集. 北京:中华书局,1984.

[98] 冯友兰. 三松堂全集. 北京:三联书店,1984.

[99] 丁贤俊,喻作凤. 伍廷芳集. 北京:中华书局,1993.

[100] 申报(1872—1949).

[101] 大公报(1902—1949).

[102] 东方杂志(1906—1948).

[103] 教育杂志. 1909(宣统元年)—1948,1-33.

［104］中华教育界,1913—1950,2-4(复刊).

［105］新青年 1919—1923,1-8(第 1 卷为《青年》,第二卷起更名为《新青
年》.

［106］新教育,1919—1922,2-5.

［107］海军杂志,1932—1935,5-7.

［108］海外月刊,1932—1935(1)-(36).

［109］清华学报,1915—1919,1924—1937.

［110］Richard, Timothy, Forty-five Years of in China Reminisences,
London, T. Fisher Urwin Ltd. , 1916.

［111］John Dewey, Letters From China and Japan, New York, 1920.

［112］Bertrand Russell, The Problem of China, London and New York, 1922.

［113］Soothill, W. E. , Timothy Richard of China, London, Seeley,
Service&Co. Ltd. , 1926.

［114］Latourette, Kenneth Scott, A history of Christian Missions in Chi-
na, London, 1929.

［115］Richard Wilhelm, Confucius and Confucianism, 1931.

［116］John L. Stuart, Fifty Years in China, New York, Random House,
1954.

［117］Salome Wilhelm: Richard Wilhelm-Der Geistige Mittler Zwischen China
und Europa, Eugen Diederichs Verlag, Duessldorf Koeln, 1956.

［118］Biggerstaff, Knight, The Earliest Modern Government Schools in
China, Cornell University Press, 1961.

［119］Liu, Kwang-chin, American Missionaries in China, Harvard Uni-
versity East Asian Center, 1966.

［120］Barnett, Adrian, John Pryer, Harvard University Press, 1967.

［121］Barnett, Adrian A. , John Fruyer, The Introduction of Western
Science and Technology into 19th Century China, Harvard Univer-
sity Press, 1967.

［122］Herbet Frank, Sinplogic an Deutschen Universitaeten, Wiesbaden,
1968.

［123］Lutz, Jessie, China and The Christian College, 1850-1950, Cornell University Press, 1971.

[124] Barnett, Wilson, Pratical evangelism: Protertant Missions and The Introduction of Western Civilization into China, 1820 - 1850, Harvard University PHD thesis, 1973.

[125] Cohen, Paul, Between Traditon and Modernity, HUP, 1974.

[126] Barry keenan, The Dewey Experiment in China: Educational Reform and Political Power in the Early Republic, Harvard University Press, 1977.

[127] Marc Solonim ed. , Soviet Russian Literature: Writers and Problems, 1917 - 1977, New York, 1977.

[128] Deming Brown, Soviet Russian Literatyre Since Stalin, Cambrige, 1978.

[129] E. Stuart Kirby, Russian Studies of China: Progress and Problems of Soviet Sinology, London, 1978.

[130] Hartmut Wairavens: Sinica und andere Periodosche Publikation des Frankfurt China Institut, Muenchen, 1981.

[131] A. Kemp-Welch, Stalin and the literary Intelligentsia, 1928 - 1939, London, 1991.

后 记

    又是一个隆冬时节,又是一部书稿即将出版之时,又是一个写后记之日,但是兴趣索然,似乎连思想都进入了冬眠,静如止水,一片萧瑟,一片清寒!连续多日,想起又放下,放下又想起,再想起而再放下,反反复复,不知今夕何夕!多少年的课题,多少年的研究,多少次的喜悦,多少次的曲折,多少说不清的劳累,已经把青春的激情销蚀得近乎木雕!但是,坚毅和执着也随着年轮的增加和激情的褪去而悄然增长!三年前,在一次朋友的聚会上,我脱口而出:女人要温柔,男人要坚挺!当时博得了热烈附和,阵阵掌声,但,谁解其中味?!想初唐诗人陈子昂在呼喊"知我者谓我心忧,不知我者谓我何求"的心语时,知音何在又何几?在1 100年之后,又能有多少人在心灵深处理解这位后来被县令杀害的"忧者"?难怪他情不自禁,"念天地之悠悠,独怆然而涕下!"

    在这里,在此时,一切都无从告白,谨摘录笔者五年前《留学生与中国的社会发展》(二)"后记"里的一段话:"其实,凡是注意到徐州师范大学近二十余年来学术发展的人们,都会或多或少地有所耳闻我们的研究……(留学生研究成果)确实包含了追求的汗水,是我和大家多年来心血的结晶。至于水平究竟有多高,委实不敢有过多的期望,但是令我们意外和感动的是,学术界、文化界乃至很多媒体都给予了特别的关注和超出我们想象之外的赞许。这其中就有大名鼎鼎的季羡林、李新、张岱年、陈岱孙、马大猷、邝治铮、陈荣悌、刘桂生、茅家琦、李喜所、叶子铭、谢冕、孙玉石、林非、包忠文、谢邦宇、陈辽等学术大师、科学家和专家;新华社《每日电讯》、《人民日报》、《光明日报》、《中国新闻出版社》、《神州学人》以及多种学术期刊都对我们微不足道的成果加以溢美;甚至美国、日本、加拿大等国家的著名大学和研究机构(还有媒体如《纽约侨报》、《明报》、《朝日新闻》,Bernadette Y. Li, Ph. D和小岛淑男等专家)也注意到了我们的研究,并因此邀请有关的专家前往交流和讲学。这对国内著名大学的著名专家而言,实在是平平常常,但是对我们这个苏北普通的高校来讲,似乎可以说是一种'殊荣'。每当念及此种情景,我等总有惴惴不安的感觉,有时甚至情不自禁地反问自己是否名副其实?我们是否能以殉道者的精神义无反顾地把这个课题长期'拼'下去?有时可以说是充满矛盾。但是,作为一个普通的中国人,作为一个具有民族传统道德和现代意识的知识分子,我又感到唯有如此'执迷不悟',方能以安吾心。事实上,繁重的工作已经分散了我们好多的精力和时间,使我们难以心无旁骛地研究,不过,研究留学生对中国社会发展的特殊贡献,弘扬中国留学生的爱国主义精神,始终是我们挥之不去的中心议题。"

此外,需要说明的是,本书的主要内容是我多年来从事留学生课题研究的部分成果,部分内容为笔者的助手所撰写,具体情况为:周棉第1—6、10、12—13、15—16章;徐吉第7章;魏善玲第8章;周牧、周棉合著第9、11章;周牧第14章。其中水平、质量有多高,不敢自诩,但借此可以看出笔者围绕这个课题研究的轨迹和助手们成长的参照。

还要特别说明的是,本书的写作得到了江苏省教育厅和国家教育部项目资金的支持!尤其是南京大学的诸位先生、专家和朋友,不以我之鄙陋而又一次高抬错爱:著名民国史专家张宪文先生、崔之清先生以及陈谦平教授、张生教授等鼎力支持申报项目;著名史学家茅家琦先生以耄耋之龄再一次为拙著屈尊写序;南京大学出版社再次大开绿灯,左键、金鑫荣、花建民、孟庆生和施敏等新朋旧友积极支持出版!借此机会,谨向江苏省教育厅、国家教育部的有关领导,向南京大学一直关心我和留学生研究课题的师长们、朋友们,致以真诚深切的谢意!

写到此,再一次感到江郎才尽而又言犹未尽,可是又确无可以翻新的杨柳枝而且也无必要,还是借用以前的一段话语以表明心境吧:"我们的学术水平是有限的,但是我们愿以对中国现代化未来的无限憧憬,对历代留学生们为推动中国现代化进程的不懈努力表示崇高的敬意!并竭尽自己的绵薄之力,把这个课题的研究进行下去,以让更多的中国人了解自晚清以来中国走向现代化的艰难进程,了解留学生们在此进程中的特殊贡献,为当代中国的改革开放提供历史的借鉴和启示,以促进民族精神的自觉和四化大业的完成"。不过,现在重读这段12年前的文字,面对光怪陆离的学术界,颇有卑微、凄怆的感觉,但是,对不改初衷的愚顽寒士,又夫复何言?

最后,我要以无限感激的赤诚之心,叩谢我仁和厚爱的百岁慈母:她老人家在我今年最担心、有时甚至是坐卧不安的焦虑和无尽的祝福中,以她那顽强的生命力和超常思维,竟然神奇般地比往年还祥瑞平安,越过了百岁大关,头脑清晰,神志清醒!不仅使我得以在她简朴、温暖的床榻边,在她慈祥、温暖的目光下,断断续续地检查了书稿;还使我得以在利用节假日离校回乡伺候她老人家近 3 个月之外的时间里,顺利地完成了工作和其他繁重、艰难的研究!感谢母亲!感谢一直陪伴在母亲身边的姐姐!感谢一切关心我母亲和支持我的亲人和师友!

周　棉

2012 年 12 月